Dieses Buch widme ich unseren Kindern:
Patrick,
David und
Philipp

Lebendig statt brav

Handbuch für Erziehung
und Animation mit Kindern

1. Auflage: August 1988
2. Auflage: August 1990

Satz: Anna Wittmann, Zoglauer/Denkmayr
Fotos: Karl Ellinger, Teilnehmer und Autoren
Zeichnungen: Patrick Reichel

Layout: Dr. René Reichel
Titelblatt: Reinhold Rabenstein
Mitarbeit und Beratung: Dr. René Reichel

Druck: Denkmayr, A-4223 Katsdorf

Produzent und Herausgeber:
AGB-Arbeitsgemeinschaft für Gruppenberatung
Pulvermühlstraße 6
A-4040 Linz
Auslieferung in Österreich

Verleger:
ÖKOTOPIA
Spielvertrieb und Verlag
Hafenweg 26
D-44 Münster
Auslieferung in BRD und Schweiz

CIP-Kurztitelaufnahme der Deutschen Bibliothek:
Reichel Gusti,
Lebendig statt brav: Handbuch für Erziehung
und Animation mit Kindern / Gusti Reichel.
Hrsg: Arbeitsgemeinschaft für Gruppenberatung. Münster; Ökotopia 1988.
ISBN 3 - 925 169 - 14-8.

Gedruckt auf Umweltschutzpapier.

Gusti Reichel

Lebendig statt brav

Handbuch für Erziehung und Animation mit Kindern

Ökotopia

Inhaltsverzeichnis

Zu Ihrer Orientierung:

In jedem der 10 Kapitel finden Sie zu den Themen

- Aussagen und Thesen
- Impulse zur persönlichen Reflexion, zur Weiterarbeit mit Kollegen/innen,
- Erlebnisberichte
- Spiele und Methoden.

Vorwort

Wer mit seiner Kindheit versöhnt ist, der wird seine Freude mit diesem Buch haben. Er/sie wird es verstehen als umfassendes Plädoyer für die Kinder, die oft so laut sind und doch so selten gehört werden.
Ein Plädoyer, das auf seltene Weise gute Theorie und erfrischende Praxis verknüpft; nicht hintereinander, sondern ineinander - wie ein "Patchwork", so nennt es Gusti selbst.

Völlig neu ist in diesem Buch wenig, aber das meiste wurde noch nicht so grundsätzlich zusammengefaßt oder überhaupt noch nicht für weitere Kreise veröffentlicht. Es ist fast alles hineinverwoben und integriert, was es an nennenswertem Geschriebenem zur pädagogischen Arbeit mit Kindern gibt.
Entscheidender als einzelne Aussagen oder Kapitel finde ich dabei den Geist (besser: die Seele), der durch alle Seiten hindurch spürbar ist, unterstützt durch die Ausstrahlung der Fotos. Dadurch wird es nicht nur zu einem Buch über Kinder, sondern auch zu einem Buch für Kinder. Ich kann mir gut vorstellen, wie manche Eltern, Kindergärtnerinnen, Erzieher/innen hier mit den Kindern blättern.

So ein Buch konnte wohl nur von einer Frau geschrieben werden; das denke ich als Vater wie als Ehemann und Berufskollege der Autorin. Hier kommt die fast grenzenlose Hingabe zum Ausdruck, die Kinder verdienen. Mir als Mann fallen da immer wieder die vielen Eltern, Erzieher/innen und Lehrer/innen ein, die verzweifelt, mutlos, müde, frustriert, lustlos, ja beleidigt in ihrer pädagogischen Rolle sind, und die dieses Buch zum Teil als Provokation und versteckten Vorwurf empfinden mögen; ev. auch als Anlaß für Selbstvorwürfe. Ich habe für solche Stimmungen viel Verständnis und möchte daher die Aussagen dieses Buches ergänzen: Die wichtigsten Teufeleien gehen von den gemeinsamen Lebens- und Arbeitsbedingungen aus, mit denen Eltern und Berufspädagogen konfrontiert sind: Zu große Gruppen, zu kleine Räume, zu wenig freie Räume, zu viele Gefahren, zu wenig Ermutigung bzw. Anerkennung; für die Kleinfamilie kommt noch dazu: Immer weniger Onkeln, Tanten, Omas und Opas, die doch so wichtig und entlastend sein könn(t)en.
Allerdings: Auch Kinder können manchmal "teufel" sein!
Das ist nicht theoretisch oder theologisch gemeint, sondern als Seufzer im Namen vieler oft hilfloser Erwachsener, wie ich sie auf Weiterbildungen, in der Supervision oder Therapie erlebe.

Auf dem Hintergrund eines solchen freundschaftlichen Verständnisses für uns selbst kann/möge/wird dieses Buch Mut und Freude am Kinder Begleiten nähren.

René Reichel

Motivation

lebendig statt brav - der Titel paßt auch zur Entwicklung dieses Buches: es war einfach spannend und schwierig, die Lebendigkeit in Themen, Thesen und Strukturen einzufangen. Immer wieder lief sie mir davon und zeigte sich von anderen Seiten. Ich ergriff mal da ein Stück, dort einen Fleck. Das Buch wurde doch noch fertig - eine PATCHWORKARBEIT. Die einzelnen Teile gehören zu vielen verschiedenen Stoffbahnen - d.h. sie können von jedem angeschnittenen Thema noch viele weitere Meter Bücher und praktische Erfahrungen finden. Wahrscheinlich würde ich zu einer anderen Zeit wieder andere Muster verwenden.
Ich will Sie mit diesem Buch anregen, weiterzusuchen und zu versuchen: wir brauchen lebendige Menschen, weniger brave und nur "pflichtbewußte".

Dieses Buch ist auch Ausdruck meines Unbehagens - es entsteht im Jahr 1988 - 50 Jahre danach ... die "schwarze Pädagogik" ist noch in Institutionen und Erzieherherzen eingegraben und Lebendigkeit wird nicht unbedingt als Erziehungsziel angestrebt. Die isolierte Kleinfamilie, die Überstunden an Schulen, die Verschulung der Kindergärten, die hohen Ansprüche an die außerschulische Kinderarbeit, die noch sterilen Spielplätze ... usw. diese Zeichen deuten noch immer auf die unterdrückte Lebendigkeit hin.
So ist dieses Buch auch eine Art SCHREI nach Freiraum, nach einem Freiraum, der Gestaltung - Veränderung ermöglicht.

Die Quellen für meine Anregungen zum Thema Lebendige Erziehung waren:

Meine eigenen Kinder - ihre vitalen Bedürfnisse, ihre Beweglichkeit, ihre Neugierde und Gefühle.
Wir leben mit 5 Familien in einem Gemeinschaftsprojekt, wo eine Grundidee die selbstverständliche und offene Nachbarschaft (ohne Zäune) ist.
Die Kinder lernen so selbst ihre Spiele, Streits und Erlebnisse zu organisieren und können auch gut verschiedene Beziehungen zu Kindern und Erwachsenen knüpfen. Meine eigene Kindheit verbrachte ich ähnlich - viel selbstorganisierte Freizeit, mit wenig Einmischung Erwachsener.
Und Sie? Ich vermute, einige Leser könnten ebenso ins Schwärmen kommen ..
Und notwendiger denn je ist dieser Freiraum ohne Einmischung Erwachsener und ohne massiven Einfluß von TV, Computer, Schule und sonstigen Anstalten.

Eine weitere Quelle ist die Arbeit mit Erziehern, Kindergärtnerinnen und Eltern.
Im Rahmen der Arbeitsgemeinschaft für Gruppenberatung, in Zusammenarbeit mit der NÖ. Landesregierung - NÖVAK, mit dem Kath. Bildungswerk, Elternvereinen und Mütterrunden reflektierte ich immer wieder diese Themen, führte praktische Übungen und Spiele durch, referierte die Hauptthesen dazu.

Immer wieder spürte ich Erleichterung bei den Pädagogen und auch Mißtrauen und Angst. Vor allem Themen wie Aggression, Sexualität und Nähe sind angstbesetzt. Verständlich, wo die psychisch-körperliche Dimension des Menschen noch immer und wieder neu abgespalten, negiert und "vergessen" wird.
Die Rahmenbedingungen der institutionellen Erziehung sind eben auch nicht gerade dazu geeignet, die leibliche Dimension zu fördern. Allzu glatt und hygienisch wird da noch gebaut. Auch die Gruppengrößen und der Zeitdruck sind Hindernisse für Lebendige Erziehung.
Daher ist dieses Buch auch ENGAGEMENT für kinder- und menschenwürdige Erziehungsinstitutionen und Lebensformen.

So will ich mit diesem Buch Anstöße geben: in Form von Thesen, Fragen und Impulsen. Ich fand im Laufe der Zeit soviele gute Bücher, die mir aus dem Herzen schrieben, daß ich viele auch für mich sprechen lasse. Die pädagogische Realität ist jedoch noch weit von dieser lebendigen, kreativen, lustvollen, neugierigen, spannenden, berührenden Atmosphäre entfernt. Vielleicht erinnert Sie dieses Buch wieder an dieses "Land", an Ihre eigene Lebendigkeit ...
Ich wünsche Ihnen Freude beim Entdecken.

Gusti Reichel

Um dieses Buch verwenden zu können brauchen Sie:

a) Mut und Fantasie, Neues mit Altem zu verbinden
b) Gefühl und Beziehung zu Kindern und Ihrem eigenen Kind-sein
c) den Willen zum Lebendigen, die Erfahrung und Ahnung, daß Ihr Leben sinnvoll ist
d) Kollegen, Freunde, Bekannte, die diese Meinung teilen und unterstützen.

Gusti Reichel

geb. 1948, verh., 3 Kinder.
Referentin und Trainerin für Bewegungs- und Gruppenpädagogik;
Praxis für psychosoziale Beratung.

Die Wurzeln für meine Tätigkeiten sind:

- eine spielfreudige Kindheit
- über 20 Jahre Erfahrung als Leiterin von Gruppen (KAJ, kirchliche Jugendarbeit in Schweden, offene Jugend- und Kinderarbeit in einer Wiener Stadtrandsiedlung, Frauengruppen in St.Pölten, Elternbildung ...)

Diese Erfahrungen wurden genährt durch Ausbildungen und gute Lehrer/innen:

- kaufmännische Ausbildung
- sozialpädagogische Fachschule in Wien (Seminar für kirchliche Berufe)
- Kreativer Tanz in England und Schweiz (Laban-Bewegungsanalyse)
- Integrative Bewegungstherapie in Salzburg und BRD (Fritz Perls Institut)

Kapitel 1

Lebendig statt brav

"Der Mensch ist ein Körper-Seele-Geist-Subjekt in einem sozialen und ökologischen Umfeld"

(Petzold, 1974)

Kind sein

Es gibt für jeden einen Fleck, da tritt man nicht hin, da fährt man nicht drüber, das kann man nicht kaufen, das wird nicht vernichtet, mißbraucht oder gemietet.
Viele würden wohl sagen, da sei ein bißchen Gras und einige Blumen.

Ich glaube, das Baby wird mit einer unermeßlich großen Wiese geboren, auf der die seltensten, schon vergessenen Gräser und Blüten und Blumen und Samengefäße stehen. Bald nach der Geburt wird die Unermeßlichkeit eingegrenzt, aber das Baby sitzt immer noch in einer mit dem Auge nicht zu begrenzenden Wiese. Im Lauf des Erwachsenwerdens wird die Flora immer mehr eingegrenzt und der Volljährige besitzt nur noch ein paar Quadratmeter seines Landes.

Wohin ist das alles gekommen? Hat man dort Häuser, Straßen, Park- und Flugplätze gebaut? Hat man betoniert, es umgepflügt, abgetragen? Nein. Dieses Land, man kann es niemand wegnehmen in dem Sinn, daß man es sich unter den Arm klemmt und damit geht, oder in dem Sinn, daß man den anderen enteignet und auf seinem Grund baut. Nein, man kann nicht.
Nein, der Mensch wird eingesperrt, er wird immer enger umzäunt, das Land, das draußen übrig bleibt, das bricht ab, das fällt ins Weltall zurück, keiner außer dem Besitzer könnte damit etwas anfangen, aber der Zaun ist sehr hoch, den die andern aufrichten, und meistens kann man dann nicht mehr drüber sehen, geschweige denn drüber klettern. Manchmal sitzen Menschen hinter dem Bretterzaun und denken darüber nach, was dahinter sein könnte. Sie erinnern sich ohne daß sie die Erinnerung fassen oder aussprechen könnten. Es kann aber auch vorkommen und es ist gar nicht so schwer, daß man einem Menschen die Erinnerung an sein Land auch noch stiehlt. (1)

Kindheitsgeschichte

In Testamenten werden Kinder nicht vor dem späten 14. Jahrhundert erwähnt, ein Indiz dafür, daß die Erwachsenen nicht erwarteten, sie würden lange auf der Welt bleiben. Wahrscheinlich auch deshalb wurden Kinder in manchen Teilen Europas als geschlechtslose Wesen behandelt. In Italien z.B. wurde im 14. Jahrhundert das Geschlecht eines gestorbenen Kindes nie festgehalten.

Mit Sicherheit kann man sagen, daß es in der mittelalterlichen Welt keine Vorstellung von kindlicher Entwicklung gab, keine Vorstellung von Bildungsvoraussetzungen oder einem Lernen in geordneten Schritten, keinen Begriff von Schulausbildung als Vorbereitung auf die Erwachsenenwelt.

Das Verhalten aller Altersgruppen im Mittelalter hatte etwas Kindisches an sich. In einer mündlichen Welt gibt es vom Erwachsenen keine genau umrissene Vorstellung und noch viel weniger vom Kind. Deshalb findet man in allen Quellen, daß im Mittelalter die Kindheit mit sieben Jahren endete. Warum mit sieben? Weil die Kinder in diesem Alter die Sprache beherrschen. Sie sind fähig, zu sagen und zu verstehen, was die Erwachsenen sagen und verstehen. Sie sind in der Lage, alle Geheimnisse der Zunge kennenzulernen, und dies sind die einzigen Geheimnisse, die sie kennenzulernen brauchen. Daraus erklärt sich, warum die katholische Kirche das Alter von sieben Jahren als Alter der Vernunft bezeichnete, in dem man vom Menschen erwarten durfte, daß er den Unterschied zwischen Gut und Böse kennt.

Die Druckerpresse brachte eine neue Definition von Erwachsenheit hervor, die auf dem Lesenkönnen gründete, und entsprechend eine neue Auffassung von Kindheit, die auf dem Nichtlesenkönnen beruhte.

Bevor diese neue Umwelt entstand, endete die Kindheit mit sieben Jahren, und es schloß sich sogleich das Erwachsenenalter an. Deshalb auch gab es vor dem 16. Jahrhundert keine Bücher über die Kindererziehung und nur sehr wenige über die Frau in ihrer Rolle als Mutter.

Deshalb gab es keine Bücher über Kinderheilkunde. Deshalb sind die Kinder auf Gemälden regelmäßig als kleine Erwachsene dargestellt, denn sobald sie den Wickeltüchern entwachsen waren, kleideten sie sich genauso wie die Männer und Frauen ihrer sozialen Klasse. Die Sprache der Erwachsenen und der Kinder war die gleiche. Hinweise auf eine besondere Kindersprache tauchen nicht vor dem 17. Jahrhundert auf, dann allerdings sehr häufig.

In der Zeit zwischen 1850 und 1950 erlebte die Kindheit ihre Hochphase. In Amerika, auf das wir uns im folgenden beschränken müssen, unternahm man erfolgreiche Anstrengungen, alle Kinder aus der Fabrik heraus und in die Schule zu bringen, den Kindern ihre eigene Kleidung, ihr eigenes Mobiliar, ihre eigene Literatur, ihre eigenen Spiele, ihre eigene soziale Welt zu schaffen. In hundert Gesetzen wurden Kinder anders eingestuft und behandelt als Erwachsene; in hundert Sitten und Gepflogenheiten wurde ihnen ein bevorzugter Status eingeräumt und Schutz vor den Unbilden des Erwachsenenlebens gewährt.

Um die Jahrhundertwende jedoch galt die Kindheit allgemein als natürliches Anrecht jedes Menschen, als ein Ideal jenseits aller sozialen und ökonomischen Klassenunterschiede. Deshalb war es wohl unvermeidlich, daß man die Kindheit damals biologisch bestimmte und nicht als Produkt der Kultur erkannte. So liegt eine merkwürdige Paradoxie in der Tatsache, daß sich in eben dieser Zeit die symbolische Umwelt, die die Kindheit hervorgebracht hatte, langsam und unmerklich aufzulösen begann.

Zwischen 1950 und 1979 ist die Zahl der von Kindern und Jugendlichen unter fünfzehn Jahren begangenen schweren Verbrechen um das Hundertzehnfache oder elftausend Prozent gestiegen. Angehörige der älteren Generation mögen sich fragen, wie es zu dieser "Jugenddelinquenz" gekommen ist, und mit Wehmut an jene Zeit zurückdenken, in der man einen Dreizehnjährigen, der auf der Schultoilette eine Zigarette rauchte, noch als "Problemfall" ansah. (2)

Kinder wachsen

Kinder leben abhängig

Um zu überleben und zu gedeihen sind unsere Kinder von der Fürsorge ihrer Eltern/Umwelt abhängig.
Sie sind von den Lebensgewohnheiten, der Schichtzugehörigkeit und den Möglichkeiten ihrer Eltern/Umwelt abhängig.

Kinder stumpfen ab

Von kleinauf sind unsere Kinder in Gefahr, Erwachsene zu stören, nicht sauber genug zu sein, nicht richtig zu essen usw.
Dieser Gefahr, ständig zu stören oder ständig getäuscht zu werden, weichen die Kinder aus.

Kinder leben eng

Kinder haben keine Perspektive, höchstens Träume. Für sie ist hier kein Platz, nur später. Alles ist nur für später wichtig, wenn sie mal groß sind. Dann, nach der Schule, dann wird Platz für sie sein. Jetzt darf das Kind spielen, solange es dabei in seinen Grenzen bleibt.

Kinder sind neugierig

Für alles, womit unsere Kinder in Kontakt kommen, haben sie Interesse: für ihren Körper, für die Geräusche, für die Wände, für den Sand, das Gras, die Waschmaschine - erfassen, begreifen, entdecken. All das mit viel Energie.

Kinder wirbeln

Kinder bewegen sich und werden bewegt: Ihre Gefühle und ihre Körper wirbeln, brüllen und zirpsen, lachen und staunen, hassen und innehalten - all dies intensiv neben- und ineinander.

Kinder wachsen

An sich und aneinander erleben sie ständiges Verändern, größer werden, gewandter, aufmerksamer, stärker, schlauer, selbstsicherer ... (3)

Brav sein

Die Verachtung und Verfolgung des schwachen Kindes sowie die Unterdrükkung des Lebendigen, Kreativen, Emotionalen im Kind und im eigenen Selbst durchziehen so viele Bereiche unseres Lebens, daß sie uns kaum mehr auffallen. Mit verschiedener Intensität und unter verschiedenen Sanktionen, aber fast überall findet sich die Tendenz, das Kindliche, d.h. das schwache, hilflose, abhängige Wesen so schnell wie möglich in sich, loszuwerden, um endlich das große, selbständige, tüchtige Wesen zu werden, das Achtung verdient.
Begegnen wir diesem Wesen in unseren Kindern wieder, so verfolgen wir es mit ähnlichen Mitteln, wie wir es mit uns bereits taten, und nennen das "Erziehung".

Erziehung von gestern

Die Mittel der Unterdrückung des Lebendigen sind:
Fallen stellen, Lügen, Listanwendung, Verschleierung, Manipulation, Ängstigung, Liebesentzug, Isolierung, Mißtrauen, Demütigung, Verachtung, Spott, Beschämung, Gewaltanwendung bis zur Folter.

Zur "Schwarzen Pädagogik" gehört es auch, dem Kind von Anfang an falsche Informationen und Meinungen zu vermitteln. Diese werden seit Generationen weitergegeben und von den Kindern respektvoll übernommen, obwohl sie nicht nur nicht ausgewiesen, sondern nachweisbar falsch sind.

Dazu gehören z.B. Meinungen wie:

1. daß das Pflichtgefühl Liebe erzeuge;
2. daß man den Haß mit Verboten töten könne;
3. daß Eltern a priori als Eltern Achtung verdienen;
4. daß Kinder a priori keine Achtung verdienen;
5. daß Gehorsam stark mache;
6. daß eine hohe Selbsteinschätzung schädlich sei;
7. daß eine niedrige Selbsteinschätzung zur Menschenfreundlichkeit führe;
8. daß Zärtlichkeiten schädlich seien (Affenliebe);
9. daß das Eingehen auf kindliche Bedürfnisse schlecht sei;
10. daß Härte und Kälte eine gute Vorbereitung fürs Leben bedeuten;
11. daß vorgespielte Dankbarkeit besser sei als ehrliche Undankbarkeit;
12. daß das Verhalten wichtiger sei als das Sein;
13. daß die Eltern und Gott keine Kränkung überleben würden;
14. daß der Körper etwas Schmutziges und Ekelhaftes sei;
15. daß die Heftigkeit der Gefühle schädlich sei;
16. daß die Eltern triebfreie und schuldlose Wesen seien;
17. daß die Eltern immer recht hätten.(4)

Impuls „Vergangenheit"

= Kreuzen Sie 5 Meinungen an, die heute noch gelten - wenn auch vielleicht verdeckter.

Es ist nicht selbstverständlich, daß es die Kindheit gibt. Und das Bild, wie ein Kind zu sein hat, hängt von der jeweiligen Kultur ab:
Ist es das brave, angepaßte Wesen, das für "später" lernt oder ein Wesen – ein kleiner Mensch – das die Welt selbst entdecken möchte, um sich selbst einzuordnen, seinen Platz zu finden?
Überprüfen Sie anhand der folgenden Thesen und Impulse Ihr Bild vom Kind!

1. BEISPIEL

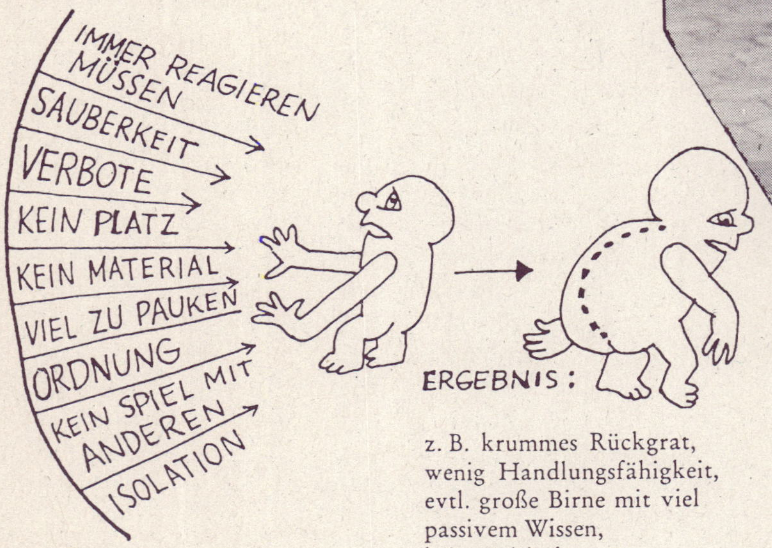

z. B. krummes Rückgrat,
wenig Handlungsfähigkeit,
evtl. große Birne mit viel passivem Wissen,
keine Initiative,
fremdbestimmt

2. BEISPIEL

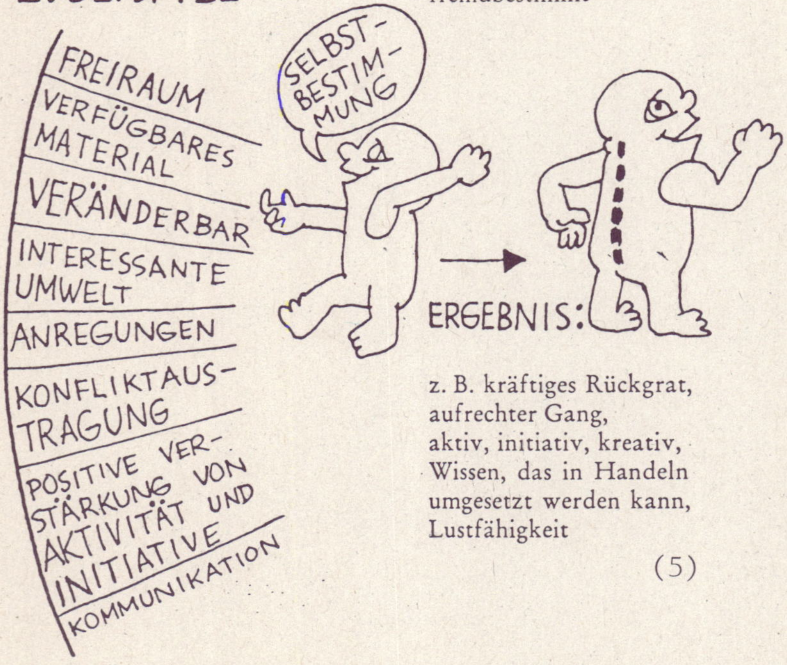

z. B. kräftiges Rückgrat,
aufrechter Gang,
aktiv, initiativ, kreativ,
Wissen, das in Handeln umgesetzt werden kann,
Lustfähigkeit

(5)

Impuls „Traumkind“

0 mutig
0 fantasievoll
0 offen
0 ehrlich
0 rücksichtsvoll
0 gelassen
0 konfliktfähig
0 ordentlich
0 sauber
0 pünktlich
0 initiativ
0 interessiert
0 veränderungsfähig
0 geduldig
0 kreativ
0 selbstbestimmt
0 selbstsicher
0 kontaktfreudig
0 treu
0 tolerant
0 zärtlich
0 fürsorglich
0 sozial
0 respektierend
0 genau
0 höflich
0 liebevoll
0 sensibel

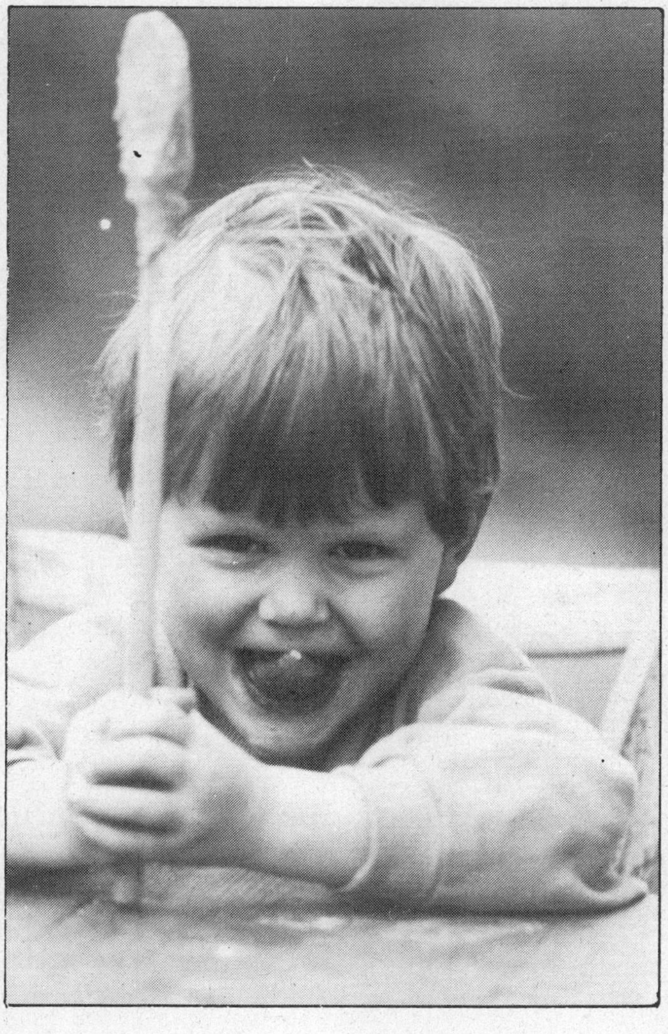

Suchen Sie 5 Eigenschaften für Ihr Traum-Kind!

Lebendig sein

Das gesunde Kind, nur seiend, als Teil seines Seins, ist zufällig und spontan neugierig, wißbegierig, verwundert, interessiert. Auch wenn es nicht zweckgerichtet, nicht bewältigend, expressiv, spontan, nicht von irgendeinem der gewöhnlichen Bedürfnisse motiviert ist, neigt es dazu, seine Kräfte auszuprobieren, hinauszulangen, absorbiert, fasziniert, interessiert zu sein, zu spielen, zu fragen, die Welt zu manipulieren. Erforschen, Manipulieren, Erleben, Interessiertsein, Wählen, Sich-Freuen, Genießen - das alles kann als Eigenschaft des reinen Seins gesehen werden und doch zum Werden führen, obwohl in einer heiteren Art und Weise, zufällig, ungeplant, nicht vorweggenommen. Spontane, kreative Erfahrung kann und wird ohne Erwartungen, Pläne, Voraussicht, Zweck oder Ziel stattfinden.(6)

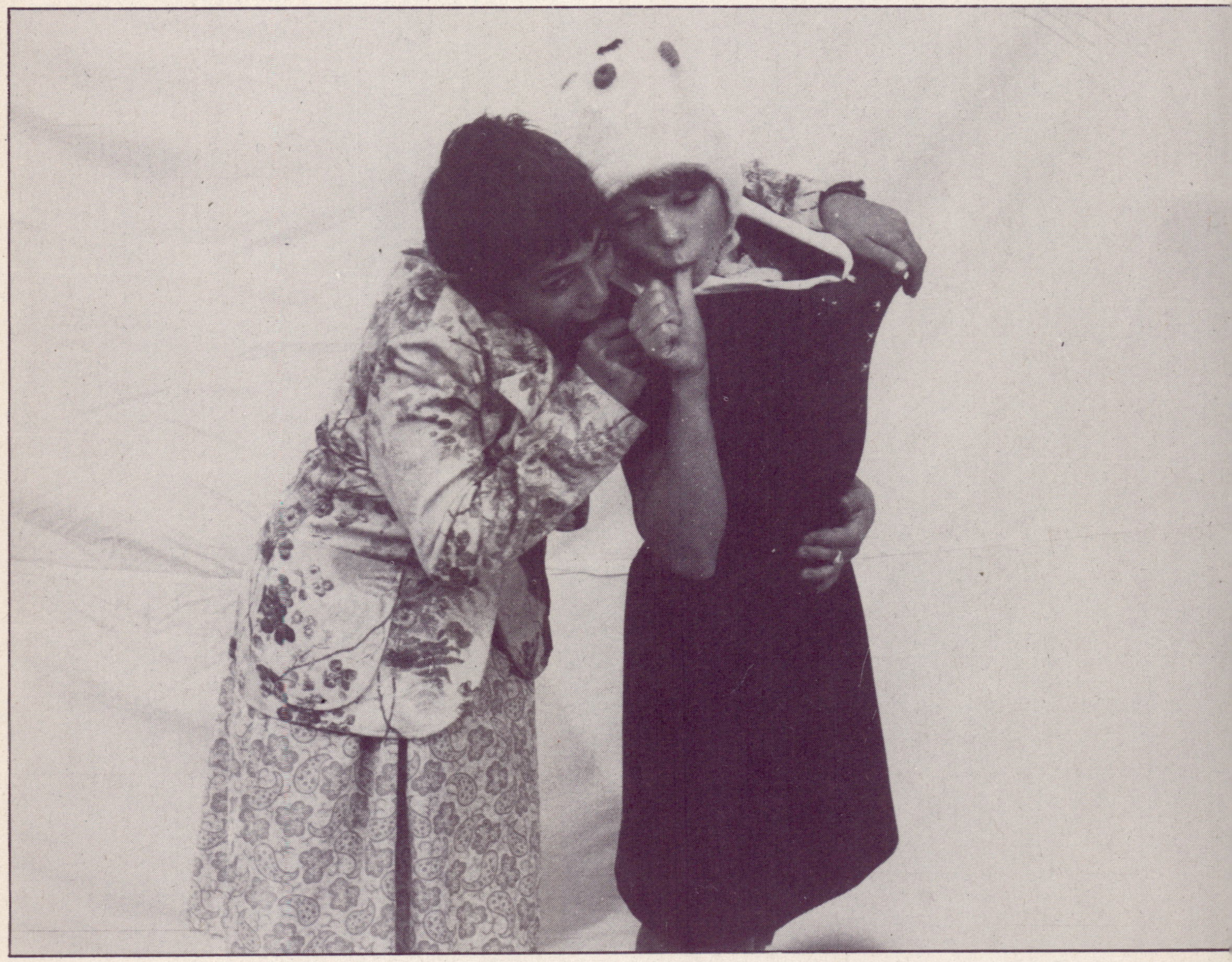

Erziehung für morgen

These 1: Die herkömmliche Erziehung versuchte Menschen so in die überlieferten Lebensmuster einer Gesellschaft einzuführen, daß sowohl die Menschwerdung der Einzelnen wie das Funktionieren und der Fortbestand der Gesellschaft gesichert wurden.

Diese bewährte Form der Erziehung ist heute in Krise geraten. Wenn Erziehung heute in die vorfindbaren gesellschaftlichen Lebensmuster einführt, ist sowohl die Menschwerdung der Einzelnen, wie der Fortbestand der Gesellschaft gefährdet.

So wird es die herausfordernde Aufgabe von Erziehung, Menschen zu formen, die neue Lebensmuster schaffen, damit ihre eigene Menschwerdung ebenso wie den Fortbestand der Gesellschaft sichern.

These 2: Wenn unsere Gesellschaft so bleibt, wie sie ist, dann ist sowohl die Menschwerdung der Einzelnen, wie die Zukunft der Menschheit, gefährdet.

These 3: Die Zukunft des Menschen ist durch drei Defizite besonders bedroht: den Mangel an Gerechtigkeit, den Mangel an Gemeinschaft und den Mangel an Sinn. Diese Mängel sind Todeszeichen, die ihrerseits wieder die Rückseite von entsprechenden Lebenszeichen, Sehnsüchten der Menschen sind.

These 4: Um die für die Zukunft unentbehrlichen "Neuen Bürger" pädagogisch hervorzubringen, braucht es gesellschaftliche Lernorte. Sie zu schaffen und zu erhalten ist eine der wichtigsten pädagogischen Aufgaben für morgen. Erzieher/innen, die dazu in der Lage sind, werden zu Zukunftshebammen: sie bringen jene Bürger hervor, die Zukunft für die Menschheit erhoffen lassen.

"Pädagogen, die nicht stören, sind keine Hoffnung für die Zukunft."

(Zulehner)

Die Gesellschaft braucht widerständige Menschen, die gegen den Strom schwimmen - und so die Erneuerung der Gesellschaft ermöglichen.

Wir brauchen
- zukunftsträchtige Lernorte
- wo "signifikante Bezugspersonen"
- neue Lebensmuster leben. (7)

Lebendige Lernorte

Diese Erziehung braucht einen entsprechenden Rahmen:

1) Kleine überschaubare Gruppen, wo Beziehung und Begegnung selbständig geschehen kann,
2) Authentische Erzieherpersönlichkeiten, welche Orientierung, herzliche Begegnung und echte Beziehung ermöglichen,
3) Räume, die kreativen Umgang zulassen und Rollen und Aktivitäten dem Kind überlassen,
4) Material, welches Fantasie fördert, Veränderung ermöglicht und zu kindgemäßem Umgang und ökologischem Verhalten mit den Dingen und der Welt anregt,
5) Prozesse, die Freiraum und Führung, Anstrengungen und Nichtstun, Tumult und Konzentration, Gemeinschaft und Selbstbezogenheit, organisch wachsen lassen,
6) Aus- und Weiterbildung von Pädagogen, die die Persönlichkeit als Ganzes betreffen.

Mit Leib und Seele

Menschen, die mit Leib und Seele sinnvoll und verantwortlich miteinander und der Welt umgehen, sind die einzige Chance für unser Überleben.

Das erfordert neue Werte in der Erziehung, vor allem die gleichzeitige und ausgewogene Förderung der Kommunikation:

a) kognitive Ebene = Wissen und Urteilsfähigkeit

b) emotionale Ebene = Erlebens- und Wahrnehmungsfähigkeit

c) soziale Ebene = Kontakt-, Beziehungs- und Aktionsfähigkeit

Unsere Kommunikation

A) Die Sache:

Das gemeinsame Thema, das Problem, die vorgegebenen und überprüfbaren Inhalte; hier geht's um 'richtig' und 'falsch', egal wer darüber wie denkt oder empfindet.

B) Das Erleben:

Der individuelle Bezug jedes Einzelnen zum gerade aktuellen Thema; die persönlichen Erfahrungen und Wünsche, aber auch die Lustlosigkeit; meine augenblicklichen alters-, geschlechts- und schichtspezifischen Gefühle.

C) Die Beziehung:

Wie es uns Kommunikationspartnern miteinander geht, wer hier wem gerne zustimmt oder widerspricht, die Rivalitäten, Sympathien und Ängste, die unser Verhalten mitbestimmen, unsere Gruppendynamik.

D) Das nähere Umfeld:

Was sagen die Nachbarn, Kolleginnen, Vorgesetzte, Freunde zu meinem Umgang mit den Kindern? Welche Aufträge erfülle ich?

E) Das weitere Umfeld:

Die schicht- und milieuspezifischen Einflüsse, die Wirtschaftslage und der "Zeitgeist", in dem meine Arbeit stattfindet.

Das Bild des Eisbergs soll als Metafer verdeutlichen, daß in unserer Alltagskommunikation fast nur die Sachebene wahrgenommen und als bedeutsam geschätzt wird.
Bemerkenswert ist, daß die Vernachlässigung der unteren (Gefühls-)Ebenen in dem Maße zunimmt, als der Bildungsstatus der jeweiligen Kommunikation steigt:
Im Kindergarten gelten die Persönlichkeiten des Kindes und der Tante noch viel (durch Vorschulerziehung wird das verringert), in der Volksschule schon weniger, im Gymnasium kommen Lehrer und Schüler als Menschen kaum vor (höchstens versteckt im allgemeinen Bildungsziel) und auf der Uni ist persönliche Erfahrung und das Wort Ich überhaupt nicht mehr von Bedeutung; "Ich" ist unwissenschaftlich und fehl am Platz.

"Mit anderen Worten: je einseitiger die Sachebene im Vordergrund einer Kommunikation steht, desto weniger erleben die Beteiligten: Hier geht es auch um mich, um meine Erfahrungen und Wünsche!
Dieses Erlebnis brauchen wir aber alle dringend zur Entwicklung und Stärkung unserer Identität." (8)

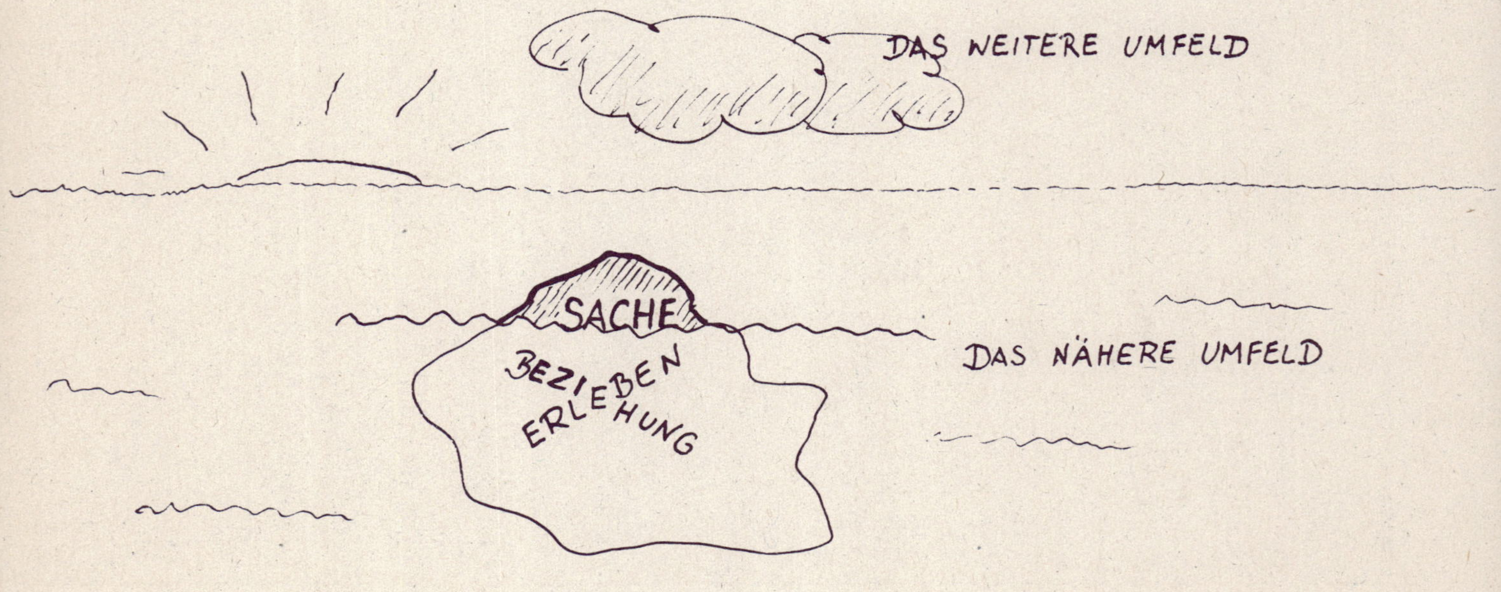

Neue Wege wagen

Situationen aufgreifen

1) Situationen aufgreifen

Die Erzieher/in greift Situationen, Verhaltensweisen und Stimmungen auf und setzt entsprechende Übungen, Spiele und Materialien ein. Das reflektierende Gespräch darüber wird geübt.

2) Lebendige Materialien

Die Materialien sind lebendig und einfach und regen durch ihre Beschaffenheit zu vielfältigen sinnlichen und sinnvollen (ganzheitlichen) Erlebnissen an.

3) Prozeß und Produkt sind gleichwertig

Die Produkte entsprechen den Fähigkeiten und Bedürfnissen der Kinder und der Weg dahin ist wichtiger als das ausgestellte Stück. Der "Erfolg" liegt im befriedigenden Weg genauso wie im entsprechenden Produkt.

4) Flexible Zeiten und Räume

Den Kindern wird durch eine flexible (veränderbare) Zeit- und Raumstruktur ein möglichst weiter Rahmen für Selbstbestimmung, Kontakt und Aktion gegeben.

5) Lernen durch Neugier

Spiele, Übungen und Lernen ist der Neugierde der Kinder zugeordnet, jede Situation hat vielfältige Lernfelder in sich und vollzieht sich im gemeinsamen Entdecken und Erkunden. Den Kindern wird nichts vor"weggenommen", sie können das Abenteuer Leben in einem geschützten Freiraum erfahren.

6) Wohlbefinden schafft Ordnung

Ordnung, Sauberkeit und Pünktlichkeit haben ihre Begründung im gemeinsamen Leben, wo die Grenzen des Einzelnen und das Wohlbefinden der Maßstab ist.

7) Gemeinsame Leistungen

Die gemeinsame Arbeit und Leistung ist genauso viel wert wie die Einzelleistung. Die Bewertung geschieht nicht nach vergleichbaren Normen (Konkurrenz!) sondern nach eigenem Einschätzen des Kindes.

Impuls „Praxis"

= Welche der vorgeschlagenen Ziele und Wege halten Sie in Ihrer Erziehertätigkeit für
  a) durchführbar - d.h. weil es mehr an Ihnen selbst liegt
  b) undurchführbar - weil der Rahmen viel verhindert:

Sollten Sie viele b) anzeigen, dann blättern Sie bitte zuerst im rückwärtigen Teil - oder
Sie legen das Buch als unbrauchbar beiseite, oder
zerlegen Sie es in brauchbare Teile ...

a) (jetzt) durchführbar:

b) (jetzt) undurchführbar:

Kapitel 2

Leben lernen im Spiel

"Das Spiel ist ein Teil unseres Lebens.
In der Frühzeit hatte es seinen festen Platz - im Alltag wie im Gottesdienst.
Als es diesen Sinnzusammenhang verlor, erstanden ihm mancherlei Gegner."

(Ruth Dirx)

Spielend leben

Alle Tätigkeit des Menschen hat einst spielerisch begonnen, denn Spiel und Arbeit waren in den Anfängen unserer Kultur noch eng miteinander verflochten. Nach langen Jahrhunderten der Trennung von Spiel und Arbeit, der Selbstentfremdung des Menschen, deuten alle Anzeichen darauf hin, daß wir allmählich wieder spielend leben, spielend arbeiten lernen. (9)

o Zuerst die Arbeit, dann das Spiel!

o Es ist doch nur ein Spiel! (= nicht ernst zu nehmen)

o Ich lasse nicht mit mir spielen!

o Spiel dich nicht so auf!

Spielen wird hier gleichgesetzt mit Spielerei im Sinne von etwas Unwesentlichem, Nebensächlichem.
Auch die bestehende Wirtschaftsordnung unserer Gesellschaft mit ihren Normen wie fremdbestimmtes Leistungsprinzip, Konkurrenz untereinander und das Vorherrschen materieller Belohnung zeigt sich in den verwendeten Spielen: Wettbewerbsspiele mit Preisen für Sieger sind die Regel. Das lustbetonte Spielen um des Spielens willen und die Phantasie ist in unserer Gesellschaft verlorengegangen. (10)

Tolstoi erzählt aus seiner Kindheit, wie er mit seinen Geschwistern an den langen Winterabenden im Zimmer große Reisen veranstaltete:
Ich weiß ja selbst, daß man aus einem Stock nicht schießen, geschweige denn einen Vogel töten kann. Doch wenn man so will, kann man auch auf Stühlen nicht reiten; und doch weiß Wollodja noch recht gut, glaube ich, wie wir an langen Winterabenden einen Lehnstuhl mit Tüchern bedeckten und daraus einen Wagen machten. Der eine war der Kutscher, der andere Lakei, die Mädchen in der Mitte, drei Stühle bildeten das Dreigespann, die Troika, und dann fuhren wir los. Und wie viele verschiedene Abenteuer passierten auf unserer Fahrt.

sich frei spielen

Zum Spielen braucht man Zeit und Freiheit. Gerade an diesen beiden Dingen hat es aber den Menschen in der Vergangenheit gefehlt. Daß sich in Zukunft unsere Arbeitsstunden noch mehr verringern werden, darf als ziemlich sicher gelten. Ob wir auch mehr Freiheit genießen dürfen, hängt zu einem großen Teil von unserem Wollen und Handeln, von unserem Mut und unserer Phantasie ab. Bei diesem Prozeß ist das Spiel unmittelbar und aktiv beteiligt. Je mehr Freiheit der Mensch hat, desto stärker kommt die Spielfreude zu ihrem Recht - und das spielerische Tun macht den Menschen freier.

Das Spiel kann den Menschen befreien. In der Arbeit strebt er allzu gradlinig auf sein Ziel hin. Damit versklavt er sich auf eine Weise, die seinen Anlagen und Neigungen zuwiderläuft und viele Begabungen verkümmern läßt. Spiel kennt kein festes Ziel, es schwebt hin und her. Es ist Bewegung und Ruhe zugleich, darum harmonisiert es mit unserem natürlichen Lebensrhythmus. (11)

Aktivität ist die Grundform des Verhaltens im Spiel. Sie wird lustvoll erfahren. Im Spiel organisiert sich diese Aktivität, um nach selbstbestimmten Zielen Umwelt zu erfahren und zu verändern. Dabei werden Erfahrungen, Lernprozesse, vermittelt. Spielen ist eine Form des Lernens, die nicht unter allen Umständen stattfinden kann. Das Spiel braucht einen gewissen Freiraum, den sich der Spieler selbst schafft oder der für ihn geschaffen wird.
Hier liegt der pädagogische und bildungspolitische Ansatz: für Kinder Freiräume schaffen, die keine Schonräume sind; diese Freiräume durch Ausstattung mit Materialien und durch Einbringung von Spielprogrammen zu intensiven Lebensräumen machen. (12)

spielen und heilen

"Heilende Kräfte im kindlichen Spiel", so betitelt der Schweizer Pädagoge Zullinger eines seiner Bücher. Man hat diese heilenden Kräfte schon in der Antike gekannt und genützt. Sie gerieten aber in der spielfeindlichen Feudalzeit für lange Jahrhunderte in Vergessenheit.
In der Antike kurierte man die verschiedensten Leiden durch Leibesübungen und sportliche Spiele. In Ermangelung anderer Heilmittel - die Chemie steckte noch in den Kinderschuhen - nahm die Gymnastik einen breiten Raum in der Heilkunst ein.
Im alten Rom war das Ballspiel ein bekanntes therapeutisches Mittel. Plinius preist es als ein Mittel gegen das Altern. Aus diesem Grunde pflegte Augustus oft mit dem Ball zu spielen.

Der römische Arzt Celsus empfiehlt das Ballspiel kränklichen und schwächlichen Menschen, zu denen seiner Meinung nach alle Städter und die geistigen Arbeiter gehören.

Das Spiel taucht als Heilmittel erst wieder zu Beginn des 20. Jahrhunderts auf, als die Psychologie sich der entwicklungsgestörten Kinder annimmt. Man benützte es zunächst einmal, um Einblick in das Seelenleben des Kindes zu gewinnen. Melanie Klein berichtet darüber: "Mittels der Technik der Spielanalyse vermögen wir zu tiefen, verdrängten Erlebnissen und Fixierungen zu gelangen und damit die Entwicklung des Kindes von Grund auf zu beeinflussen. - Ich habe in meinem Behandlungszimmer auf einem Tisch einfaches, kleines Spielzeug liegen: kleine hölzerne Männchen, Frauchen, Wagen, Autos, Züge, Tiere, Bausteine, Häuser, ferner Papier, Schere, Bleistifte. Auch das sonst spielgehemmte Kind betrachtet das Spielzeug zumindest, greift danach und gibt mir bald durch die Art, wie es damit zu spielen beginnt oder das Spielzeug weglegt und sich sonst dazu verhält, einen Einblick in seine Komplexe." (13)

spielend lernen

"Menschen lernen lebenslang. Sie bringen eine Lernlust mit auf die Welt. Alle, insbesonders aber die Kinder, lernen am bereitwilligsten, intensivsten und behalten am besten, wenn das, was sie lernen, sie unmittelbar angeht und sie es unmittelbar brauchen können.

Die spontane Kraft, die zum Lernen antreibt, ist die Neugier.
Neugier ist die erste Stufe des selbstbestimmten Lernens. Neugierig sein heißt, sich spontan und intensiv Personen, Sachen, Vorgängen, zuwenden. Neugier ist Anfangsspannung. Wenn sie erlischt, ist die subjektive Lernbereitschaft erlahmt.
Die zweite Stufe des selbstbestimmten Lernens ist die Erkundungslust.
Sie ist der spontane Antrieb, weiterzulernen. Sie ist anhaltende, zielgerichtete Neugier. Sie läßt nicht ruhen, bis man weiß, was "es" ist, wozu es dient, wozu man es braucht, usw. ...
Die dritte Stufe des selbstbestimmten Lernens ist der Spieltrieb.
Der lernende Mensch will nicht nur die Welt mit seinen Sinnen wahrnehmen und sie verstehen, er will in ihr auch etwas machen.
Im Lauf der Geschichte haben die Menschen die vorgegebene Natur und sich selbst immer wieder anders wahrgenommen und verstanden, und entsprechend etwas anderes, andere Kulturen daraus gemacht.
Der Mensch ist kreativ. Kein anderes Lebewesen verwandelt sich und die Welt in diesem Maße." (14)

schöpferisch arbeiten

Arbeit stellt die materiellen Sicherheiten zur Verfügung, die die Grundlage des Lebensvollzugs bieten. Eine Reduktion der Arbeit auf Tätigkeiten, die der Beschaffung lebenserhaltender Güter dienen, aber wird ihrem Wesen nicht gerecht. Nicht nur das Faktum der Arbeit, auch ihr Vollzug, das "Wie", ist von Bedeutung. Zielsetzung, Inhalt und Form sind im Konzept der Arbeit nicht voneinander zu trennen. Arbeit bedeutet Veränderung gegebener Situationen und Materialien, Verarbeitung, Umgestaltung, Neugestaltung. Arbeit ist zugleich Prozeß der Integration und Kreation. Sie wurzelt in den Notwendigkeiten, aber wird durch die Kraft der Gestaltung transzendiert.
In der Arbeit, sei es nun die der Hände oder des Kopfes, wirke ich formend auf meine Umwelt zurück, wird mir die Möglichkeit gegeben, mir Freiräume gegen die Einwirkungen der Umwelt zu schaffen, ein Stück Freiheit zu gewinnen, solange es mir anheim gestellt bleibt, über Maß, Ablauf, Form meiner Arbeit zu entscheiden. Da es mein Leib ist, der Arbeit vollzieht und Leistung bringt, sollten diese jeweils meine sein, mir zugehörig, Ausdruck meiner selbst. (15)

Spiel ist Risiko

Der Begriff "Spiel" in seiner ursprünglichen positiven Bedeutung heißt, sich an etwas wagen, sich auf etwas einlassen. "Spielen" in diesem Sinne ist eine lustbetonte Auseinandersetzung mit uns selbst, unseren Mitmenschen, mit Gegenständen und Vorgängen und mit unserer Umwelt.

Im Spiel liegen große Möglichkeiten zur ganzheitlichen Entfaltung unserer Persönlichkeit (Körper-Seele-Geist).

- o Spielen bereitet Spaß, Freude und Lust.
- o Spielen ermöglicht Entfaltung von Phantasie, Kreativität und Spontanität.
- o Im Spiel tritt der Mensch aus sich heraus und nimmt Kontakt auf mit Personen oder Gegenständen.
- o Im Spiel können wir uns selbst ausdrücken, darstellen und uns in Gemeinschaft mit anderen verwirklichen.
- o Im Spiel werden gemachte Erfahrungen angewendet und verarbeitet, Fähigkeiten und Fertigkeiten trainiert.
- o Spielen fördert die Kommunikation zwischen Menschen - gemeinsam gemachte Erfahrungen im Spiel wirken weiter im Zusammenleben der Menschen.
- o Spielen fördert gegenseitige Toleranz, ermöglicht das Erlernen von gewaltfreiem Handeln und die Erfahrung: Das kann ich gut - das kann ich weniger gut. Dadurch lernen Menschen, mit ihren Fähigkeiten und Grenzen umzugehen und diese - in einer guten Spielatmosphäre - auch zu akzeptieren.
- o Gemeinsames Spiel mit Gegenständen, Problemen und Situationen hilft, die Umwelt zu erfassen, Kritikfähigkeit und Urteilsvermögen aufzubauen.
- o Spielen kann zu neuen Einsichten und Lösungen führen. (16)

friedlich spielen

Was lernt ein Kind in den üblichen Spielen?

a) Es erlebt als selbstverständliche Regel, daß der, der 6 würfelt, nochmals würfeln darf. Das ist Politische Bildung. Es bereitet die Einsicht vor, daß, wer viel hat, noch dazubekommt.

b) Dasselbe Kind lernt: Wenn zwei Spieler sich (beim Mensch-ärgere-dich-nicht) begegnen, dann fliegt einer raus. Individuelle Erkenntnis: Begegnung ist Bedrohung, Kontakt führt zu Aggression oder wer zuerst da war, verliert sein Recht, wenn ein anderer kommt.

c) Dasselbe Kind lernt: "Man muß verlieren lernen." Warum eigentlich? Hier werden Selbstverachtung und Ungerechtigkeit zur Spielregel gemacht ohne jeden rationalen Hintergrund - oder doch?

d) Dasselbe Kind lernt: Gewinnen tut einer (oder wenige), verlieren tun viele. Das ist Politische Bildung. Was ich im Spiel noch als Zufall akzeptiere (Spielglück), das nehme ich später als Schicksal hin, auch wenn dann keineswegs der Zufall regiert.

e) Dasselbe Kind lernt: Im Spiel lachen heißt: Jemanden auslachen, sich freuen, wenn jemand ausscheidet, schwarz oder naß gemacht wird oder sonstwie eine lächerliche Figur macht. Freude heißt hier eigentlich: Gute Miene zum bösen Spiel machen. Die sogenannten Hüttenspiele beweisen, daß diese traurige Lernerfahrung bei vielen Erwachsenen noch fest verankert ist. (17)

Impuls „spielen"

Für eine friedliche Zukunft empfehlen wir:

- Spiele, bei denen es um das Miteinander-gewinnen geht und wo Verstehen gefördert wird
- Spiele, bei denen einseitige Feindbilder abgebaut werden und Auseinandersetzung mit der Realität passiert.
- Spiele, bei denen kreativ gehandelt wird (bewegen, gestalten, reden und fantasieren)
- Spiele, die aktuelle Fragen spielerisch und konkret behandeln und neue Lösungen finden helfen
- Spielen ist eine wichtige Ausdrucksform für Menschen aller Altersstufen und soll das friedliche und sinnvolle Miteinander stärken. (18)

1) Welche der vorangegangenen Thesen über Spiel entsprechen Ihrer Einstellung - wo haben Sie Bedenken?

2) Warum spielen Sie - mit Kindern - mit Erwachsenen?

3) Welche Kriterien der oben genannten Spiele treffen bei Ihnen zu?

4) Kennen Sie genügend friedliche Spiele?

5) Ist Ihnen dieses Ziel wichtig?

Spielpädagogik

Unsere Spielpädagogik

ist ein Konzept von Gruppenarbeit

a) in dem persönliche, sachliche und soziale Ziele und Prozesse gleichwertig gelten,

b) in dem Vielfalt aller möglichen Sinne, Ausdrucksmittel und Materialien genutzt wird und

c) in dem auf Freude, Wertschätzung und Ermutigung aller Beteiligten geachtet wird.

d) Die dabei verwendeten Spiele und Methoden ermöglichen all das und machen durch deutliche Regeln

e) die Kommunikation in der Gruppe für alle durchschaubar und dadurch leichter mitgestaltbar.

Wenn es auch keine einheitliche Theorie und Didaktik der Spielpädagogik gibt, so gibt es doch deutliche Trends bei denen, die sich damit intensiver beschäftigen. Dieser Trend läßt sich in einer Gegenüberstellung neuerer Spiele zum traditionellen Spielrepertoire (etwas vereinfacht) darstellen:

Spielpädagogik

* personenbezogen
* ermutigend
* kreativ
* vielfältig
* kooperativ
* veränderbar
* von Planung geleitet
* herausfordernd
* über Erfolge freuen

übliche Spiele

* einseitig leistungsbezogen
* entmutigend
* reproduzierend
* einseitig
* konkurrenzierend
* starr geregelt
* von Zufall geleitet
* einengend
* Schadenfreude (19)

Spieltest

a) Machen Sie mit der Gruppe ein Konkurrenzspiel und schreiben Sie auf einer Seite die Beobachtungen, erfahrenen Eigenschaften und Verhaltensweisen auf,
b) und deren Gegenteil auf die andere Seite.
c) Machen Sie dazwischen einen Raster von 2-1-0-1-2 und ziehen Sie senkrechte Linien.
d) Spielen Sie nun ein verliererloses, kooperatives Spiel und tragen Sie die Beobachtungen in den selben Raster ein.
e) Überprüfen Sie, welche Erziehungswerte in den Spielen stecken und ob es Ihre sind.

z.B.:
Reise nach Jerusalem (Konkurrenzspiel)
(Bewegungsspiel)

Die Kinder gehen zu Musik um eine Doppelreihe Sesseln (ein Sessel weniger), bricht die Musik ab, so müssen alle Platz nehmen. Wer keinen findet, scheidet aus. Solange bis ein Sieger übrig ist.

Dschungelzug
(kooperatives Spiel)

Ein Zug wird mit Sesseln gebaut und alle fahren mit dem Zug durch den Urwald.
Die Spieler rufen und animieren jeweils ihre Erlebnisse spontan in die Szene und wer will agiert:
"Achtung, da vorne ist eine Affenhorde" - und einige Spieler können in diese Rolle schlüpfen.
Konstant bleibt der Zug - die Improvisation ist zur Gänze von den Spielern abhängig.

Beobachtungsraster

	2	1	0	1	2	
Streß						Ruhe
Spielverlauf geschlossen						Spielverlauf offen
anspannend						lockernd
mitgerissen						selbstbestimmt
nicht denken						anregend
müssen durchhalten						aussteigen können
spannend						fad
fies						fair
Glück						Verantwortung
sichere Spielregel						offene Spielregel
alle machen das Gleiche						unterschiedl. Aktionen
draußen sein						immer dabei
alleine gegen alle						gemeinsam
ungewohnt,neu						vertraut
kreativ						reproduzierend

Dschungelzug = O
Die Reise nach Jerusalem = X

Erlebnisbericht „spielend erfahren“

Spielpädagogik hat meine Arbeit beeinflußt

Viele Ansätze, Vorsätze und Vorstellungen sind in mir gesteckt, vieles konnte ich verwirklichen, umsetzen. Bücher, Kurse regten mich zu immer neuen Aktivitäten und Ideen an. In den ersten Jahren meiner Arbeit fehlte mir jedoch in vielem der Mut, anders zu arbeiten, meine Vorstellungen durchzusetzen, mich gegen Klischees zu wehren. Dann habe ich gelernt, meine Vorhaben zu begründen, anderen - vor allem den Eltern der Kinder - erlebbar und dadurch verständlich zu machen, was in mir an meinem Tun wichtig ist, warum ich etwas so und nicht anders mache.

Durch die Spielpädagogik bekam ich eine große Vielfalt an neuen Ideen, aber ich merkte auch, daß ich selbst noch mehr zu mir fand, mir selbst bewußter und wichtiger wurde und das übertrug sich auf meine Arbeit. Ich bekam Mut, vielseitiger zu sein, meine Arbeit zu vertreten, merkte, daß ich nicht allein mit meinen oft ideellen Vorstellungen dastand.
So wie ich mich immer stärker ganzheitlich erfahre, versuche ich auch den Kindern die Möglichkeit zu geben, sich in ihrer Ganzheitlichkeit von Seele, Körper und Geist allein, aber auch in der Gemeinschaft mit anderen erleben zu können. (21)

Ich habe selber ERFAHREN, was spielend lernen heißt und habe in der Arbeit mit Kindern mehr Freiraum zum Aufgreifen kindlicher Ideen - besseres Verständnis für das Spiel der Kinder, und auch für die Möglichkeiten, die im Spiel ausgedrückt werden. Ich denke neben Bewegungen, Tanzen, Körperspüren, Malen ... auch an die befreiende, therapeutische Wirkung. Ich erlebe immer verstärkter wie fernsehbenebelt, hektisch und unkonzentriert Kinder in den Kindergarten kommen, und daß sie im Spiel sehr vieles ablegen können, zu sich finden und auch zu anderen.
Aber gerade der Erwachsene muß wieder spielen lernen - feiern lernen - gestalten lernen - auf sich, sein Inneres hören.
Die Spielpädagogik hat mir sehr viele Anregungen und lebendige Beispiele gegeben, mehr mit den Eltern zu arbeiten, sie wieder in den Kindergarten miteinzubeziehen.

Spielpädagogik bedeutet für mich:

- mich in Schwung bringen
- meine Stärken - Grenzen - erfahren
- zu mir selbst finden
- spielerisch lernen
- Gefühle ausdrücken - Gruppe - Geborgenheit - Rückhalt
- hat mir auf die Beine geholfen
- Gruppenbegleiter - die Kinder anregen - mitbegleiten - aber auch alleine lassen können
- besseres eigenes Verstehen; dadurch besseres Verständnis für andere
- der ganze Mensch wird angesprochen mit all seinen Sinnen
- Körper - Geist - Seele in Einklang bringen. (22)

Impuls „Erinnern“

Woran erinnern Sie sich aus Ihrer Kindheit?

Welche Art von Spiel war vorrangig?

Wo haben Sie sich als Sieger/Verlierer erlebt?

In welchen Situationen waren Erwachsene dabei?

In welchen Spielsituationen spielten Sie am intensivsten?

Wann haben Sie als Erwachsener zuletzt gespielt?

Wie fühlen Sie sich jetzt wenn Sie mit den Kindern spielen?

Ergänzen Sie: Spielen ist für mich wie .....

Kapitel 3

Beziehungen und Gefühle erleben

"Die Erfahrung des "Ich bin" ist ohne das "Du" und das "Wir" nicht möglich"

(Petzold, 1982)

beziehungsfähig

Ein wesentliches Kennzeichen eines lebensfrohen Menschen ist die Fähigkeit, Begegnungen zu erfahren und in Beziehung zu einem Partner, zu einer Gruppe leben zu können.
Der Mensch ist von vornherein ein soziales Wesen, er braucht es nicht zu lernen. Was er lernt, sind Normen und Werte für Beziehung und er kann lernen, daß Kontakt, Begegnung und Beziehung gut, ermutigend und erfreulich sind und nicht "gefährlich". Mißtrauen gegenüber Begegnung wird uns von Kindheit an anerzogen: Rückzug in die eigenen Vier-Wände, Nichtzeigen von Gefühlen und Konflikten. Verstärkt wird diese Neigung durch isolierende Medien, Auto und Arbeit. Desto mehr ist es Aufgabe einer lebendigen Erziehung - Beziehung zu fördern, zu unterstützen und zu initiieren.

Beziehungen zu anderen bedeutet:

- unterschiedliche Gefühle zu verschiedenen Kindern wahrnehmen und annehmen: einmal böse sein, sich wieder versöhnen, Freunde wechseln und Vorurteile überprüfen - ablehnen dürfen.
- die Stärken der anderen sehen, die eigenen ohne zu vergleichen messen können ohne Versager zu sein, Schwächen und Grenzen als menschlich und ok erfahren (was kann ich, was bin ich, was können andere, was sind und fühlen andere), Interesse fördern
- über sich sprechen, mit den anderen. Vertrauenserfahrungen machen, Wünsche und Enttäuschungen erfahren und anerkennen.
- Angst, Aggression mitteilen und austragen dürfen - vor anderen Kindern
- konkurrenzfreie Situationen erleben und Spiel als Lebensfreude erfahren.

Kinder erleben von vornherein viel deutlicher diese Beziehungen, urteilen nach Erlebnis und Beziehung: ob etwas spannend war, hängt mit den Personen zusammen, die am Spiel beteiligt waren. Später wird durch einen entfremdeten Einfluß die Gewinner- und Verliererfrage vorrangig und das Spiel verliert seine "Unschuld" - falls nicht andere Spielerlebnisse ermöglicht werden.

ermutigende Kontakte

Im Kontakt sein heißt:
Spüren, wie ich mich fühle, wie ich in meinem Körper bin, worauf meine Aufmerksamkeit gerichtet ist, meine Gedanken, Wünsche und Tendenzen.
Spüren, wie ich andere berühre und berührt werde, wem ich zugeneigt und abgeneigt bin, wie ich in der Umwelt bin.
Begreifen der Umwelt.

Kontaktlosigkeit ist demnach das Vermeiden der Berührung, des Berührtwerdens.
Eine Einschränkung des Wahr-nehmens.

Gruppen, die Kontakt fördern, erleichtern das Wahr-nehmen und Annehmen seiner selbst und voneinander. Sie ermöglichen, auch das bisher wenig Geachtete, Ungeliebte (also Abgespaltene, Ferngehaltene) zu sehen und dem näher zu kommen.

Nähe und Distanz

Mehr Kontakt heißt nicht gleichzeitig mehr Nähe.
Kontakt bringt ein deutliches Spüren, was einem gerade gut tut, welches Bedürfnis gerade vorherrschend ist: das nach Nähe oder das nach Distanz, das nach verschmelzender Wärme oder nach freiem Raum und autonomer Bewegung.

Spielpädagogische Impulse laden ein, miteinander und zu sich in Kontakt zu kommen - trotz und mit der Angst voreinander und seiner ungeliebten Anteile:
- einander zu berühren
- sich auszudrücken
- in Bewegung zu kommen
- vielfältigeren Kontakt zu erleben
- miteinander Lust zu spüren
- so sich selbst wertvoll zu erleben.

(23)

a) Kinder brauchen Spiele, mit denen sie lernen, sich nach fairen, gemeinsam akzeptierten Regeln durchzusetzen. Es muß von Kindern gelernt und geübt werden, weil sie sozialen Konkurrenzsituationen ausgesetzt sind und es als Erwachsener sein werden. Die Kinder müssen auch das Überleben in einer nicht erwünschten unsozialen Realität lernen.
b) Zugleich und verstärkt brauchen Kinder Spiele, mit denen sie kollektives Handeln lernen und üben können. Die soziale Wirklichkeit im Produktions-, Dienstleistungs- und Freizeitsektor wird immer mehr durch Gruppenleistungen bestimmt; das Erziehungssystem aber immer fast ausschließlich durch individuell verantwortete Einzelleistungen. Es ist also nur systemkonform (gesellschaftlich erwünscht), wenn Kinder auch Gruppenverhalten lernen.

Dennoch darf Erziehung nicht nur auf den gesellschaftlichen Ist-Zustand hinwirken, weil mit der Erziehung auf das Verhalten von Menschen in der Zukunft eingewirkt wird. Also müssen Kinder Handlungsstrategien lernen, nicht nur individualistische sondern auch koalitive: wie Menschen offen und locker, liebevoll, friedfertig und solidarisch miteinander umgehen können, ohne das Risiko eingehen zu müssen, verletzt, blamiert, ausgebeutet oder sonstwie übervorteilt zu werden!
Gelernt und geübt wird also schwieriges prosoziales Verhalten, das Interaktionen macht. Kinder erfahren dabei, daß kooperatives Handeln spannend, abenteuerlich, aufregend und risikoreich sein kann - allerdings stets für alle Spieler gemeinsam und relativ gleichmäßig verteilt.
Die Struktur kooperativer Spiele ist ganz anders, also werden die Kinder mit einem ihnen ungewohnten Spielrahmen konfrontiert. Das macht prinzipiell unsicher. Der Neugierde und Risikobereitschaft, dem Lernwillen bei Kindern ist es zu verdanken, daß sie sich mit kooperativen Spielen gern beschäftigen.

(24)

verlieren lernen müssen

Das Argument "Man muß verlieren lernen" hört man als erstes gegen die kooperativen Spiele.
Beim "Verlieren lernen müssen" geht es meiner Ansicht nach vor allem darum, die schlimmen Gefühle, die sich damit verbinden, in einer sozial angemessenen Weise verarbeiten zu lernen. Niemand mag auf Dauer mit einem Spielpartner spielen, der "unangemessen" wütend wird, wenn er einmal veriiert oder einem so unter Druck setzt, daß man ihm ständig Spielvorteile geben muß. Und hier eröffnet sich der Teufelskreis: das Kind und der Erwachsene, die nicht derlieren können, werden tatsächlich nach und nach von möglicherweise sehr attraktiven Spielen ausgeschlossen. In dieser sozialen Situation erhalten sie also geradezu die Bestätigung dafür, was sie in den Spielen so wütend macht.

"Verlieren lernen" heißt vor allem von seiten der Eltern und Erzieher her: mit Kindern, die nicht "verlieren können" richtig umzugehen. Und das heißt, die in den Spielen zum Ausdruck kommenden Wertkonflikte der Kinder ernstnehmen als einen grundsätzlichen Gefühlskonflikt, der die Erfahrung des Kindes von Abwertung und Wut spiegelt.

Die Beliebtheit der Wettbewerbsspiele läßt sich darauf zurückführen:
- das Kind will von klein an geliebt und anerkannt sein. Übliche Erziehung gibt das über Leistung "wie gut, brav oder schlimm" ein Kind ist, oder was es schon alles leistet (vom Sprechen bis Schwimmen ...)

Mit diesen Herausforderungen ist jedoch fast immer das soziale Kriterium verbunden, angenommen oder nicht angenommen zu sein. Eltern sind besonders glücklich, wenn ihr Kind etwas Außerordentliches kann. Das Kind erfährt: "Man muß sich (in unserer Gesellschaft) anstrengen, um geliebt zu werden." (25)

gemeinsam gewinnen

Unsere Gesellschaft wäre ohne kooperatives Verhalten (Zusammenarbeit) nicht denkbar und Kinder können beides aufnehmen und einordnen:

a) es kommt mehr darauf an, ob Spiele so gebraucht werden, daß verschiedenste Verhaltensweisen möglich sind,
b) ob Spielen automatisch mit Gewinnen und Verlieren verknüpft ist.

Es kommt wesentlich mehr auf die sozialen Beziehungen und das Verhalten der Spieler an, denn auch Spiele ohne Sieger können umgewertet werden, wenn der Spielleiter die entgegengesetzte Haltung hat (und paramilitärische Kraftproben daraus macht).

Wesentlich ist, daß kooperative Spiele auch bewegt, wild und aggressiv sein dürfen, jedoch mit Regeln, die den anderen nicht verletzen oder demütigen. Viele Mannschaftsportarten fördern kooperatives Verhalten, bauen aber ihre Spiellust am "Außenfeind" - Gegnermannschaft - auf.
Wünschenswert wäre, wenn Wettbewerb sein kann und der Verlierer trotzdem nicht abgewertet wird. Schließlich kann der eine nicht ohne den anderen gewinnen. Die Überbetonung des Sieges ist die Haltung, die "beziehungsarm" macht, weil es nicht um das Miteinanderspiel nach bestimmten Regeln und Maßstäben geht, sondern um das Endergebnis. Der Prozeß des Spiels, wo die eigentliche Spannung abläuft, wird zwar immer wieder genannt, aber gültig ist letztlich nur das Ergebnis.

andere Völker – bessere Sitten

In der Sprache der Hanahans gibt es kein Wort für "gewinnen". Gewinnen und Verlieren existierte in der traditionellen Kultur der Hanahans nicht. Wenn Leute etwas gut gemacht hatten, wurde einfach festgestellt oder anerkannt, daß sie fähig seien, diese Aufgabe zu erfüllen. Worauf es ankam, war, am Leben der Gemeinschaft teilzunehmen und die eigenen Fähigkeiten, die das Spiel erforderte, zu lernen. "Falls jemand mit etwas Schwierigkeiten hatte, halfen ihm die anderen, es zu lernen." (26)

Am meisten Spaß machte es den Kindern, direkt unter dem herunterhängenden Vorsprung des Daches zu spielen, wo der Regen wie ein Wasserfall herunterschoß. Der Wasserstrahl hielt sie völlig in Bann, wobei sie sich manchmal einfach an den Händen faßten und selig auf und ab hüpften. Ihre schwarze Haut glänzte, als sie sich in schlammigen Pfützen vergnügten, schmale Furchen in der Böschung als Rutsche benutzten und Stöckchen, die ich mir als Boote vorstellte, in kleine Rinnsale mit schnell fließendem Wasser warfen.

Sicherlich trägt die Erlaubnis, in schlammigen Pfützen zu baden und nackt herumzulaufen, ohne durch Kleider oder Warnungen der Erwachsenen eingeschränkt zu sein, zur Spielfreude bei. Die Kinder können spielen, wann immer der Augenblick dazu einlädt, sei es im Sturm oder bei Vollmond. Wenn Spiele im voraus geplant und organisiert werden und auf festgelegten Plätzen stattfinden, scheinen sie niemals genauso viel Spaß zu machen.

Es gibt praktisch keine Eingriffe der Erwachsenen in das Spiel der Kinder und auch keine strukturierte Organisation, die von den Kindern verlangt, sich zu spezialisieren oder nach den Regeln der Erwachsenen zu spielen. Die Kinder treffen die meisten Entscheidungen selbst und schaffen sich ihre eigenen Spielgelegenheiten. In industrialisierten Gesellschaften verplanen Erwachsene oft den Tag und das Leben ihrer Kinder, ohne daß diese selbst großen Einfluß darauf haben.

Bei den Hakokopeits-Spielen war die ganze Gruppe Spielleiter. Die Kinder, sowohl Jungen als auch Mädchen, spielten gemeinsam und waren in Gruppen ohne Erwachsene unterwegs. Die Eltern waren nicht anwesend. Sie machten sich nie Sorgen darüber, wann die Kinder nach Hause kamen. Sie brauchten keine Angst zu haben, daß diesen etwas zustoßen könnte, etwa durch ernste Konflikte, da die Kinder von Anfang an gelernt hatten, sich um einander zu kümmern. Manchmal spielten die Kinder einen ganzen Tag lang, ohne nach Hause zu kommen.

Die Einführung der Schule nach westlichem Vorbild und mit entsprechenden Lehrplänen beeinträchtigte das natürliche Lernen und die Harmonie in der Gruppe. Da alle älteren Kinder in der Schule waren, hatten die Jüngeren aus dem Dorf niemanden, mit dem sie spielen und herumstreunen konnten. Häufig waren nur noch die Großeltern und sehr kleine Kinder im Dorf.

Zusammen mit allen Angehörigen des Stammes zu essen, zu tanzen und Feste zu feiern, war ein häufig gepflegter Brauch bei den Zusammenkünften in früheren Zeiten. Spiele waren ein Mittel, um Menschen zusammenzubringen, mehr um der Freude als um des Wettbewerbs willen. Diese Tradition wurde auf der Insel Holmon fortgesetzt, als alle Frauen am letzten Abend der Spiele im Dorf ein Festmahl aus Gänsen und Bannock bereiteten. Da die Plazierung bei Wettbewerben keinerlei Einfluß darauf hat, ob man als wertvoller Mensch angenommen wird, waren die Menschen in der Lage, sich zu amüsieren und miteinander zu vergnügen. Kooperative Menschen können ein Spiel so beeinflussen, daß es konstruktiv und nicht destruktiv wirkt. In gleicher Weise können kooperative Spiele Menschen so beeinflussen, daß sie zu mehr Menschlichkeit finden. (27)

Mensch freue Dich

Mensch ärgere Dich nicht
mit neuen Regeln

Alte Regel:
wenn zwei Spielfiguren auf dasselbe Feld gelangen, kann die erste von der neu hinzukommenden ins Versteck zurückgeschickt werden

Neue Regel:
begegnen sich zwei Spielfiguren auf demselben Feld, so sollen sie gemeinsam eine kleine Szene spielen, die ihnen die übrige Gruppe aufgibt - z.B. gemeinsam tanzen

Alte Regel:
kommt jemand auf eine Ruhebank, so kann er nicht ins Versteck zurückgeschickt werden

Neue Regel:
kommt jemand auf eine Ruhebank, so deckt er eine Karte vom Stapel auf und soll die daraufstehende Aufgabe ausführen

Alte Regel:
stehen auf einem Feld zwei Figuren derselben Farbe, so müssen die anderen dahinter warten

Neue Regel:
stehen auf einem Feld zwei Figuren derselben Farbe, so muß der Besitzer dieser Figuren bei jeder Runde, wo er würfelt, ohne den anderen Platz zu machen, etwas zur Unterhaltung der Wartenden beitragen, z.B. ihnen ein Lied singen, etwas zu trinken oder zu essen anbieten, eine bequeme Sitzgelegenheit verschaffen, warme Socken anziehen oder vielleicht eine Wärmflasche bereitstellen ...

Alte Regel:
gewonnen hat derjenige, der zuerst im "Himmel" ist.

Neue Regel:
die beiden, die zuerst den "Himmel" erreichen, sollen für die andern etwas tun, z.B. eine schöne Geschichte vorlesen, sie an eine besonders schöne Stelle führen, für sie ein gutes Essen zubereiten, ihnen eine angenehme Massage machen ... (28)

Spieltips

Wettbewerbsspiele mit kooperativem Ausgang

z.B. Siikori

Dieses Fangen-Spiel wird in und an den tieferen Stellen eines Flusses gespielt, wo die Kinder von den Klippen ins Wasser springen können. Das Besondere an diesem Spiel ist die Art und Weise, wie es beendet wird.
Wenn alle einverstanden sind, das Spiel zu beenden, kommt die Gruppe zusammen und ein Kind berührt alle Kinder. Wenn es die anderen berührt, sagt es: "Doko no peromo" ("Ich nehme es von dir"). Dann berührt es einen besonderen Baum, der ein klebriges rotes Harz unter seiner Rinde hat. Dies wird getan, damit sich nach dem Spiel niemand schlecht fühlt. Auf diese Weise wird an den unguten Gefühlen der anderen Anteil genommen, indem man "es" von jedem wegzaubert und "es" in den Baum steckt. Bei einem anderen Ritual am Ende eines Fangen-Spiels zählen alle gemeinsam "Eins, zwei, drei" und werfen "es" an den Baum. Beim Spiel im Wasser rufen manche Gruppen zusammen "Eins, zwei, drei" und klatschen auf's Wasser. Der böse Geist, Angst, Groll oder was auch immer einen quälen mag, wird dadurch gemeinsam bezwungen. (29)

Halbes Herz und Herzinseln

Halbes Herz

Man schneide Valentinherzen aus Kartons oder Papier in die Hälfte. Auf die eine Hälfte jedes Herzens schreibt man eine Zahl (beispielsweise 3) und auf die andere Hälfte zeichnet man dieselbe Anzahl kleiner Figuren (beispielsweise ooo). Geben Sie jedem Kind ein halbes Herz und lassen Sie zu Musik im Zimmer herumhüpfen. Wenn die Musik aufhört, versucht jedes Kind die fehlende Hälfte seines Herzens zu finden. Nachdem jedes Kind seinen Partner gefunden hat, tauschen alle Kinder ihre Hälften gegen ein Herz mit einer anderen Zahl, hüpfen wieder herum und suchen sich einen neuen Freund.

Herzinseln

Man braucht dazu vier große rote Herzen aus Karton und etwas Musik. Legen Sie die Herzen auf den Boden, beginnen Sie die Musik und lassen Sie die Kinder im Zimmer herumhüpfen. Sobald die Musik aufhört, versucht jedes Kind eine Zehe auf eine der Herzinseln zu setzen. Sooft die Musik wieder beginnt, wird ein weiteres Herz entfernt, bis alle Kinder ihre Zehen auf dasselbe Herz zu stellen versuchen. (30)

gleich zu gleich

Dieses Spiel macht Spaß, wenn man es mit Vier-, Fünf- oder Sechsjährigen spielt, und es ist super, wenn jedes Kind mit einem Erwachsenen ein Paar bildet. Die Spieler erhalten einfache Anweisungen: Berührt die Ellbogen eines anderen mit euren Ellbogen, berührt die Knie, berührt die Knöchel, berührt die Ohren, berührt den Hals, berührt den Nabel. Die kleinsten berühren gewöhnlich den ersten erwähnten Körperteil und lassen dann los, um die nächste Berührung zu machen, entweder von Körper zu Körper oder von Hand zu Körper. Etwas ältere Kinder können zwei oder drei Berührungspunkte gleichzeitig halten. Beispielsweise berühren sie manchmal die Zehen, halten die vorherigen Berührungspunkte bei und berühren weitere Punkte (beispielsweise die Seite des Kopfes) oder sie lassen die erste Verbindung los und halten die zweite, während sie mit dem dritten Punkt Kontakt aufnehmen. Man kann in Paaren oder Gruppen in viele spaßige Verwicklungen geraten, und wenn man versucht, sich zu bewegen, während man einander festhält, eröffnet das eine neue Dimension.

Partnerrollen

Jeweils zwei Partner liegen Fußsohle an Fußsohle ausgestreckt auf dem Boden. Sobald man sich geeinigt hat, in welche Richtung man rollen will, erfaßt man die Füße des Partners mit seinen eigenen. Man verhakt seine Zehenspitzen mit denen des Partners. Dann rollt man in eine Richtung und versucht danach, in die entgegengesetzte Richtung zu rollen, muß aber zuerst mit den Zehen loslassen und sich andersherum verhaken. (31)

Regentropfen

Die Kinder beginnen hintereinander aufgestellt; die Reihe bildet dann einen Kreis, wobei jedes Kind seine Hände sanft auf dem Kind vor ihm ruhen läßt. Wenn der Regen "schwach" zu fallen beginnt, trommeln die Kinder mit den Fingern sehr sanft auf die Schulter ihres Vordermannes, während sie auf Zehenspitzen im Kreis gehen. Sobald es "stärker regnet", verstärkt sich das Fingerprasseln.
Wenn die Kinder stillbleiben und genau zuhören, dann werden sie den Rhythmus der fallenden Regentropfen vernehmen. Dem Spiel können verschiedene Varianten hinzugefügt werden - beispielsweise Donner - bis der Regen nachläßt. In diesem Augenblick kommen alle Finger und Füße zur Ruhe. (32)

Menschen-hindernislauf

Jedes Kind sucht sich einen Partner und stellt sich mit diesem zwanglos verteilt im Raum auf. Jedes Paar bekommt eine Nummer, und beide sollen sich so aufstellen, daß sie ein "menschliches Hindernis" bilden, das ist die einzige Regel. Das Paar mit der Nummer 1 beginnt, sich an den Händen haltend, durch den Raum auf die menschlichen Hindernisse zuzuhüpfen, zu laufen oder zu springen (zu Musik). Bei jedem Hindernis, dem sie sich nähern, sagen ihnen die Kinder, welche das Hindernis bilden, ob sie drüberklettern, hindurchkriechen oder darum herumlaufen sollen. Das Paar, welches versucht, das Hindernis zu nehmen, soll sich gegenseitig helfen. Sobald das erste Paar das vierte oder fünfte Hindernis passiert hat, fängt Paar Nummer 2 den Hindernislauf an. Wenn ein Paar den gesamten Hinderniskurs bewältigt hat, nimmt es wieder seine Ausgangsposition in der Turnhalle ein und bildet selbst ein Hindernis. (33)

Deckenspiele

Eine Gruppe von acht bis zehn kleinen Kindern kann alle möglichen interessanten Dinge mit einer Decke tun. Sie können darunterkriechen und so tun, als seien sie eine sich bewegende Schildkröte, Giraffe, ein Büffel, oder was immer sie wollen. Sie können sie in ein Ringelspiel verwandeln, indem ein oder zwei Kinder in der MItte sitzen, während alle anderen den Rand der Decke mit einer Hand anfassen und in dieselbe Richtung gehen, wobei die Kinder in der Mitte nicht vom Boden gehoben werden. Man kann daraus eine Rutsche oder ein Fahrzeug machen, indem man ein Kind im Zimmer herumzieht, eine Wiege durch sanftes Hin- und Herschaukeln einer Puppe oder eines Kindes oder ein Haus, indem man die Decke über einen großen Karton oder über mehrere Stühle hängt. Man kann sie auch zum Werfen von Bällen oder Teddybären benutzen oder einfach als ein Treffpunkt, wo sich die Kinder nach einem Spiel neu gruppieren. Es gibt keine Grenzen für die kreativen Möglichkeiten, die zur Verfügung stehen, wenn eine Kindergruppe "mit einer Decke kooperiert". (35)

Rette mich wer kann!

Jedes Kind in der Klasse erhält eine Farbe, sodaß 4 - 6 Farbgruppen entstehen. Jeder merkt sich seine Gruppenzugehörigkeit gut.

Nun gehen alle Kinder in der Klasse umher, während Sie Musik laufen lassen oder auf dem Tambourin leicht trommeln. Dann stoppen Sie die Musik und rufen eine der Farben. Bei "Gelb" lassen sich alle "Gelben" langsam, theatralisch und mit einem lauten Seufzer zu Boden sinken. Alle anderen Kinder schauen, wen sie retten können und fangen die langsam Umsinkenden auf, bevor sie den Boden erreicht haben.

Das bringt viel Aufmerksamkeit, Spannung und Aktion in die Klasse, da niemand weiß, ob er selbst umfallen darf oder jemandem - wen denn? - retten soll.

Variation: Die Gruppen können auch mit Zahlen gebildet werden. (34)

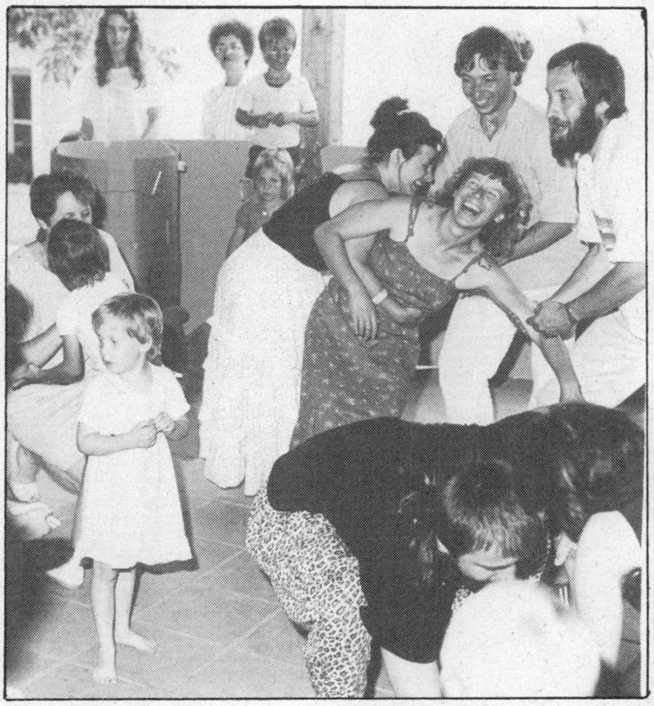

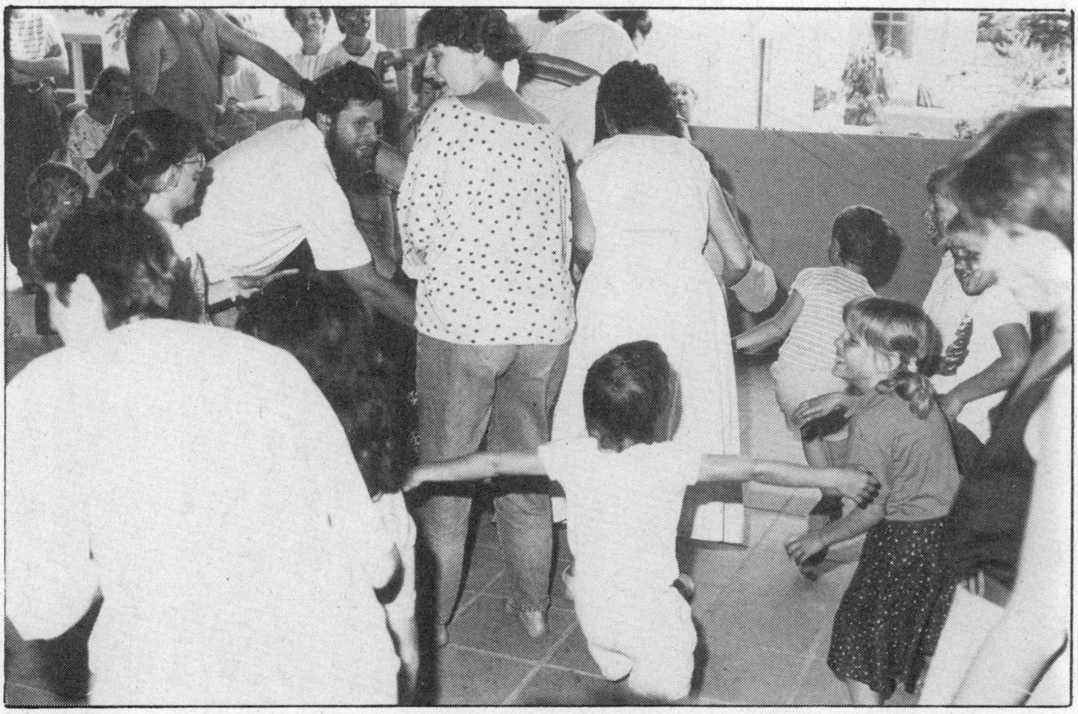

kämpfen

Das Verbot von Kriegsspielzeug hindert die Kinder nicht, "Krieg" zu spielen.

Krieg und andere aggressive Inhalte spielen die Kinder auch mit "neutralen" Spielgegenständen: Schießen mit Schienenstücken, vor allem aber Unfälle, Karambolagen, Explosionen mit Autos, Flugzeugen, Eisenbahnen.

Grundsätzlich spielen Kinder nicht nur erfreuliche Dinge, sondern auch Beängstigendes, Traumatisches, Brutales und Unanständiges.

Sie gehen mit dem Beängstigenden im Spiel in der Regel so um, daß es alle Spielpartner verkraften können.

Eine Intervention der Erzieherin würde dann notwendig, wenn das einmal nicht der Fall sein sollte, wenn also das Beängstigende für einzelne Kinder übermächtig wird.

Bei Spielen mit aggressiven Inhalten/ Kriegsspielen ist keine direkte Aggressivität beobachtet worden; diese trat in anderen Situationen auf, z.B. dann, wenn die Kinder bei ihrem Spiel gestört wurden.

Aggressive Inhalte (auch Krieg) können in freundlicher, kooperativer, phantasievoller Weise gespielt werden.

Aggressive und beängstigende Inhalte tauchen im Kinderspiel auf, verschwinden ohne große Einschnitte wieder und werden möglicherweise erneut und in anderer Form wieder in das Spiel eingebracht; die Kinder gehen also variabel mit diesen Inhalten um. Eine Intervention der Erzieherin würde dann notwendig, wenn diese Inhalte dauerhaft oder allein spielbestimmend werden.

Bei Spielen mit aggressiven Inhalten/ Kriegsspielen können die Kinder sich stark und mächtig fühlen, indem sie über Spielfiguren und - objekte verfügen. Das Spiel erfüllt hier vermutlich eine Kompensationsfunktion für Erfahrungen der Anhängigkeit, Fremdbestimmung und Schwäche der Kinder im täglichen Leben. (36)

Wut zeigen

Menschen, denen es von Anfang an in der Kindheit möglich und erlaubt war, auf die ihnen bewußt oder unbewußt zugefügten Schmerzen, Kränkungen und Versagungen adäquat, d.h. mit Zorn, zu reagieren, werden diese Fähigkeit der adäquaten Reaktion auch im reiferen Alter behalten. Als Erwachsene werden sie es spüren und verbal ausdrücken können, wenn man ihnen wehgetan hat. Aber sie werden kaum das Bedürfnis haben, dem anderen deshalb an die Gurgel zu fahren. Dieses Bedürfnis kommt nur bei Menschen auf, die immer auf der Hut sein müssen, daß ihre Staudämme nicht reißen. Wenn diese reißen, ist alles unberechenbar. So ist es begreiflich, daß ein Teil dieser Menschen, aus Angst vor unberechenbaren Folgen, jede spontane Reaktion fürchten muß und daß es beim anderen Teil zu gelegentlichen Entladungen auf Ersatzpersonen im unverständlichen Jähzorn oder zu regelmäßigen Gewaltakten in Form von Mord und Terroranschlägen kommt. Ein Mensch, der seinen Zorn als Teil von sich selbst verstehen und integrieren kann, wird nicht gewalttätig.
Er hat erst das Bedürfnis, den anderen zu schlagen, wenn er seine Wut eben nicht begreifen kann, wenn er mit diesem Gefühl als kleines Kind nicht vertraut werden durfte, es nie als Stück von sich selbst erleben konnte, weil dies in seiner Umgebung völlig undenkbar war. (37)

Wut ist ein starkes Gefühl. Wut ist ein Signal, auf das wir hören sollten. Unsere Wut kann eine Botschaft enthalten: daß wir gekränkt sind, daß unsere Rechte verletzt, unsere Bedürfnisse und Wünsche nicht angemessen befriedigt werden, oder einfach, daß etwas nicht stimmt. (38)

Impuls „Aggression“

- Welche Ausdrücke fallen Ihnen zu Aggression noch ein?

  . . . .

- Welche Ausdrucksform - welche Art der Äußerung - macht Ihnen am meisten zu schaffen?

  - schreien
  - schlagen
  - Schimpfwörter
  - beißen, kratzen
  - weinen
  - zerstören
  - wegnehmen
  - streiten
  - . . . .

- Wie drücken Sie selbst Wut, Ärger, Zorn, aus?

  . . . .

- Wie machten Sie es als Kind?

  . . . .

- Finden Sie, daß Aggression ein Fehlverhalten ist?
  . . . .

- Wie leisten Sie Widerstand?

  . . . .

- Was ist für Sie der Unterschied zwischen Aggression und Gewalt?

  . . . .

- Welches aggressive Kind stört Sie am meisten - was wissen Sie über es?

  . . . .

  . . . .

Aggression ist eine Kraft

1) Aggression leitet sich vom lateinischen aggredior - aggredi - ab und heißt ursprünglich "herangehen". Erst in neuerer Zeit ist Aggression als manifestes oder latentes Angriffsverhalten bekannt und wird zuweilen von Aggressivität als feindselige Eigenschaft oder Einstellung unterschieden.

2) Von der Ursprungsbedeutung des Wortes darf Aggression nicht mit Gewalt gleichgesetzt werden. In unserem Sprachgebrauch wird das Begriffsumfeld allerdings immer dann berührt, wenn von Zerstörung, Schmerz oder Willkür die Rede ist. Dem gegenüber würde sich ein aggressiv Handelnder sein Verhalten eventuell als "Durchsetzungsfähigkeit" bezeichnen.

3) Es ist wichtig, einen Unterschied zwischen Aggression, die unvermeidlich ist, weil sie zum menschlichen Ausdrucksreservoir gehört, auf der einen Seite und Gewalt auf der anderen Seite zu machen
Jede Gewalt ist Aggression, aber nicht jede Aggression ist Gewalt. Man kann aggressiv sein ohne gewalttätig zu sein - das ist eigentlich Zivilisation.

4) Versteckte, unreflektierte Aggression drückt sich leicht in ihrer gefährlichsten und dümmsten Form aus, der Gewalt. Der gewalttätige Fahrstil vieler Verkehrsteilnehmer beweist, daß wir bisher weder in der Familie noch in der Freizeit oder im beruflichen Alltag eine Kultur des Umgangs mit Aggression entwickelt haben. So werden Konflikte am Arbeitsplatz, statt an Ort -am Steuer ausgetragen (oder in der Familie). (39)

angreifen und durchsetzen

Aggression als vitaler Trieb, als Durchsetzungsverhalten

"herangehen"

anpacken	gestalten
zugreifen	verändern
angreifen	beeinflussen
durchsetzen	überschreiten
erobern	

Nach mancherlei tastenden Versuchen gelangte ich zur Anschauung, das Entscheidendste im Leben des Kindes und des Erwachsenen sei seine Stellung zu den vor ihm liegenden Aufgaben. Wie einer diese Aufgaben anpackt, daran kann man ihn erkennen. Diese seine Haltung hat immer etwas Angreifendes. Erst in weiterer Entwicklung können Züge des Zuwartens oder des Ausweichens hinzutreten. Ich nannte die Summe dieser Erscheinungen den "Aggressionstrieb", um zu bezeichnen, daß der Versuch einer Bemächtigung, einer Auseinandersetzung damit zur Sprache käme. (40)

Gestalten und begreifen

Mitbestimmung und Gestaltung

- Haben die Kinder genügend aktive Möglichkeiten, ihre Ideen umzusetzen?

Mit ganzem Körper begreifen

- Wie können sie ihre Kraft und Vitalität erfahren? Oder ist alle Kreativität feinmotorisch - bei Tisch?

Kreativität

- Kurzfristiges Material verwenden - wie Erde, Sand, Ton, Holz, Papier, - statt nur kompliziertes oder fix fertiges
- Kampfspiele, Rituale und faires Streiten
  Alle asiatischen Kampfsportarten können zu einer Kultivierung der Aggression beitragen
- Laut sein, schreien und Krach machen in Form von Spielen und Musikinstrumenten
- Raufen und toben - auf geeigneten Plätzen innen und außen, mit vereinbarten Spielregeln und Grenzen.
- Aggression als Lust erleben - durch wilde Spiele und Abenteuer.

sich ärgern

Aggressivität als Ausdruck von
Wut, Ärger, Zorn, Enttäuschung

Wut und Zornausbrüche können kurzfristig wie ein Gewitter sein: Spannung abladen, die Luft reinigen und klare Sicht ermöglichen:

a) ausdrücken lassen:
weinen, schreien nicht abstoppen, beruhigend in der Nähe bleiben

b) erzählen lassen:
auch wenn der Anlaß nichtig scheint, für das Kind war es vielleicht der Tropfen, der das Faß zum Überlaufen brachte: daher Respekt und Wertschätzung

c) Distanz und Rückzug ermöglichen - (ohne strafendes Wegschicken) - bitterböse beleidigt sein dürfen, bei Kindern meist für immer - wendet sich rasch ins Gegenteil und entspricht dem "Rhythmus des Gefühls" Erst dann ist Versöhnung möglich

d) mit dem Kind Lösungsvorschläge erarbeiten, sodaß es diese selbst durchführen kann und will.

wo sich zwei streiten

Ursachenfelder für überhöhtes, häufiges aggressives Verhalten

Ursachen im Familiensystem
- Geschwisterreihe - wo steht das Kind
- Einzelkind
- zerrüttete Verhältnisse
- überversorgende (erstickende) Mutter
- Desinteresse am Gefühlsleben des Kindes

Erfahrungen darüber
a) durch Rollenspiele über
Rollenspiele (spontan und geleitet)
Puppenspiele

Bilderbücher dazu:
Das Katzenkind
Jetzt nicht Herbert
Spieltexte in "Ich bin du und du spielst mich"

Liegen hier die Hauptursachen, so sind Elterngespräche notwendig.
Wenn nicht der außerfamiliäre Erzieher - wer sollte es sonst ansprechen?
Hier müßten sich die Kindergärtner, Erzieher, Gruppenleiter mehr Kompetenz zutrauen bzw. auch zugesprochen bekommen. Familien- und Gruppentherapie ist eine zeitgemäße Hilfe.

Ursachen in den päd. Rahmenbedingungen
- Zu große Gruppen (ab 10 Kinder unüberschaubar)
- zuviel Zeit - d.h. zuviel angeleitete Zeit in der(zu großen) Kindergruppe
- Zuwenig Rückzugsmöglichkeit und individuelle Gestaltungsmöglichkeit
- Zuviel Einmischung durch Erwachsene "Beglückung - Bewachung - Kontrolle"
- eingeschränkte Beweglichkeit
  - zuviel am Sessel oder bei Tisch (Schule!)
  - zuwenig spontan zugängliche Bewegungsflächen (nur Turnsäle)
- Überforderung - Überreizung
  - kindfremde Leistungsnormen
  - Übergenauigkeit und rein kognitive Leistungen
  - Zuviel Neues und Buntes, ohne es selbst zu entdecken (Konsumhaltung- "da ist nichts los")
  - ständiges Fördern, weil "Teilleistungsschwächen" oder "Faulheit" vorliegt.
  - Die Formen des Widerstandes erkennen (Verlangsamung, trödeln, Apathie, nicht verstehen, sind oft verdeckte (Trotzreaktionen" und eine "Notlösung" für das Kind!)

In diesen Bereichen ist das Zusammenspiel des sozialen Netzes (siehe Kapitel Lernorte und Systeme) notwendig, damit nicht z.B. die außerschulische Kindergruppe zum alleinigen Ventil für Widerstand oder Wildheit werden muß.

Ist Kreativität, Aktionslust und körperlicher Ausdruck von Emotionen in allen Bereichen gleich möglich, so braucht
a) das Kind nicht zu "stauen"
b) der jeweilige Erzieher nicht ständig zu "löschen" (Feuerwehr - Erzieher)
und Zufriedenheit, Lebenslust, könnte bei allen Beteiligten anstelle von Frustration und Gewalt treten, und viel "Reparaturkosten" (Therapien, Heime, Förderunterricht etc.) sparen. So weit sind wir noch nicht.

Spieltips

fair kämpfen

„peng-tot"

- alle mit dem Finger in die Luft schießen, laut peng schreien
- selbst umfallen, mittels Tambouringeräusch wieder aufstehen
- die heftige nach außen Bewegung - vom Körper wegstoßende - ist lustvoll und bringt Vitalität (Durchblutung bis in die Fingerspitzen!)

Stöcke

Stöcke: werden oft automatisch dazu verwendet. Das kleinste Kind nimmt Stöcke beim Spazierengehen auf - es sind Ursymbole für Kraft und Macht: (vom Bischofsstab bis zum Zauberstab). Das Kind braucht solche Symbole und wenn es nicht unnötig tabuisiert wird, verletzt es sich nicht.

Spielregeln im Raum - Stabrituale
Stabspiele, die nicht nur Ballancieren oder Rollen betreffen.
- mit Stab des anderen kreuzen
- den Stab des anderen berühren
- Stäbe verschieden tragen und den Körperausdruck dazu

Stabpantomime:
In die Mitte des Kreises wird ein Stab gelegt, jedes Kind, dem was einfällt, nimmt ihn und stellt es dar: als Zahnbürste, als Ruder, als Kochlöffel

Animationsstab oder
wenn jemand etwas sagen will, klopft er/sie dreimal mit dem Stab am Boden und alle hören zu.

Wilde Spiele

Vampirspiel

Ein "reizendes" Spiel, das seinen Reiz zunächst durch die Fantasien aller Mitspieler zum Titel bekommt:
"Wir sind alle blind. Einer von uns ist ein Vampir. Jeder kann nun herumgehen, wird er vom Vampir in die Schulter gebissen - macht er einen dezenten Schrei oder Gluckser. Und ist zudem auch Vampir. Beißen zwei Vampire einander, so werden sie wieder Menschen."
Das Spiel endet, wenn wieder alle Menschen sind, oder nach angemessener Zeit - nicht ins Fade ablaufen lassen. (41)

Versteinern

Je nach Gruppengröße gibts einen oder mehrere Fänger:
Er läuft den andern nach. Wen er abschlägt, "versteinert" er. Das versteinerte Gruppenmitglied bleibt mit gespreizten (gegrätschten) Beinen stehen - und kann so auf seine Befreiung warten und hoffen.
Flitzt oder kriecht ein anderer Mitspieler durch die Beine, ist der Versteinerte wieder frei - und kann davonlaufen und andere befreien.
Spannend ist, ob der (die) Fänger die ganze Gruppe versteinern kann.
Lustbringende Variationen:
Dieses Spiel am steilen nassen Wiesenhang - im knöcheltiefen Wasserstrand - Schlammboden - am Eislaufplatz - (42)

Zweierzeck

Zwei geben sich die Hand - und sind so das Zweierzeck: So mit einander verbunden laufen sie den anderen nach. Schlagen sie einen Mitspieler ab, so ist der - an der Hand gefaßt - der dritte im Laufe. Kaum ist der vierte abgeschlagen, trennen sich diese auf zwei Paare. So läuft das weiter bis alle "an der Hand" sind: zu lauter Paaren oder zudritt.

Variation:
Jeder abgeschlagene Mitspieler faßt zu, sodaß sich eine Fängerschlange bildet, deren Enden fangen können.
Die Fänger trennen sich erst, wenn sie zu sechst sind ... usw. (43)

Bruder/Schwester hilf

Spielt dieses Spiel auf engem Raum - dann wird's lustiger! (Alle Fangspiele werden lebendiger, wenn der Raum begrenzt ist und nicht allzusehr zum Weglaufen lockt. Die Mitspieler sind dadurch häufiger zum Reagieren angeregt.)
Es gibt einen oder mehrere Fänger. Jede(r) kann sich vor dem Abschlagen retten, indem er/sie eine(n) anderen Mitspieler umarmt. "Bruder/Schwester hilf!" Solange die zwei einander so umarmen, können sie nicht abgeschlagen werden. Dabei kannst Du als Animateur/in darauf hinweisen, daß man sich entweder selber retten kann oder jemanden rettet, der gerade alleine steht. Das bewußte Wechseln dieser beiden Möglichkeiten läßt solidarisches Verhalten erspüren und erspielen.
Ist nun jemand erwischt worden, so löst dieser den bisherigen Fänger ab, oder wird Mitfänger (Kettenreaktion).

Variation:
- Es können sich nur Dreier-Gruppen retten
- Es dürfen sich nur gleichgeschlechtliche Paare bilden
- Nur verschiedengeschlechtliche Paare sind sicher. (44)

Starke Spiele

Schlangengrube

Material: großer Reifen oder aufgeklebte Schnüre

Durchführung:
Zwei Kinder stehen um den Reifen oder Schnurkreis und halten sich an den Händen. Nun muß versucht werden, durch Ziehen und Drücken, ein Kind in die "Schlangengrube" zu bekommen. Wenn es drinnen ist, Partnerwechsel. (45)

Zauberstab

Material: kurze Stäbe, Strohhalme

Durchführung:
Ein Kind bekommt einen Stab als Zauberstab und versucht die anderen Kinder damit zu berühren. Wird ein Kind berührt, so muß es verzaubert umfallen und steif auf dem Boden liegenbleiben. Das letzte nichtberührte Kind übernimmt den Zauberstab für die nächste Runde.

Variation:
Welches Kind schafft in einer bestimmten Zeit die meisten Berührungen?

Zielsetzung:
Fördert das Reagieren auf Berührung.

In diesem Spiel wird das Erkennen von Berührungen und das Reagieren darauf gefördert. Außerdem werden Beweglichkeit, Reaktionsschnelligkeit und Gewandtheit entwickelt und geschult. (46)

Doppelrammbock

Material: Stab, Kegel

Durchführung:
Zwei Kinder stehen miot den Rücken zueinander. Zwischen den gegrätschten Beinen wird der Stab gehalten. Vor den Kindern werden in einem bestimmten Abstand die Kegel aufgestellt. Die Kinder müssen versuchen, den jeweils vor ihnen stehenden Kegel mit dem Stab umzustoßen. Auf ein Startzeichen beginnt der "Kampf", wobei darauf geachtet werden soll, daß die Kinder am Anfang den "Gegner" nicht ruckartig umreißen.

Variation:
Zwei Stäbe werden jeweils mit einer Hand seitlich am Körper gehalten. Es soll versucht werden, zwei Kegel umzustoßen. (47)

Handtuchziehen

Material: Handtücher, andere Tücher

Durchführung:
Zwei Kinder sitzen sich gegenüber und nehmen das Handtuch mit den Zehen auf. Auf ein Zeichen versuchen sie, sich gegenseitig das Handtuch zu entreißen.

Variation:
a) Das Handtuch wird nur mit einem Fuß festgehalten.
b) Das Handtuchziehen kann auch von mehreren Kindern gleichzeitig durchgeführt werden, wobei alle um das Handtuch sitzen und es mit den Zehen aufnehmen.

Zielsetzung:
Fördert die Feinmotorik.

In diesem Spiel wird den Kindern bewußt, wie einzelne Körperteile unabhängig von der Gesamtmotorik bewegt werden können. Die taktile Wahrnehmung spielt hier eine wichtige Rolle. (48)

Nimm Dich in acht

Nun nehmt eine gewalttätige Haltung ein. Geht wieder aufeinander zu. Bleibt im Abstand von ca. 1,5 m stehen und erstarrt in eurer "Gewalthaltung". Verstärkt eure Haltung bis zur äußersten Anspannung. Löst diese Spannung mit einem Schrei.

Diese Übung erfordert große Konzentration. Die Spannung ist stark körperlich spürbar, und da die Übung keine tatsächliche Auseinandersetzung zuläßt, muß der Abbau der Aggression in einem Schrei erfolgen. (49)

Ausflug in den Urwald

Spieler: Großgruppe

Material: ohne

Zeit: 0 oder 00

Die Kinder ahmen verschiedene Tiere in ihren Bewegungen nach. Sie stampfen mit ihren Füßen wie die Elefanten, galoppieren wie die Zebras, schleichen wie die Löwen und Tiger, springen wie die Affen, kriechen wie die Schlangen usw.

Rücken an Rücken

Hier können alle mit ihrer Kraft spielen:
Zwei Reihen bilden sich, die sich mit eingehängten Armen zusammenhalten. Mit dem Rücken einander zugekehrt, treffen sie aufeinander und versuchen so die andere Reihe wegzuschieben.
Dies kann noch in verschiedenen Reihenzusammensetzungen ausprobiert werden.
Zum Ausklang oder Weiterklingen kann "Rücken begegnen einander" angenehm erlebt werden.

Hund und Katz

Jeder wählt sich zu Beginn die Rolle eines Hundes oder einer Katze. Alle krabbeln auf dem Boden umher, spielen "Hund und Katz". Und dann gibt es noch eine reizvolle Besonderheit: Jeder darf sich jederzeit in das andere Tier verwandeln.

So ein Mist

Ein "Montagmorgen Spiel" zum Lockern und Aufmuntern. Jedes Kind legt sich ein Kleidungsstück (Tuch, Turnleibchen, Jacke) auf die Schulter. Jedes Kind darf jetzt anderen Kindern - und auch Ihnen - das Kleidungsstück von der Schulter nehmen und auf den Boden werfen. Jedes Kind, dem das passiert, darf "so ein Mist!..." schimpfen, dabei hebt es sein Tuch vom Boden auf und wirft es noch einmal "wutentbrannt" zu Boden. Es hebt sein Kleidungsstück wieder auf, legt es auf seine Schulter, wirft das Kleidungsstück eines anderen Kindes zu Boden und so weiter.

Wichtig: Zuerst sein eigenes Tuch auf die Schulter, dann andere Kinder "belästigen" - zuerst seinen Ärger herauslassen, dann andere stören. Durch dieses Spiel lernen die Kinder einen besseren Umgang mit ihrem Ärger. (50)

Kapitel 4

Körper und Bewegung

"Habe ich meinen Körper verloren,
so habe ich mich verloren.
Finde ich meinen Körper, so finde
ich mich selbst.
Bewege ich mich, so lebe ich und
bewege diese Welt. Ohne diesen
Leib bin ich nicht, und als mein
Leib bin ich."

(V.Iljine

Ich bin mein Körper

"Der wichtigste aller Identitätsfaktoren ist der Leib"
(de Levita)

Die Aussperrung des Körpers führt zu Identitätsproblemen. Je stärker die körperlichen Bedürfnisse aus dem Diskurs der Schule (Pädagogik) ausgeschlossen werden, desto schwieriger wird es, Identität biografisch zu ordnen. Zusätzlich erschwert das kognitive Klima die Identitätsfindung. Die Intelligenz, die die Schule fordert und fördert, ist das abstrakte, formal-operative Denken Piagets. Je weiter die kognitive Entwicklung voranschreitet, desto dominierender wird der formal-abstrakte Anteil im Denken des Kindes.
Dem Schüler (Kind), der zu sich selbst finden will, kann das dezentrierte Denken nicht helfen. Das Erkennen der eigenen Individualität geht nicht nach dem Muster des immer abstrakter werdenden Denkens vor sich.
Der Körper und die Affekte haben eine persönliche Bedeutung und müssen auf der persönlichen Ebene verarbeitet werden, wenn die Identitätsbildung gelingen soll. (51)

körperfeindlich

Dieser Ausschluß des Körpers wird bereits im Kindergarten begonnen, indem Körper und Bewegung dem kognitiven Lernen untergeordnet werden, und jeder Ansatz von affektivem Ausdruck - sei es zärtlich sein, streicheln, wütend und kämpferisch sein - ausgeschlossen und verhindert werden.
Sinneserfahrung wird zu Sinnesschulung umfunktioniert - obwohl wir von Kindern lernen könnten, was "sinnliche Erfahrung" heißt: die Intensität eines Kleinkindes bei der Entdeckung eines Käfers, beim genußvollen Matschen etc. wird sehr früh mit "dafür ist keine Zeit" oder "mach dich nicht so schmutzig" belegt. Diese affektvollen Körper- und Sinnesäußerungen stellen eine latente Bedrohung für den Erzieher dar und erinnern an seine eigenen kindlichen Bedürfnisse und Konflikte, an die Versagungen, die der eigene Körper erduldet hat.

Körperlichkeit wird hauptsächlich mit Hygiene und Gesundheit erwähnt, als etwas durchaus Schützenswertes, aber auch etwas "was schmutzig ist". Reinigen wird wenig als Lust beigemessen. Bewegung und Lust, Sinne und Sinn, sich spüren und wissen, das bin ich ..., Körperkontakt als Urerfahrung für Geborgenheit - all das wird verdrängt oder allerhöchstens der Babyzeit zugeordnet. Kinder lernen durch ihre soziale Umwelt sehr früh, daß kuscheln, schmusen etwas "Kindisches" ist und müssen so viele ihrer Bedürfnisse wegstecken. Dieses Verdrängte kehrt in anderen Symptomen wieder: aggressives Verhalten, Konzentrationsstörungen, Süßigkeitssucht, Medienabhängigkeit - weil in all diesen "Ersatzhaltungen" (Notlösungen) die Körperlichkeit "angesprochen" wird. Kinder erhalten dann auf ihr störendes Verhalten hin Zuwendung oder können in die "Sucht versinken" (- Scheinuterus).

Leider sind die meisten pädagogischen Räume nähefeindlich. Allzuschnell assoziieren Erwachsene "Unanständiges", Chaos oder Raufereien, wenn Kinder sich "zu nahe" kommen.
Bei jungen Tieren ist dies eins: necken, raufen und zärtlich sein.
Wie gut haben es da Katzen im Vergleich zu Kindern!

Gerade bei Kindern mit Mangel an Beziehung wären hier Erwachsene notwendig, die für die Kinder einfach körperlich (leiblich) da sind.
Vorlesen, sich ausruhen, singen - das passiert leider zusehr im distanzierten Beisammensein (Sesselkreis).

Impuls „kuscheln“

Berühren Sie gerne Ihre Kinder?

Wie gehen Sie mit zärtlicher Zuwendung um?

Dürfen Sie denn überhaupt berühren?

Wie geht es Ihnen bei diesem Thema?

den Körper erfahren

Erste Kontakte (beim ca. 3 - 3 1/2-jährigen) gehen vom Körper aus: stoßen, wegnehmen, angreifen (oft sehr grob) - erst langsam lernt das Kind seine Sprache einzusetzen und Wünsche zu äußern. Die Reaktionen des Körpers und seine Einsatzmöglichkeiten, z.B. durch Mimik, Handbewegungen, Körperhaltung, werden dem Kind plötzlich fremd, obwohl es sich bis vor kurzem noch vollkommen durch den Körper ausgedrückt hat. Diese Fähigkeiten im Kind wieder wachzurufen, empfinde ich als eine der Aufgaben, die Erzieher übernehmen sollten, da das Elternhaus meist die Wichtigkeit und Notwendigkeit nicht sieht oder aber keine Möglichkeiten sucht und findet, diese Fähigkeiten zu fördern.

Reagieren auf Mimik und Körpersprache

Ich habe z.B. entdeckt, daß 4 - 5-jährige Kinder auf das Mimikspiel des Gesichtes nicht mehr achten oder nicht darauf reagieren, weil sie es entweder nicht gewohnt sind oder es nicht verstehen. Wenn ich beispielsweise ein erschrecktes, erstauntes, freudiges, aufforderndes oder abwartendes Gesicht zeige oder wenn mein Gesicht Traurigkeit oder Freude über irgend etwas, das unter den Kindern in der Gruppe vorgefallen ist, ausdrückt, warten die Kinder auf eine Bestätigung durch das Wort. Im Laufe der Zeit wird dieses Wort aber unwichtig und die Mimik unentbehrlich. Spiele, bei denen meine Hände das "Stop" und "Weiter" im Bewegungsablauf setzen, wo die Kinder nach größeren oder kleineren Veränderungen meiner Körperhaltung, z.B. Änderung der Fußstellung, der Hände, Finger, Arme, Augen schließen, ihre Bewegung verändern sollen, können erst langsam, Schritt für Schritt,aufgebaut werden.

Den Kindern macht es jedoch bald große Freude, sich darauf einzulassen. Sie lernen besser zu beobachten und werden im Wahrnehmen des anderen sensibler. Sie fordern von selbst immer wieder solche Spiele und probieren sie aneinander aus.

Um die Kinder sensibler zu machen, auf den eigenen Körper und den eines anderen zu reagieren, setze ich Spiele ein, bei denen wir uns zunächst weit voneinander entfernen und dann ganz nahe zusammenrücken. Diese Extreme spielen sich ein und schwächen so weit ab, daß die Kinder miteinander einen ausgeglichenen Kontakt bekommen und für Lotsenspiele, Spiegelspiele, Statuen bauen, Vertrauensspiele - Führen und Folgen - fähig werden.

Wahrnehmen des Körpers

Das Wahrnehmen und Bewußtwerden des eigenen Körpers erleben die Kinder gerne durch Berührung. Sich selbst berühren, Abtasten von Körperteilen, Benennen derselben, bringt sie dazu, Unterschiede zu bemerken, Körperbehinderungen anzunehmen und zu einem freien, natürlichen Umgang mit behinderten Menschen zu gelangen. Auch ist es für die Kinder ein Erlebnis, den Herzschlag zu hören, langsame Bewegungen bewußt zu verfolgen, in sich hineinzuspüren, Muskeln zu spüren (was passiert bei welcher Bewegung, wo spannt, wo löst sich etwas?). Sie zeichnen und gestalten gerne Körperumrisse.

Aus der Wahrnehmung heraus kommen die Kinder zu intensiverem Auseinandersetzen mit sich und der Gruppe und damit wird die Basis für gemeinsames Tun geformt. (52)

Erlebnisbericht „Körperkontakt“

In dieser Stunde sollte es um den Körper gehen, um das Bewußtmachen durch Begreifen und Bewegen, um das Benennen der einzelnen Körperteile und um die Möglichkeiten, mit ihnen etwas Hörbares zu produzieren und dieses Hörbare mit dem Organ Ohr aufzunehmen.

Der Stundenverlauf:

- Spiel: Fangenspiel: Das Kind, das gefangen wurde, greift an den Körperteil, an dem es berührt, "gefangen" wurde.
- Kreis: Entspannt sitzen, stehen oder liegen, Augen geschlossen. Ich gehe von Kind zu Kind und berühre jedes leicht an einer Körperstelle, das Kind legt eine Hand dorthin. 2.mal, 2. Hand.
- Die Kinder probieren aus, wie sie die Körperstellen, die von ihren Händen bedeckt werden, bewegen können. Körperstellen benennen.
- Die Kinder machen Geräusche mit ihrem Körper - Vor- und nachmachen.
- Die Kinder schließen die Augen, sie machen jeweils ein Geräusch am Ohr des Nachbarkindes - reihum.
- Fangenspiel: Hexenfangsterl: Jedes Kind, das gefangen wird, macht Geräusch und Bewegung, bis es erlöst wird.
- Ich erzähle folgende Geschichte (hier in Kürze):
  In einem Dorf am Ende der Welt lebten die Köteis ...
  Ich male:

Lauter Köpfe, Arme, Beine, Bäuche, Popos allein, jeder in einem eigenen Haus. Einmal in der Woche trafen sie sich zu einem großen Fest auf dem Dorfplatz. Da ging es laut zu, die Köteis hatten es lustig.
Die Köpfe - Stimme, Nase
die Arme mit den Händen
die Beine mit den Füßen
die Bäuche - runde und flache
die Popos
Die Brustkörbe konnten nicht allein tönen, die brauchten jemanden, der ihnen draufklopfte, dann tönte es ganz hohl. Am lautesten konnten das die Hände. Es gab auch andere Köteis, die sich gern zusammentaten und sich gegenseitig zum Tönen brachten ...
Zu einem dieser Feste kam eines Tages ein Fremder. Und da staunten die Köteis nicht schlecht. Da gingen unten die Füße mit den Beinen und drauf saß der Popo, der Bauch, der Brustkorb, und noch drüber der Kopf, und vom Brustkorb baumelten an der Seite zwei Arme herab.
Und die Köteis dachten sich: ...

- die Kinder erzählen weiter
- Falls der Zusammenbau vorgeschlagen wird, malen die Kinder Gestalten, die da zusammengesetzt werden.
- Tanz
  Auf die Musik von "Swing in der Gasse"

Beispiel

Das Fangenspiel spielten die Kinder so ausgiebig, bis einige von ihnen zu husten begannen - bei Winterbeginn und trockener Heizungsluft - und sich allgemeine Erschöpfung breitmachte.
Da war es gut, wieder zu sitzen, auch, die Augen zu schließen und auf meine Berührungen zu warten.
Das anschließende Bewegen der einzelnen Körperteile war zum Teil schwierig bis unmöglich, ich hatte auch Körperteile berührt, die isoliert nicht zu bewegen sind. Da ging dann halt mehr mit.
Beim Benennen halfen alle Kinder zusammen, und so fanden sie für jeden Körperteil eine Bezeichnung.
Hinterher haben wir den ganzen Körper durchgeschüttelt. Nach einer kurzen Phase des Ausprobierens, Geräusche mit dem Körper zu machen, jeder für sich, machten die Kinder einzeln Geräusche vor, und alle versuchten, sie nachzumachen.
z.B.: verschiedene Geräusche mit dem Mund, schmatzen, schnalzen, blubbern,

busseln, zähneknirschen (ich bekam eine Gänsehaut), mit der Zunge, dann mit der Stimme - zur Unterscheidung, ob Stimme dabeiwar oder nicht, griffen wir uns an den Hals, um das Vibrieren der Stimmbänder zu spüren.
Mit der Nase schniefen - wobei sich gleich deren ganzer Inhalt über Mund und Kinn ergoß - ich organisierte schnell ein paar Taschentücher.
Bei Geräuschen mit der Brust sprachen wir kurz über Asthma - ein kleines asthmatisches Mädchen ist in der Gruppe - bei Geräuschen mit dem Popo wurde natürlich die Möglichkeit des Furzens erwähnt - in die Tat umsetzen konnte es in dem Moment jedoch niemand.
Ansonsten wurde gepatscht, geklatscht, geklopft, gerieben, getrampelt - die Kinder hatten viele Ideen.
So begleiteten sie auch die anschließende Geschichte sehr vielfältig. (53)

heilende Berührung

Beinahe alle geistig behinderten Kinder haben einen psychomotorischen Entwicklungsrückstand. Aufgrund ihrer Retardation fehlt ihnen der Vorteil einer frühen Wahrnehmungs- und Bewegungserfahrung. Wenn sie älter werden, bedenkt man nicht, daß diese Kinder eine ständige Stärkung der Sinnes- und Bewegungserfahrungen brauchen; statt dessen wird ihr tägliches Programm oft sitzend absolviert, und sie werden nicht genügend angeregt.

Kinder, die in ihrer Entwicklung gehemmt sind, sollten sich jeden Tag in irgendeiner Weise körperlich betätigen. Daher sollte ein Programm für entwicklungsfördernde Bewegung, Turnen mit großen und kleinen Geräten, Schwimmen, Spiele und Aktivitäten im Freien, Reiten, Bewegung zu Musik und Gesellschaftstanz enthalten. Von diesen Aktivitäten ist Schwimmen sowohl für schwerstbehinderte Kinder als auch für physisch nicht behinderte besonders gesund.

Hier werde ich einen Aspekt der Erziehung geistig behinderter Kinder beschreiben, der auch grundlegend und besonders bedeutsam für deren Entwicklung ist. Und zwar ist das die Entwicklung von Beziehungen und Kommunikation durch Bewegungserfahrungen.

Die erste Aufgabe der Erzieherin ist es, zu jedem Kind eine Beziehung herzustellen. Ich schlage Erziehern vor, daß sie zuerst ihre Kinder in der Gruppe kennenlernen, daß sie vor allem das Vertrauen der destruktiven Kinder gewinnen sollten, bevor sie mit dem Bewegungsunterricht beginnen. Ich empfehle außerdem, daß Erzieher mit einer kurzen Bewegungsstunde in der Gruppe beginnen un und Beziehungen in einem kleinen Raum aufbauen, bevor sie den Turnsaal benützen. Durch die gemeinsame körperliche Betätigung von Erzieher und Kindern in diesem Unterricht, legt sie das Fundament zu ihrer Beziehung zu ihnen.

Die Lehrperson muß unterstützende, ermutigende und stimulierende Qualitäten mit der unter Umständen nötigen Fähigkeit, sehr hart zu sein, in sich vereinen. Geistig behinderte Kinder sind intelligent genug, ihre Erzieherin zu testen, sie werden sie "auf die Palme bringen", wenn sie glauben, sie können es sich erlauben. Verhalten und Einstellung der Kinder hängen sehr von der Persönlichkeit ihrer Erzieherin ab.

Die Erzieherin muß die Atmosphäre der Sicherheit und Stabilität schaffen, die unentbehrlich für die Kinder ist, damit sie Fortschritte machen können. Sie muß sich außerdem im klaren sein, daß viele dieser Kinder sich oft wie Kleinkinder verhalten. Daher muß sie am Bewegungsunterricht teilnehmen und mit den Kindern spielen.

Im großen und ganzen ist mit den Kindern bisher noch nicht genug gespielt worden. Kinder, die die Möglichkeit haben, regelmäßig zu spielen, werden selbstsicherer und freundlicher; sie bauen eine gute Beziehung zur Erzieherin und zu deren Hilfe (Assistentin) auf, und werden wahrscheinlich auch in der Gruppe viel besser arbeiten.

Die älteren Kinder brauchen Hilfe, ihr Bewegungsvokabular und ihre Talente zu entfalten, so daß sie, wenn sie mit kleineren Kindern arbeiten, das Gefühl haben, ihren Teil zur gemeinsamen Arbeit beizutragen. In einer Schule sah ich ungefähr fünf bis sechs Jahre alte mongoloide Kinder, die mit mehrfach behinderten Jugendlichen arbeiteten. Zwei oder drei jüngere Kinder konnten miteinander einen großen Fünfzehnjährigen, der auf dem Boden lag, ziehen und schieben.

Unterstützung/Hilfe/Tragen

Getragen, geschaukelt und liebkost zu werden, sind körperliche und seelische Erfahrungen, die für das Baby ungeheuer wichtig sind. Erfolgt dies vom Erwachsenen her liebevoll und wärmend, so fühlt es sich bei den Erwachsenen geborgen und entwickelt Selbstsicherheit. Das geistig behinderte Kind, das diese Erfahrungen nicht kennt, zeigt einen Mangel an Vertrauen in den Erwachsenen, aber viel mehr noch Mangel an Vertrauen zu sich selbst. Wenn ein Kind sich von einem Erwachsenen berühren und tragen läßt, zeigt es, daß es sich selbst vertraut, dem Erwachsenen vertraut und bereit ist für eine Beziehung zum Erwachsenen. Z.B. Der Erwachsene kann das ganze Gewicht des Kindes gegen sich drücken lassen oder nur einen Teil des Gewichts, zum Beispiel, wenn das Kind neben ihm auf dem Boden sitzt und sich gegen ihn lehnt. Es wird auffallen, daß ein Kind, das sich nicht getraut sein Gewicht gegen den Erwachsenen zu lehnen,

dieses auch nicht dem Boden (der Erde) vertraut. Das zeigt das Kind dadurch, daß es sich weigert, auf dem Boden zu liegen bzw. wenn es sich niederlegt, hält es ängstlich den Kopf vom Boden weg.

In den ersten Stufen des Gewicht-Annehmens oder des Körperkontakts sitzt oder liegt der Erwachsene am besten auf dem Boden. Liegt er nun auf dem Rücken oder auf dem Bauch, so fühlt sich das Kind überlegen und sicher, und es wird dem Kind gefallen, auf dem Körper des großen Freundes zu sitzen. Der Erwachsene kann darauf reagieren (wenn das Kind nicht zu schwer ist), indem er es auf seinem Rücken reiten läßt, wobei er selbst flach auf dem Boden bleibt; oder wenn er auf dem Rücken liegt, kann er es auf seinem Bauch sanft auf und nieder bewegen.
Ziel ist es, dem Kind eine angenehme Erfahrung zu vermitteln, damit es die Beziehung fortsetzen will.

Der Erwachsene kann, indem er sich auf allen Vieren fortbewegt, das Kind auf verschiedene Arten tragen.

Das Kind kann wie auf einem Pferd sitzen oder, wenn es sicher ist, mit seinem Rücken auf dem Rücken des Erwachsenen neigen und sich entspannen, während es dabei sanft geschaukelt wird. Das Kind kann auch auf dem Bauch quer über dem Rücken des Erwachsenen liegen und so (vom "Pferd" getragen werden.

Den Kindern gefällt es, über den Rücken des Erwachsenen zu rutschen, der entweder auf dem Bauch liegt oder auf allen Vieren kniet. Sie machen gerne Purzelbäume über den Rücken bzw. die Schulter des Erwachsenen, wenn dieser mit ausgestreckten gegrätschten Beinen auf dem Boden sitzt, so daß der Körper des Kindes zwischen den Beinen des Erwachsenen Platz findet. Bei vielen dieser Übungen spürt das Kind die Berührung seines Bauches oder Rückens mit dem Körper des Erwachsenen.

Es ist äußerst wichtig, daß das Kind seine Körpermitte möglichst viel bewegt, so daß es sich der Beweglichkeit seines Rumpfes bewußt wird. Oft ist der zentrale Teil des Körpers (Rumpf) starr und unbeweglich, und das Kind weiß oft gar nicht, daß es einen Körperteil hat, der seine Gliedmaßen verbindet. Sehr früh profitieren die Kinder von der Bewegung des Körpers als Ganzes.

Das Klettern über und Durchkriechen unter dem Körper des Erwachsenen ist wertvoll für das Kind. Der Erwachsene kann, indem er das linke Knie auf dem Boden hat und den Fuß des rechten Beines fest auf den Boden setzt, eine stabile Basis bilden. Das Kind kann über, unter und um den Körper des Erwachsenen herumklettern und kriechen; es kann auch rund um, unter und durch die vom Körper des Erwachsenen gebildeten Hohlräume hindurchkriechen, wobei es dessen Arme wie die Äste eines Baumes benützt. Solche Spiele kann man nur machen, solange das Kind klein genug ist; älteren Kindern kann man helfen, indem zwei Erwachsene - beide auf allen Vieren und Seite an Seite - es ihm ermöglichen, über sie zu klettern oder unter ihnen hindurch zu kriechen.
Es ist interessant zu beobachten, welche Kinder sich an den Erwachsenen hängen, da dies ein klares Zeichen für die Kontaktbereitschaft zum Erwachsenen ist.

Hilfe mit frei fließender Bewegung

Am einfachsten ist es, wenn der Erwachsene hinter dem Kind auf dem Boden sitzt und es zwischen die Beine nimmt. Der Erwachsene wiegt das Kind sanft von einer Seite auf die andere, wobei er seinen ganzen Körper, Arme, Rumpf und Oberschenkel, benützt. Das Kind muß aus seinem Gleichgewicht kommen, wenn der Erwachsene das ganze Gewicht des Kindes auffängt.
Die meisten geistig behinderten Kinder mögen es, wenn sie umarmt und geschaukelt werden; Tragen und frei fließende Bewegung sind vor allem für mongoloide Kinder Ausdruck für liebevolle und emotionale Beziehung; einige behinderte Kinder empfinden eine zärtliche und freundliche Beziehung als drohend, während andere die frei fließende Bewegung lieben.

Bei all diesen Übungen ist es wichtig, daß der Betreuer die frei fließenden Bewegungen mit passenden Lauten untermalt. Wenn er spricht, summt oder singt, so verstärkt dies für das Kind den Eindruck der Bewegung und außerdem hat es mehr Freude an den Übungen.

Kinder lieben es, daß sie hin und her geschubst werden - eine andere Form der rhythmischen Bewegung. Erwachsene können dabei mit ihrem Körper auf viele Arten wie ein kleines Trampolin wirken. Dies ist ein anderes Beispiel für eine gewichtsbetonte Übung. Die meisten Kinder werden gerne auf alle möglichen Arten geschwungen: Zwei Erwachsene halten das Kind an den Hand- und Fußgelenken und schwingen es vorsichtig und liebevoll hin und her, wobei sich das Kind sicher fühlen muß. Ein Erwachsener kann das Kind an den Achseln hochstemmen und es mit dem Gesucht nach außen im Kreise drehen. Oder das Kind liegt auf dem Boden, der Erwachsene hält es an einem Hand- und Fußgelenk und zieht es um sich im Kreis. Einige schwerstbehinderte Kinder lassen sich nur deshalb berühren, weil sie das Gefühl des Geschwungenwerdens so sehr mögen. Das kann der einzig sinnvolle Weg sein, den Widerstand des Kindes gegen eine Berührung zu brechen.

Ziele dieser Beziehungsspiele

1. Hilfe für das Kind, eine gute Beziehung zu den Erwachsenen und zu anderen Kindern aufzubauen, indem es zur Antwort ermutigt und für seine Bemühungen belohnt wird.
2. Erfahrungen von Spaß, Befriedigung und Wohlgefühl, was meist durch Bewegungsspiele mit anderen erreicht wird. Der Erwachsene muß selbst spielen können, damit er dem Kind helfen kann zu spielen.
3. Ermutigung des Kindes zu Kontakten durch non-verbale Bewegungsspiele und durch Laute, Geräusche, Singen und später vielleicht sogar durch Sprechen.
4. Vermittlung einer wesentlichen Grundlage an Vertrauen und Sicherheit sowohl im körperlichen als auch im seelischen Bereich.
5. Das eigene Bewußtsein des Kindes durch Spiele stärken, wobei das Kind gegen den Erwachsenen oder andere Kinder bzw. mit dem Erwachsenen und mit Kindern arbeitet.
6. Das Kind zu einem Menschen zu machen, der Beziehung zu anderen erfahren hat, der sich sensibel und verantwortlich gegen andere verhält.
7. Im Kind die Fähigkeit zu entwickeln, Entscheidungen zu fällen, Probleme zu lösen und Initiativen zu ergreifen.
8. Dem Kind zu helfen, Übungen ineinandergehend auszuführen und eine Reihe von Übungen zu entwickeln.
9. Der vielleicht wichtigste Beitrage des Beziehungsspiels für die Entwicklung von geistig behinderten Kindern ist, die Förderung der Konzentration auf die augenblickliche Tätigkeit. Mit einiger Übung erhöht sich ihre Konzentrationsfähigkeit. Bewegungsspiele sind lohnend; das Kind ist stark an seiner Tätigkeit (Beschäftigung) beteiligt, weil diese angemessen für seine Entwicklungsstufe ist; es macht ihm Freude, und es ist erfolgreich; und damit lernt es, sich zu konzentrieren.(54)

Erlebnisbericht „Spielstunden mit behinderten Kindern"

Es störte mich, daß behinderte Kinder sehr stark im kognitiven Bereich gefördert werden, der emotionale und soziale Bereich jedoch auf der Strecke bleibt. So setzte ich mir als Ziel, zweimal in der Woche nachmittags mit den Kindern zu arbeiten. Die zwei Kindergärtnerinnen unterstützten mich in meiner Idee, die anderen Erzieher waren froh, daß sie die Kinder für eine halbe Stunde nicht beaufsichtigen mußten.
Im Herbst begann ich mit 4 Kindern, nun besuchen schon 7 Kinder unsere Spielstunde.

Meine Vorbereitung:

Ich setzte mir zum Ziel, den Kindern durch verschiedene Aktivitäten zu Folgendem erfahrbar zu machen:
- Bezug zum eigenen Körper herstellen
- Selbsterfahrung
- bewußtes Erfahren mit allen Sinnen
- Beziehung zu sich selbst, zu anderen Kindern und zu mir aufbauen
- Spaß - körperliches Wohlbefinden
- sensibel werden
- ruhig werden, entspannen
- gemeinsam -zu zweit - alleine
- Aggression und andere Gefühle durch verschiedenes Material frei werden lassen, und danach damit umgehen.

Nach einer Zeit des Eingewöhnens und Beobachtens fing ich an, die Kinder "besonders" (z.B. Flieger-fahren) ins Bett zu bringen und ein Gute-nacht-lied zu singen. Da die Kinder teilweise (bis auf Sylvia) Heimkinder sind, gefiel ihnen dies sehr. Der Einstieg in meine Spielstundenaktivitäten gelang mir über die Rhythmik.

Begonnen hab ich mit dem Thema: ICH - Selbsterfahrung - wie fühle ich mich an, wo und wie ist mein Körper, was kann ich mit ihm tun.
Dies war ein neues Arbeiten für die Kinder; es machten am Anfang immer nur zwei Kinder mit, die anderen schauten zu. Ungefähr zwei Monate lang arbeitete ich mit den Kindern nur mit dem Körper. Dabei mußte am Anfang von jeder Stunde der Gruppenwuzler gespielt werden (kam bei den Kindern immer wieder gut an).

Es dauerte sehr lange, bis die Kinder untereinander aufeinander zugingen. Meistens mußte ich immer alles mit ihnen machen.
So freute es mich sehr, als nach einer Aufforderung von mir, dem Nachbarn den Bauch zu streicheln, Heidi auf Günther zukroch und seinen Bauch streichelte, er jedoch nicht ihren Bauch. So nahm sie einfach seine Hand und streichelte damit ihren Bauch.

Christian ist das beste Beispiel für einen Aufholprozeß im sozialen und emotionalen Verhalten. In den ersten Monaten schaute er nur zu, ging man auf ihn zu, fing er zu schreien an und lief davon. Dann kam eine Zeit, wo er die Spielstunde ständig störte; zu schreien anfing, Türen schupfte, ständig irgend ein Material in den Raum warf. Danach mußten wir immer bis zu einer Viertelstunde im Raum laufen bis Christian erschöpft war, doch dann machte er bei keiner Aktivität mit. Körperkontakt mied er, fing manchmal bei Umarmungen zu toben an.
Als ich im Jänner mit Musik arbeitete, kam Christian immer mehr in unsere Spielstunden. Besonders wenn wir ihn wenig beachteten. Bei den Malaktionen beteiligte er sich sehr kurz, ging auch meistens frühzeitig aus dem Raum. Und auf einmal kam die Zeit, wo Christian zu uns kam, uns umarmte und um ein Busserl bat.

So bin ich von meinem Stockerl der Kindergärtnerin runter auf die Basis der Kinder, als Partnerin dieser, als Maria, die den Kindern das Gefühl gibt: ich kann auch was von euch lernen.
Die Position, die ich nun einnahm, um die Gruppe zu führen, war sehr schwer. Manchmal dachte ich mir, ich habe bei den Kindern meine Autorität verloren. Doch die emotionalen Beziehungen, die ich zu den Kindern und die Kinder zu mir aufgebaut haben, zeigten mir, daß

nicht Autorität wichtig ist, sondern persönliches Engagement für die gemeinsame Sache mit den Kindern.
Ich wurde jedoch mit meiner Auffassung von Gruppenführung und Aktivitäten, die ich den Kindern bot, nicht immer richtig verstanden, und mußte mich immer wieder rechtfertigen. Dies war immer unangenehm, denn ich konnte die langjährigen Erzieher nicht davon überzeugen, daß eingefahrene Formen des Umgangs mit Behinderten auch durch neue Formen ersetzt werden können.(55)

Darüber reden lernen

Die Kinder haben gelegentlich ihre eigenen Vorstellungen davon, was für sie selbst sinnvoll ist, z.B. mit anderen Kindern auf der Toilette das "kleine oder große Geschäft" zu beobachten oder an anderen von den Erziehern nur schwer einsehbaren Orten der sexuellen Neugierde und Lust im Doktorspiel nachzugehen. Bei allen diesen Gelegenheiten am Rande des Alltagsbetriebs machen die Kinder wichtige Lernerfahrungen mit ihrem Körper und ihren Gefühlen. Sie erwerben dabei Einstellungen und Verhaltensweisen, die für ihre weitere Entwicklung von großer Bedeutung sind.

Die Kinder werden mit ihrem Körper vertraut

Die zwiespältige Haltung, die die Kinder zu ihrem Körper haben, daß er ihnen eine Quelle lustvoller Erfahrungen ist, und daß man diese aufgrund der in der häuslichen Lebenswelt gültigen Tabus und Verbote und herabsetzenden Bewertungen nicht gut finden darf, wollen wir zugunsten einer bejahenden Einstellung zum eigenen Körper und damit zu sich selbst beeinflussen. Wir wollen den Kindern auch Gelegenheit geben, ihren Wortschatz in einem anderen Zusammenhang als dem des Schimpfens zu benutzen.

Umriß

Die Kinder legen sich auf ein großes Stück Papier, das wir von einer Tapetenrolle abgeschnitten haben. Jeweils zwei Kinder arbeiten zusammen. Während eines auf dem Boden liegt, fährt das andere Kind mit einem Wachsmalstift die Umrisse nach. Anschließend wird das Selbstbild ausgemalt.

Spiegel

Dazu steht ein großer Spiegel zur Verfügung, in dem die Kinder Einzelheiten wie Augenfarbe oder Haarfarbe nachprüfen können. Den Spiegel haben wir bereits vor einigen Tagen angebracht. Seitdem haben sich die Kinder immer wieder darin betrachtet. Das schien für manche Kinder neu zu sein, denn sie hatten Schwierigkeiten, sich selbst zu erkennen. Während sie andere Kinder sofort wiedererkannten, schienen sie mit ihrem eigenen Bild weniger vertraut zu sein. Wahrscheinlich haben nur wenige Kinder zu Hause die Gelegenheit, sich ganz im Spiegel betrachten zu können.

Nachdem das Gesicht fertig war, wollten einige Kinder aufhören. Auf meine Frage ob noch etwas fehle, malten die Kinder recht zögernd die Brustwarzen und den Bauchnabel, um dann erneut ihre Tätigkeit zu unterbrechen. Schließlich meinte Karl-Heinz, er habe noch etwas vergessen und malte das Glied in sein Bild.

benennen

Während ich auf die einzelnen Körperteile zeige, werden diese von den Kindern benannt. Wir haben beim Kopf angefangen. Die Kinder nennen sehr ausführlich die einzelnen Teile. Nur langsam tasten wir uns in die unteren Körperregion vor. Die Kinder werden immer stiller, je näher wir den Geschlechtsteilen kommen. Recht zaghaft sagt jemand "Glied". Ich frage, ob sie noch andere Ausdrücke kennen? Ein anderes Kind ruft: "Pimmel". Und dann geht es los, als wenn ein Damm gebrochen wäre. Unter Kichern und Lachen kommen eine Vielzahl von Ausdrücken heraus. Anschließend sprechen wir über die Ausdrücke, welche Wörter sie gut finden und welche Schimpfwörter sind. Ich frage auch danach, welche Ausdrücke sie beim Arzt gebrauchen und welche untereinander. Glied oder Penis, Scheide oder Vagina, meinen einige Kinder. Ich unterstütze dies, weil dann sicher sei, daß z.B. der Arzt es versteht. Am Schluß habe ich den Eindruck, daß es für die Kinder gut war, ihren Wortschatz gebrauchen zu können, ohne daß sie dafür bestraft wurden.

mit Rekorder

Man kann ein Tonband oder am besten einen Kassettenrecorder benutzen und die Kinder dann anregen, ins Mikrophon zu sprechen. Gewöhnlich steht am Anfang das Interesse am technischen Gerät im Vordergrund, und alle schreien durcheinander. Meistens merken die Kinder dann von selbst, daß sie auf diese Weise nicht dazu kommen, ihre eigene Stimme wiederzuerkennen. Nachdem die Kinder gelernt haben, mit dem Gerät umzugehen, fangen sie meistens vorsichtig an, ihren reichen Wortschatz an sexuellen Ausdrücken auszuprobieren. Wenn man dies akzeptiert, bietet sich die Möglichkeit, wie in dem obigen Beispiel, mit den Kindern darüber zu sprechen.

Es macht den Kindern großen Spaß, ihre Stimme wie "im Radio" zu hören. Dies führt zu einer Stärkung ihres Selbstwertgefühls. Gleichzeitig schafft es Distanz zu ihrer Sprache und zu ihrem Erleben. Auch das Gespräch hierüber kann man auf Band aufzeichnen. Es bekommt hierdurch den Charakter eines Interviews oder eines kurzen Hörspiels, wenn die Kinder zu ihren Wörtern Geschichten erzählen. (56)

Spieltips

Ich bin Dein Wetter

Zwei spielen und entspannen miteinander: Ein Partner ist das Wetter, der andere schließt die Augen.
Die Animateurin erzählt nun eine Wettergeschichte, die die Wetter-Partner an ihren blinden Partnern spürbar machen:
Es ist morgen, die ersten Sonnenstrahlen treffen auf meinen Körper + ein zarter Wind weht mir übers Gesicht + der wird stärker und wiegt meinen ganzen Körper + ja schüttelt ihn sogar + da, die ersten Regentropfen tupfen auf meinen Körper + schwere Tropfen klatschen + der Regen rinnt an mir entlang+ das Wasser zu meinen Füßen steigt langsam und umsprudelt Füße und Beine + der Regen hört auf und das Wasser sinkt wieder + der Rest rinnt noch ab. Die Sonne prickelt wieder und der Wind weht mich warm und trocken.
Passende Musik ist möglich.
Jetzt Rollentausch.

Kinder lieben Massagen. Es entspricht ihrem ursprünglichen Berührungsbedürfnis. Eine schöne Form - bei unseren eigenen Kindern entwickelt - ist die

Wettermassage

Ein Kind liegt nackt am Bett (oder Boden mit Unterlage) und das andere macht nun "Wetter" mit den Händen und Fingern am Rücken, Po und Beinen des liegenden Kindes. Z.B.: Sonne: leichtes Streicheln; Regen: Tupfen; Donner: festes Zupacken. Weitere Varianten: Tiere spielen: "Mäusegriff" - die Haut wird leicht zwischen Zeigefinger und Daumen genommen und vorsichtig nach oben gezogen. "Mäuseschritt" - mit Zeigefinger und Mittelfinger das Rückgrat hinaufklettern. "Mäusefang" - mit der zweiten Hand die Katze spielen und schnell den Rücken hinauf"laufen".
Die Kinder reagieren meist mit prickeln und kichern und wohliges Körpergefühl ist das Ergebnis bei Massagen.

Schneckenhaus

Ein Spiel zu zweit. Eine(r) verkriecht sich in sein "Schneckenhaus" = rollt sich eng und abweisend zusammen oder verkriecht sich in eine Ecke. Der andere Partner hat nun die Aufgabe, seinen verkrochenen Partner "herauszuholen". Seine Kontaktmöglichkeiten entscheiden, wie er das macht.
Vorher könnt Ihr zusätzliche Regeln vereinbaren:
- nur mit Worten
- nur mit körperlichen Initiativen, wortlos. (57)

Ich bin

Pro Kind ein Bogen Packpapier - dann sucht sich jedes Kind einen Partner (ev. durch Spiel erleichtern) und ein Kind legt sich ausgebreitet auf das Papier. Das zweite Kind zieht mit Wachskreiden den Körperumriß nach. Anschließend Wechsel, sodaß jedes Kind seinen Umriß auf einem eigenen Bogen hat.
Für die Gestaltung kann man je nach Alter und Situation der Kinder folgende Impulse geben:
- male deinen Umriß, so wie du angezogen bist
- wie du gerne sein möchtest,
- was du gerne an dir hast - male deutlich an,
- dein Herz, deine Lunge, deinen Po usw.
- male deine Lieblingsspeisen in den Bauch ..... usw.

Dieser Umriß kann auch für ein einzelnes Kind von den anderen zu einem Geburtstag gestaltet werden. (58)

Kein Mensch auf der Welt hat Augen so
wie deine.
Manche sind braun und groß und rund
dazu,
doch deine sind einzig, es sind eben
deine.
Dich gibt's nur einmal, du bist eben
du.

Nicht eine Stimme klingt genau wie
deine,
ob sie nun lacht, ob redet oder singt,
denn deine Stimme hast nur du alleine,
sonst gibt es keine, die so klingt.

Du bist was Besonderes, denn dich
gibt's nur einmal.
Keiner ist genauso wie du eben bist,
hast eigene Gefühle und hast dein
Geheimnis
und dein eigenes Glück, das tief in
dir ist.

Und keiner kann lächeln, so wie du
jetzt lächelst.
Kein Mensch der Welt macht's ganz ge-
nau wie du.
Dein Lächeln hast du ganz für dich
alleine.
Du bist ganz was Besonderes - dich
gibt's nur einmal. (59)

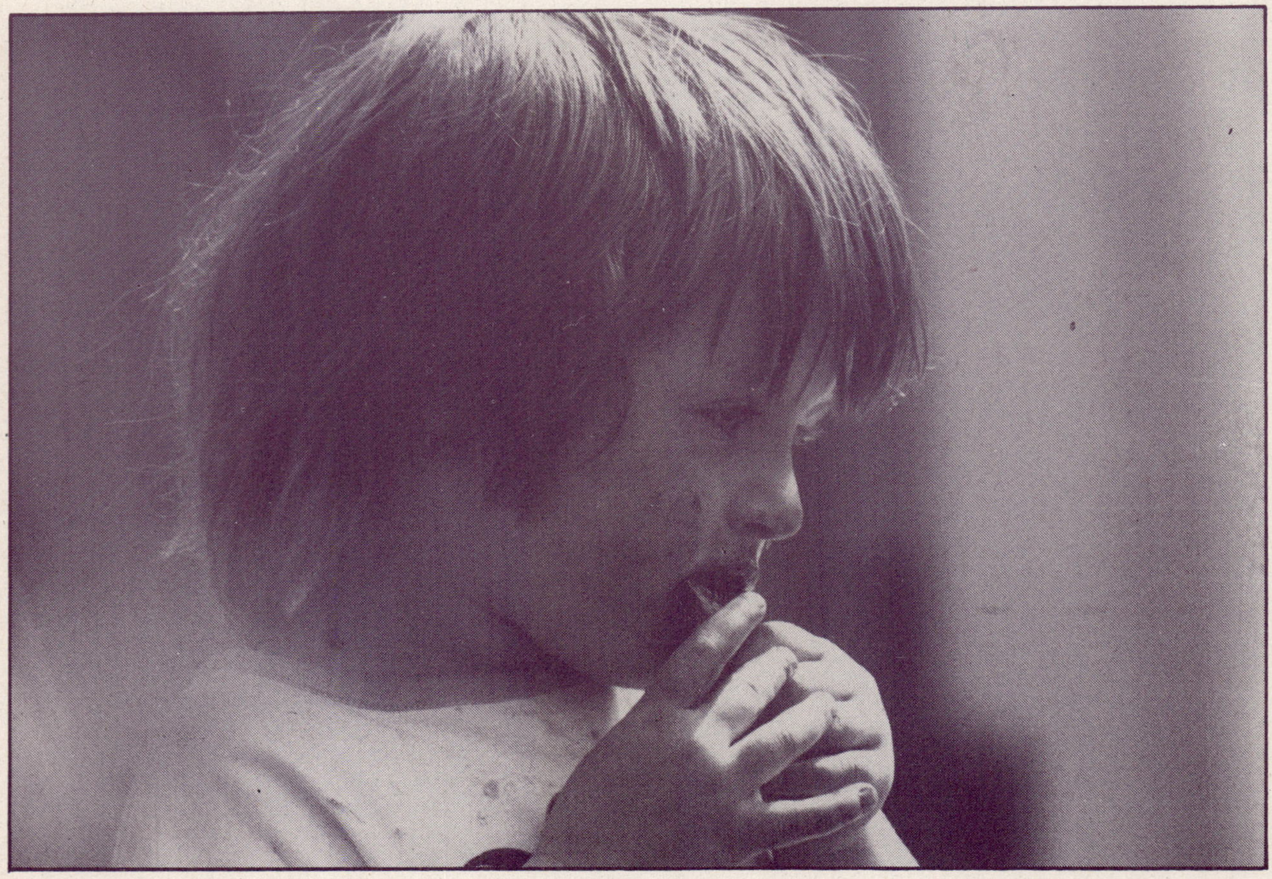

Bewegung ist Leben

Der Mensch verzichtet auf ganz elementare Lusterlebnisse, wie sie durch die Freude an Bewegungen erzeugt werden können. Mit dem Bewegungsmangel geht eine Reduzierung der Bewegungsvielfalt und eine Einschränkung leiblicher Erfahrungsmöglichkeiten einher (Willke, 1978). Gleichzeitig werden auch Ausdrucksmöglichkeiten eingeschränkt und somit Kommunikation weniger intensiv. Zu wenig Bewegung führt zu einem reduzierten Stoffwechsel, bewirkt, daß der Mensch die Umwelt nur noch eingeschränkt wahrnimmt, da die Sinnesorgane weniger Informationen aufnehmen und verarbeiten können. Der Mensch kehrt sich nach innen und baut sich eine Scheinwelt auf. Er tötet damit seinen Körper ab, welcher dennoch weiterlebt. Er verlangt auch weiterhin Liebe, Lust, Körperkontakt und Bewegung. Es kommt zum Konflikt zwischen Körper und Seele. Wir setzen unseren Körper Zwängen aus, die ihn nach und nach zerstören. Der Körper wird krank, die Seele wird leer, und der Mensch fühlt, daß sein Leben irgendwie unwirklich geworden ist. Er gerät in Verzweiflung über die Leere und Sinnlosigkeit seiner Scheinwelt, die in dieser Situation gleichbedeutend mit seinem Dasein ist. Dies endet in unserer Gesellschaft immer häufiger in körperlichem Ruin und seelischen Störungen, wenn es nicht gelingt, aus diesem Kreislauf auszubrechen. (60)

Spieltips

Fußspiele

Die Beweglichkeit der Füße ausprobieren

Die Kinder sitzen im Kreis. Dreht die Füße nach allen Seiten, nach oben und unten, streckt die Zehen zum Boden, zieht sie zu euch hin. Könnt ihr die Zehen bewegen? Verschränkt die Füße und versucht mal, Hände und Füße gleichzeitig zu verschränken.

Mit den Füßen greifen

Murmeln liegen am Boden und werden mit den Füßen in eine Schachtel transportiert. Ein großes Stück Stoff wird mit dem Fuß zusammengelegt. Im Kreis werden verschiedene Gegenstände mit den Füßen weitergegeben.

Figuren laufen

Die Kinder legen mit Seilen verschiedene Formen im Raum. Mit geschlossenen Augen versuchen, die Seilfiguren nachzulaufen, die Füße tasten die Form.

Die Fußmaler

Die Kinder liegen auf dem Rücken und strecken die Beine in die Luft. Während das eine Bein bis kurz vor den Boden sinkt, malt die andere Fußspitze ein Gesicht, Kreise, Mohrenköpfe ... in die Luft. Kann die andere Fußspitze auch so gut malen. Probiert auch, gleichzeitig mit beiden Fußspitzen zu malen.

Fahrrad fahren

Die Füße fahren in der Luft Fahrrad, Skateboard, Rollschuh ... Zwei Kinder legen jeweils die rechte und die linke Fußsohle aneinander. Versucht behutsam, miteinander Fahrrad zu fahren, eure Fußsohlen sollen sich nicht lösen.

Der spitze Berg

Rutscht mit dem Po näher zusammen. Drückt eure Fußsohlen gegeneinander und streckt gleichzeitig eure Fußspitzen zur Decke. Ihr seid wie ein hoher, spitzer Berg. Legt zuerst den Po wieder auf den Boden, laßt die Fußsohlen aneinander zum Boden kommen.

Fuß-Ballon

Die Kinder liegen im Kreis auf dem Rücken. Stützt Euch auf die Unterarme. Mit den Füßen wird ein dicker Luftballon im Kreis weitergegeben. Ein zweiter Ballon wird ins Spiel gegeben. Kann er den ersten überholen?
Variation: Anstelle des Luftballons können andere Bälle genommen werden.

Spazieren-gehen

Um die Muskulatur und die Bänder zu kräftigen, gehen wir so oft als möglich barfuß, tragen bequeme Schuhe mit biegsamer Sohle und ernähren uns richtig. Überernährte Menschen belasten unnötig die Tragfähigkeit ihrer Füße.

Wo sind wir? Im heißen Sand, auf spitzen Steinen, auf der Wiese oder auf weichem Moos? Wie fühlt sich das an?

Bunte Fußbilder

Es geht auch, sich mit vielen Füßen zu unterhalten.

Schließt die Augen. Könnt ihr fühlen, wessen Füße ihr berührt?
Spürt die Unterschiede.
Hier kann eine ruhige Musik eingespielt werden.

Die Füße in Farbe tauchen und auf Plakate drucken. Was bildet sich vom Fuß ab? Es gibt lange, dicke, breite, kurze Füße. Malt bunte Fußbilder. (61)

Maschine abstellen

Die Kinder stehen wieder paarweise im Raum verteilt. Ein Kind spielt den Techniker bzw. die Technikerin, das andere ist die Maschine. Die Maschine ist für den Techniker ganz neu. Er weiß noch nicht, wie man die Maschine abstellt.

Das Maschinenkind macht jetzt eine immer wiederkehrende Bewegung und dazu ein passendes Geräusch und denkt sich einen Schaltknopf aus. Der Ingenieur sucht diesen mit seinen Händen. Hat er ihn berührt, bleibt die Maschine stehen, Rollenwechsel.

Variation "Maschinenblitz": Diese Variation haben wir mit einer Kindergruppe erfunden. Sie ähnelt sehr dem "Maschine-Abstellen". Nur das Ende ist anders: Der Schaltknopf der Maschine ist nämlich kaputt! Berührt der Ingenieur den ihm unbekannten Knopf mit seiner Hand, entsteht in der Maschine ein Kurzschluß, sodaß sie mit einem lauten Krach in der Luft (zer)springt!

(62)

Spiegeln und verzerren

Die Kinder stehen paarweise einander gegenüber, die Paare sind gut im Raum verteilt. Ein Kind beginnt sich langsam zu bewegen, das andere ahmt seine Bewegungen spiegelbildlich nach.

Variation: Die Kinder bewegen sich zu ruhiger Musik (Recorder)

Variation: Lustig-tumultig wird es, wenn die Kinder ausdrucksstarke Situationen spielen, wie z.B. Morgentoilette. Dann freilich nicht mehr in Zeitlupenbewegungen.

Variation "Verzerren": Das spiegelnde Kind spielt einen vergrößernden Spiegel. Jede Bewegung wird übertrieben nachgeahmt. Zur Abwechslung gibt es dann noch die verkleinernden Spiegel, die alle Bewegungen (winzig)klein machen. Hier ist es notwendig, den anderen genau zu beobachten, um seine Bewegungen nachvollziehen zu können.(63)

Denkmal versetzen

Fünf Kinder bilden eine Gruppe. In jeder Gruppe gibt es eine Statue, ein Denkmal, das von den vier Kindern, "spezialisierten Spediteuren", zu einem neuen Platz, einer gemeinsamen Kunstausstellung, getragen wird. Dabei müssen die Kinder behutsam vorgehen, um das Denkmal nicht zu beschädigen.

Es muß unversehrt an seinem "Bestimmungsort" ankommen. Nachdem alle zusammengetragenen Denkmäler beklatscht wurden, werden die Rollen getauscht, bis jeder einmal als Statue von seinen Partnern getragen wurde.

Roboter einfangen

Die Kinder bilden Dreiergruppen, zwei Kinder werden zu Robotern, eines wird Techniker. Die beiden Roboter stehen Rücken an Rücken aneinander. Der Techniker startet die Roboter, indem er mit der Hand zwischen den Rücken durchfährt. Jeder Roboter geht immer nur seiner Nase nach, er selbst kann seinen Kopf aber nicht drehen. Der Ingenieur lenkt die Roboter, indem er mit seinen Händen den Kopf sanft in die gewünschte Richtung dreht. Der Ingenieur muß erreichen, daß die beiden Roboter einander schließlich Bauch zu Bauch und Gesicht zu Gesicht gegenüberstehen. Da der Ingenieur zwei Roboter in Schach zu halten hat, bewegen sie sich mehrmals aneinander vorbei und es dauert eine Weile, bis das Ziel erreicht ist. Dann werden die Rollen getauscht, bis jeder der drei einmal Ingenieur war.

Lassen Sie das Spiel zuerst von einer einzigen Dreiergruppe vorführen, während die anderen Kinder zusehen. Spielen alle Kinder gleichzeitig, kommt es zu einem lustigen Durcheinander. Die Roboter sind dann noch schwerer einzufangen. (64)

Weißer Hai

Die Kinder stehen im Kreis um das Tuch und machen wilde Wellen. Unter dem Tuch krabbelt ein Kind umher. Das ist der weiße Hai. Der weiße Hai schwimmt in diesem Meer und ist hungrig. Deshalb schwimmt er zu einem der Kinder hin (die ihn natürlich nicht sehen, weil er unter dem Wellentuch ist und sie das Tuch bis zum Bauch halten) und zieht es am Fuß ins Wasser (unters Tuch). Das versinkende Kind muß selbstverständlich auch dementsprechend schreien. Ist es einmal versunken, wird es auch zum Hai, sodaß immer mehr Haie jagen.

Fische fangen

Wieder bewegen die Kinder das Tuch zu vielen Wellen. Trotz der hohen Wellen ist das Wasser aber seicht. Im Wasser (auf dem Tuch) geht ein Fischer, der mit seinen Händen einen schönen großen Fisch fangen will. Den Fisch kann er aber kaum sehen, weil der ja unter den Wellen (Tuch) ist. Erst wenn der Fischer den Fisch unter dem Tuch festhalten kann, ist das Spiel aus. (65)

Tiere zum Streicheln

Das Tier gilt als Ersatz für die immer stärker um sich greifende Verarmung in den zwischenmenschlichen Beziehungen. Einsamkeit, das Gefühl, ein Tier für sich zu haben oder für ein Tier da sein zu müssen, der Wunsch nach Zärtlichkeit, der Wunsch nach einem "Gesprächspartner" oder jemandem, der einem nur zuhört - diese sind nur einige Bedürfnisse, die durch die Anschaffung von Tieren befriedigt werden sollen.

Auf der anderen Seite werden an Tieren auch aggressive Gefühle ausgetragen, sie müssen sich unterordnen, gehorchen und werden geschlagen. Dem Tier Besitzer vermitteln sie so das Gefühl der Stärke und das Gefühl der Macht, über jemanden bestimmen zu können.

Tiere haben auch eine große Bedeutung für die Persönlichkeit und das Selbstwertgefühl. Sie können eine stabilisierende Aufgabe übernehmen, indem der Besitzer bestimmte Eigenschaften des Tieres für seine eigene Person in Anspruch nimmt. Der Halter eines großen, starken Hundes fühlt sich meistens auch stark und mächtig. Darüber hinaus kann er anderen Angst machen und sich selbst gleichzeitig geschätzt und stark fühlen.

Ersatzobjekte werden benötigt, wenn Bedürfnisse nicht unmittelbar durch die gewünschte Person oder durch Gegenstände befriedigt werden können. Im Kleinkindalter haben die Ersatzobjekte auch noch die Bedeutung, Angst abzuwehren. Zum Beispiel bekommen Babys und kleine Kinder zur Überbrückung, wenn die Mutter weggeht, oder überhaupt zur Beruhigung ein "Kuscheltuch" oder andere weiche flauschige Gegenstän in den Arm gedrückt. Je selbständiger das Kind wird, wobei sich die Selbständigkeit hier auf die Fähigkeit bezieht, die Realität zu akzeptieren (hier: daß die Mutter weggeht, aber wiederkommen wird) desto weniger ist das Kind auf Ersatzgegenstände angewiesen.

Im Rahmen dieser Sichtweise können Tiere als Ersatzobjekte ein Anzeichen dafür sein, daß Menschen Schwierigkeiten in der Befriedigung von sozialen oder emotionalen Bedürfnissen haben. Hierbei bleibt aber offen, worin diese Schwierigkeiten bestehen. Bei Kindern im Vorschulalter können genauere Beobachtungen dazu im Rollenspiel oder aus Aussagen der Kinder gewonnen werden.(66)

pflegen und schützen

Kinder im Vorschulalter wissen im Umgang mit Tieren oft noch nicht, wie man diese angemessen behandelt und was man ihnen zumuten kann. Das erweckt manchmal den Eindruck, daß die Kinder noch nicht zwischen Lebewesen und Gegenständen unterscheiden, wenn sie z.B. ein Kaninchen genauso untersuchen wollen wie ein Stofftier.

Wenn Kinder Tiere nicht als Lebewesen behandeln, so ist es möglich, daß sie wenig oder kaum anschauliche Erfahrungen über Lebensgewohnheiten von Tieren haben. Ihre Kenntnisse sind meistens durch den Umgang mit Tieren zu Hause, durch Bilderbücher oder durch Fernsehsendungen geprägt, in denen häufig ein stark vermenschlichtes Tierbild vermittelt wird. Von daher ist es für die Kinder wichtig, aus eigener Anschauung Lebensgewohnheiten von Tieren kennenzulernen, damit sie im Umgang mit Tieren wissen, wie sie sie behandeln müssen.

Darüber hinaus ist das Thema Tiere besonders geeignet, den Kindern Möglichkeiten zu geben, sich darzustellen und von ihren Wünschen, Gefühlen und Ängsten zu sprechen:

- Im Umgang mit Tieren oder in Rollenspielen können sie ihre Gefühle nach Zuwendung und Zärtlichkeit ausdrücken
- Über die Identifikation mit Tieren können die Kinder auch aggressive Gefühle äußern
- In Rollenspielen können sie Ängste ausdrücken und abreagieren; sie können andere Lösungsmöglichkeiten ausprobieren und damit die eigene Angst bearbeiten. (67)

Stark wie ein Wolf

Der Übergang zwischen realen Ängsten im Umgang mit Tieren und der Übertragung von Phantasien und Vorstellungen auf die Tiere ist bei den Kindern fließend. In der Übertragung lassen sich bestimmte Motive, die häufiger vorkommen, zusammenfassen. Von großer Bedeutung für die Kinder sind die Familienkonstellationen und die Mutter-Kind-Beziehungen bei den Tieren. Bei einem Zoobesuch blieben die Kinder vor den Käfigen und Gehegen stehen und versuchten, die Tiere in Vater, Mutter und Kinder einzuteilen und damit für sich eine übersichtliche Situation herzustellen.

Ein anderes Motiv in der Beurteilung von Tieren ist die Größe und Stärke. Welche Tiere stark sind, welche stärker als andere sind - diese Fragen beschäftigen die Kinder sehr stark. Auffällig war auch ihre Reaktion auf den Kot der Tiere. Sie zeigten immer wieder darauf und waren sehr erstaunt, überall in den Gehegen Kot zu finden. Ein Kind, das selber noch einnäßt und einkotet, war davon besonders betroffen. Die Tiere waren in seinen Augen nun noch schlimmer als es selber, weil sie ihren Kot offen liegenließen. Das Kind schimpfte tüchtig auf das Tier und zeigte damit vielleicht ein Verhalten, das es sonst am eigenen Leibe erfährt.

Diese Identifikation und Übertragung von eigenen Problemen läßt sich auch oft in Rollenspielen beobachten. Z.B. wurde der Erzieher als "wildes Tier" in einen Käfig gesperrt. Zunächst versuchten die Kinder, gewissermaßen durch die unsichtbaren Gitterstäbe hindurch, das "wilde Tier" zu zwicken und zu hauen. Wenn das "wilde Tier" sich jedoch erhob, liefen die Kinder mit Riesengeschrei von dannen, um sich langsam wieder heranzupirschen.
Dieses gegenseitige Hin und Her mit gegenseitigem Anknurren und Anschreien wollten die Kinder mehrmals wiederholen.
Diese Spiele, in denen es um Fliehen und Zurückkommen geht, scheinen auf dem Hintergrund der Erfahrungen der Kinder in ihrer Familie sehr bedeutsam zu sein. Der Ausdruck von Aggressionen, das Abreagieren im Weglaufen und Schreien verbunden mit dem Gefühl, nicht bestraft zu werden und zurückkommen zu dürfen, wird hier im Spiel bewältigt. (68)

Der Entfremdung von der Natur, dem Tier und dem eigenen Körper entgegnen wir durch:

- Tierhaltung ermöglichen
- Tiere einladen, angreifen, besuchen
- tierische Materialien wie Felle, Haare, Federn angreifen und benützen
- die Tiere nachahmen, zeichnen und deren Verhalten erforschen (vom Beißen bis zum Koten)
- Vorurteile und Angst abbauen (wegen Krankheiten etc.) ...
  richtiges Verhalten üben.

Spieltips

Tierfamilie

Die Kinder bilden 3 - 5-er Gruppen und erhalten ein Tierbild. Dieses Tier wird nun in den Vater-Mutter-Kind-rollen gespielt, indem jedes Kind der Kleingruppe abwechselnd je eine Rolle übernimmt.
Die Erzieherin sagt nun verschiedene Situationen, die die "Tierfamilie erlebt":
- Aufwachen (dehnen, strecken)
- Essen (nehmen, raufen, schmatzen..)
- Schlafen (kuscheln, verkriechen)
- Jagd (angreifen, laut sein, anschleichen ...)

Die Spiele werden mit den passenden Lauten begleitet -
die Übergänge können
a) angeleitet
b) offengelassen
werden.
Die Erzieherin schildert dann vorher die Möglichkeiten und die Kinder improvisieren, wobei eine zusätzliche Aufgabenstellung sein kann, daß alle Tiere der Kleingruppe sich jeweils bei derselben Tätigkeit finden sollen.
Die Erzieherin kann dabei viel erfahren:
- bei welcher Situation bleiben die Kinder am längsten
- welche Situation wird intensiv und deutlich, welche nur angespielt.

Das anschließende Gespräch kann noch verdeutlichen, was davon die Kinder selbst im Alltag kennen oder vermissen.

Tierlotto

- Am Boden auflegen und jedes Kind denkt sich ein Tier, das es eben sein möchte und drückt es in Haltung, Bewegung und Laut aus.
- Die Tiere begegnen einander und je nach Natur "verspeisen" sie einander oder bewegen sich gemeinsam oder jagen ein drittes.

Die Spielregel wird vorher vereinbart: Keine Verletzungen, d.h. wenn das Tier "au" schreit (gilt als Biß) sofort ablassen.
- beenden, indem alle gleichen Tiere einen gemeinsamen Platz suchen und sich dort schlafend niederlassen.
- beruhigende Musik spielen.

Variante feedback:

- Jedes Kind wählt sich ein anderes (bzw. durch Spiel Paare bilden) und sucht nun für den Partner je ein Tierkärtchen aus. - Z.B. der Walter ist wie ein Löwe, weil er gerne brüllt.
  Dabei soll anfangs die Formulierung "ein Tier suchen, für das, was der andere gerne tut" gelten.
- später - weil der Walter manchmal "wie ein Löwe ist" - .

Das Gespräch hinterher soll dem Kind die Möglichkeit geben, zu der Tierbezeichnung etwas zu sagen und auch andere Eigenschaften mittels eigener Tierkärtchen zu sagen: z.B. "Ich bin auch wie ein Vogel - fröhlich und singe gerne ..." .

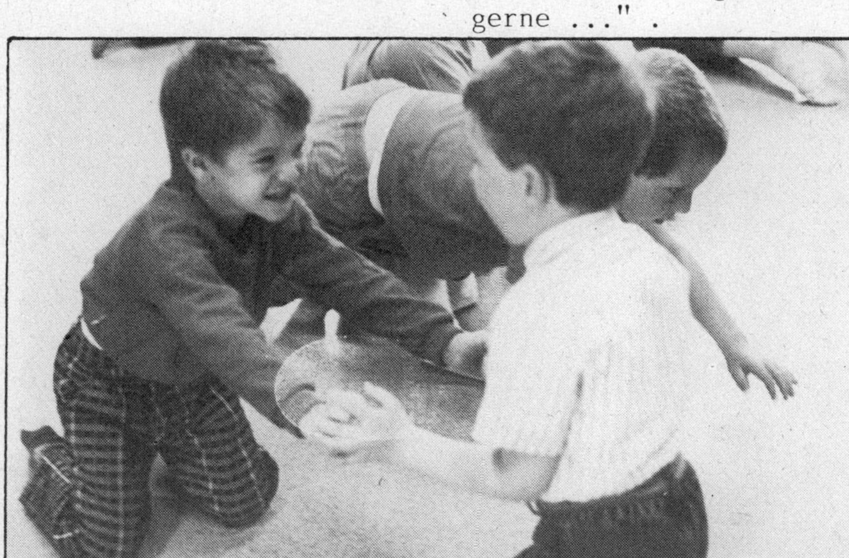

Mit allen Sinnen überleben

"In der Welt der Wahrnehmung ist die Gegenwart unendlich, die einzige Autorität bin Ich, der Wahrnehmende. Die Zukunft können wir nicht kennen und von der Gegenwart nur sehr wenig. Wenn wir aber die Luft der nächtlichen Wälder atmen und ihre Formen und fast unhörbaren Geräusche in uns einlassen, oder wenn wir schweigend im Sonnenlicht stehen, das auf Felsen und Blätter und Stadtgebäude niederbrennt, und wenn wir vielleicht fühlen, wie die Erde uns stützt, dann wissen wir, daß wir wahrhaft existieren, umgeben von vielen anderen Lebewesen, die auch existieren. Brauchen wir mehr?" (69)

Eine gesunde Entwicklung der geistigen Fähigkeiten ist also nicht denkbar ohne die gleichzeitige Stärkung der Anschauungskräfte (Sinne, Wahrnehmung) - Denn die Seele ist verletzlich und beständig in Gefahr, ihre wunderbare Ansprechbarkeit auf alle Reize des Lebendigen einzubüßen. Sie wird matt und stumpf, wenn ihr angeborenes Empfinden für die rhythmische Ordnung der Dinge niemals bestätigt wird, wenn sie in so künstlichen Verhältnissen leben muß, daß Reize des Lebendigen kaum noch auf sie zukommen, und wenn ihr Instrument, der Leib, durch Mißbrauch seine Sinne und Nerven verwahrlost. Eine Abstumpfung der Seele kommt einer schweren Erkrankung gleich, die nicht nur allein den Patienten schädigt, sondern auch seine Umgebung ansteckt, schließlich ein ganzes Volk in seiner Daseinsfreude und Leistungskraft herabsetzt.
Erst wenn die Kräfte der Anschauung und die der Erkenntnis in ihrem fruchtbaren Zusammenspiel von der Erziehung berücksichtigt werden, wenn also die wissenschaftliche Erziehung gleichzeitig eine rhythmische ist und die leiblich-rhythmische Erziehung dem Geist dient, öffnet sich der ganze Horizont über dem großen Erziehungsbau und das Licht strömt auf alle Bewohner!

Sinnliche Informationen sind für uns nicht mehr so lebenswichtig wie für unsere Vorfahren. Es ist nicht mehr nötig, über den Gehörsinn feinste Geräusche wahrzunehmen, die etwa das Anschleichen gefährlicher Tiere oder Feinde ankündigen. Es ist nicht nötig, über den Tastsinn die Luftbeschaffenheit, Feuchtigkeit und Windrichtung zu erspüren, um Ernte und Anbau zum richtigen Zeitpunkt zu planen.

Der Wetterbericht sagt - mit mehr oder weniger Erfolg - voraus, ob es Regen geben wird, so daß der Bauer z.B. weiß, wann er Heu zu machen hat. Im Lebensmittelgeschäft kann man wohl davon ausgehen, daß giftige Nahrungsmittel nicht angeboten werden, zumindest wird man nach ihrem Verzehr nicht sofort tot umfallen (bis auf die Sachen mit dem Wein und dem Käse).

Die Notwendigkeit, alle Sinne einzusetzen und möglichst differenziert wahrzunehmen, ist nicht mehr gegeben, und insofern sind die Sinne sowohl phylogenetisch eher verkümmert als auch ontogenetisch nur minimal ausgebildet. Das, was an sinnlicher Wahrnehmung noch gut funktioniert, bei uns vor allem das Auge, läuft Gefahr, durch ein Überangebot von Reizen plattgeschlagen zu werden. Hinzu kommt, daß chronischer Zeitmangel häufig verhindert, daß feinere Unterschiede, die eine gewisse Zeit und Muße brauchen, um sich zu entwikkeln, sinnlich erfaßt werden können. Sinneseindrücke können im übrigen auch Angst erzeugen und deshalb nicht zugelassen werden. Angst z.B. vor Kontrollverlust, vor Überschwemmtwerden von Gefühlen, Aufkommen vitaler Bedürfnisse. Dies dürfte insbesondere für den Hautkontakt gelten. Durch diese nicht mehr unmittelbaren und vielfältigen Kontakte über die Sinne mit der Umwelt kann ein Gefühl von Sicherheit und Geborgenheit in der Welt nicht entstehen. Wir nehmen nicht alles auf, fühlen uns eher abgeschnitten. Man kann sich vorstellen, daß dies eine Lebensangst hervorruft, die z.B. Depressionen begünstigt.

Insbesondere der für das psychische Befinden und die psychische Entwicklung so wichtige Hautkontakt läuft immer mehr Gefahr, zu kurz zu kommen, obwohl die Größe der für taktile Reize bestimmten Gehirnregion auf eine Vielfalt von Funktionen und eine große Wichtigkeit dieses Bereiches schließen läßt. Müssen wir erst darauf warten, daß wir alt oder krank werden, um festzustellen, daß wir auch noch einen Körper haben (Petzold, 1985)? Wäre es nicht sinnvoller, die Haut schon vorher so zu stimulieren, daß wir uns in ihr wohlfühlen? (70)

wahrnehmen

Wahrnehmen, was ich erlebe, was ich spüre, empfinde, denke, fühle,
z.B. an meinem Körper von außen her - Luft, Sonne, Feuchtigkeit, Kleidung, Berührung, ...
an meinem Körper von innen her - Herzschlag, Atembewegung, Muskulatur, Nerven, Organe, ...
Gefühle wie Freude, Schmerz, Angst, Trauer, Liebe, ...
Reaktionen auf das, was mich umgibt, auf Orte, Geschehnisse, Menschen, ...

Wir sind mit unseren Sinnen ausgestattet, um die Welt erfahren zu können - wir sehen, hören, riechen, schmecken, und spüren durch unsere Haut. (Daß unser Sehsinn heute so vorrangig ist, läßt uns die anderen Möglichkeiten gern vergessen.)

Ein Übungsbeispiel:
Wir sind eine Gruppe von Leuten, Kinder oder Erwachsene, das macht wenig Unterschied.
Wir schließen die Augen und hören alle denselben Gongton.
Und doch ist es für jeden anders:
"der Ton kommt durch meine Ohren in mich herein und füllt mich ganz aus .."
"der Ton umgibt mich wie Wasser ...",
Altbewährte Sätze wie "du hast falsch gehört", "das bildest du dur NUR ein", haben hier keinen Platz mehr.
Respekt und Achtung vor der Einzigartigkeit und Echtheit jeder Wahrnehmung kennzeichnen das Klima.

Kinder sind mit einem großen Potential an Neugier ausgestattet, sehr bereit wahr-zunehmen.

Wahrnehmen, Wachsen, Werden braucht Zeit, auch Ruhe zwischen der Bewegtheit. In einer Umgebung, die mit dauernder Reizüberflutung wenig oder keinen Platz für Rast und Ruhe zuläßt, schließen sich die "Tore der Wahrnehmung" als Schutz vor dem Zuviel.
Dann ist von Kindern die Rede, die "nicht mehr aufpassen", nicht "richtig hinhören", schon wieder "nicht geschaut haben", usw.
Es wird für das Kind unmöglich, die Reize zu differenzieren und Wesentliches von Unwichtigem zu trennen. (71)

Sinneserfahrung - Schulung und Störungen

Die Wahrheit ist abhängig von Wahrnehmung: subjektiv und manipulierbar.

Die Erfahrung hängt von den Reizen und der "Offenheit der Sinne" ab:
Wenn ich in einer mit Straßenlärm gefüllten Umgebung wohne, werde ich mein Ohr daran gewöhnen und möglicherweise in einer ruhigeren Umgebung vermissen.
Wenn ich gewohnt bin, täglich meine Augen sehr zu benützen, werde ich im Laufe der Zeit weniger Feinheiten sehen, sondern brauche immer stärkere Reize, damit ich hier etwas Neues erfahren kann.
Die Schulung der Wahrnehmung - bezogen auf Schule heißt: was dort notwendig ist, muß geübt werden: für Schreiben, Rechnen etc. die richtige Ordnung der Wahrnehmung. Hier wird die Wahrnehmung gerichtet - intellektuell, ohne emotionale Beteiligung.

Die Wahrnehmungsstörung ist im Sinne der Schule und einer ganzheitlichen Erziehung eine Folge der einseitigen Sinnesreize - der Reiz der Augen und des Gehörs mittels TV und Video.
Es entstehen neue Wahrnehmungsmuster.

Spieltips

einem Baum begegnen

Dies ist ein Spiel in Paaren. Verbinde die Augen deines Partners und führe ihn durch den Wald zu irgendeinem Baum, der dich anzieht. (Wie weit hängt vom Alter deines Partners ab und seiner Fähigkeit, sich zu orientieren. Außer für ganz Kleine ist eine Entfernung von zwanzig bis dreißig Metern nicht zu weit.)

Hilf dem "blinden" Kind, seinen Baum kennenzulernen. Das geht am besten mit konkreten Vorschlägen. Zum Beispiel werden die Kinder auf die Aufforderung, den Baum zu erforschen, nicht mit solchem Interesse reagieren, als wenn du sagst, "Reibe deine Backe an der Rinde", oder sie fragst, "Lebt der Baum noch? ... Kannst du ihn mit deinen Armen umfassen? ... Ist der Baum älter als du? ... Kannst du Pflanzen finden, die auf ihm wachsen? ... Spuren von Tieren? ... Flechten? ... Insekten?"
Wenn dein Partner mit dem Baum gründlich Bekanntschaft gemacht hat, führe ihn zum Ausgangspunkt zurück, aber auf einem anderen Weg. (Du kannst dir einen Spaß daraus machen, ihn über imaginäre Baumstämme steigen zu lassen und durch ein Dickicht zu führen, das ihr leicht hättet umgehen können.) Nun nimm die Augenbinde ab und laß das Kind seinen Baum wiederfinden. Auf der Suche nach seinem Baum wird plötzlich das, was vorher Wald war, eine Gruppe von höchst individuellen Bäumen.
Ein Baum kann zu einer unvergeßlichen Erfahrung im Leben eines Kindes werden. Oft sind Kinder noch ein Jahr später zu mir zurückgekommen und haben mich in den Wald hinausgezogen, um mir zu sagen: "Schau, hier ist mein Baum!" (72)

blinde Karawane

Von einem Seil geleitet, zieht die blinde Karawane durch ein Land voller merkwürdiger Geräusche, geheimnisvoller Gerüche und eigenartiger Gegenstände. Die meisten Reisenden können kaum erwarten, bis sie ihren Weg durch dieses Zauberland mit offenen Augen nachvollziehen dürfen.
Damit die Reise aufregend wird, suche einen Platz aus, der viele verschiedene Erfahrungen ermöglicht. Ein guter Pfad kann zum Beispiel so aussehen: Ihr geht einen schattigen Waldweg entlang, klettert über einen mit Moos bewachsenen Stamm, tretet auf eine von Sonnenlicht durchflutete Lichtung mit summenden Bienen, taucht wieder in den Wald ein, wo ihr jetzt unter dem dichten grünen Dach einer Fichtenschonung durchkriecht, und fühlt und hört die knisternden, glatten, trockenen Nadeln unter euren Händen und Knien. Der Geruch feuchter Vegetation und ein Chor aufgescheuchter Enten lassen euch vermuten, daß ihr an einem Weiher angekommen seid. (73)

Verstecken – entdecken

Dieses Spiel soll den Sinn für Tarnfarben und Anpassung in der Tierwelt wecken.
Entlang eines Pfades von etwa 18 Metern verteile zehn bis fünfzehn künstliche Gegenstände. Manche sollten sich deutlich abheben - etwa eine Blitzlichtbirne oder ein Luftballon; andere sollten sich so in ihre Umgebung einfügen, daß man sie schwer davon unterscheiden kann. Behalte für dich, wieviele Dinge du versteckt hast.

Die Kinder gehen einzeln und in Abständen den Pfad entlang und versuchen, möglichst viele der versteckten Dinge zu entdecken (ohne sie wegzunehmen). Am Ende flüstern sie in dein Ohr, wieviele sie ausfindig gemacht haben. Wenn niemand alle Gegenstände gefunden hat, sage den Kindern, wieviele gesehen wurden, daß es aber noch mehr gibt, und laß sie noch einmal von vorne beginnen. Beende das Spiel mit einem Gespräch über den Nutzen, den Tarnfarben für Tiere haben. Dann geh auf die Suche nach kleinen, getarnten Tieren (Insekten, Spinnen usw.). (74)

mit der Lupe unterwegs

Entlang einer Schnur, die nicht mehr als ein bis zwei Meter lang ist, machen die Kinder eine Expedition in die Welt des Kleinen. Mit einer Lupe in der Hand robben sie Zentimeter für Zentimeter auf dem Bauch vorwärts und entdecken dabei Naturwunder, wie Grashalme, die sich unter regenbogenfarbigen Tautropfen biegen, farbenprächtige, goldglänzende Laufkäfer oder eine achtäugige Wolfsspinne. Du wirst staunen, mit welcher Hingabe besonders jüngere Kinder die Miniaturwelt erforschen.

Das Spiel beginnt damit, daß sich die Kinder selbst ein Wegstück aussuchen, das ihnen vielversprechend erscheint, und ihre Schnur dort entlang spannen. Gib jedem Kind ein Vergrößerungsglas in die Hand; es erlebt die Welt dann so, als wäre es zur Größe einer Ameise zusammengeschrumpft.
Mit Fragen kannst du die Fantasie der Kinder anregen:
"In welcher Welt bewegst du dich gerade? Wer sind deine nächsten Nachbarn? Sind sie freundlich? Arbeiten sie schwer? Was hat diese Spinne vor - wird sie dich auffressen oder auf ihren Rücken nehmen? Wie würdest du dich fühlen, wenn du dieser metallisch-grüne Käfer wärst? Wie verbringt er seinen Tag?"
Sage den Kindern zu Anfang, daß sie ihre Augen nicht mehr als dreißig Zentimeter über den Boden erheben dürfen. (75)

Steinklang – Klangstein

Da liegen sie vor dir, die Steine, rund, länglich, eckig, klein und groß. Fühle ihre Form in deinen Händen, sind sie kühl, feucht, naß oder von der Sonne angewärmt?
\- -
Schau sie dir an. Du siehst feine Linien und Streifen, Flecken, sanfte Farben, die ineinander übergehen.
\- -
Schlage zwei Steine gegeneinander. Sie geben einen kurzen, trockenen Klang. Jeder Stein klingt anders. Probiere verschieden große Steine aus.
\- -
Laß die Steine auf den Boden fallen. Manche fallen schwer, manche hüpfen. Horch, wie es klingt!
\- -
Laß die Steine nacheinander ein schräges Brett hinunterkullern. Schlage sie gegen die Rinde eines Baumes. Immer wird es wieder anders klingen.
\- -
Wirf sie nacheinander ins Wasser. Horch auf das Geräusch und schaue den Ringen zu. Warte, bis das Wasser wieder ruhig geworden ist.
\- -
Versuche, sie durch einen schnellen, flachen Wurf über das Wasser ein paarmal auf der Wasseroberfläche hüpfen zu lassen. Mit flachen Steinen gelingt dies am besten. (76)
\- -

Körperklang – Klangkörper

Du liegst da. Du horchst. Du atmest. Du hast die Augen zu. Du summst. Du spürst dein Summen in Kopf, im Bauch, überall.

Blase die Backen auf und schnipse mit den Fingerspitzen dagegen. Drücke mit beiden Handflächen gegen deine Backen und laß die Luft herausplatzen.

Stampfe mit den Füßen auf den Boden, immer schneller und lauter, dann wieder langsamer. Klatsche mit den Händen dazu. Beine und Hände spielen miteinander und machen Musik.

Leg' dich auf den Boden, nimm ein Gummiband zwischen die Zähne und befestige es am großen Zeh. Zupf' daran. Wenn du den Fuß etwas mehr streckst, bekommt deine "Saite" mehr Spannung. Dabei ändert sich der Ton, er wird höher. Verringerst du langsam wieder die Spannung, klingt der Ton dunkler und tiefer.

Steck' einen Zahnstocher zwischen die Zähne und zupfe daran. Verschiebe ihn immer wieder, dabei verändert sich der Ton. Das Vibrieren des Zahnstochers spürst du im Kopf. Dein Kopf ist hier ein Tonverstärker.

Halte ein Stück Butterbrotpapier vor deinen Mund und singe ein Lied. Merkst du, wie es kitzelt? Es klingt so, als würden noch andere mitsingen.

Mit den Händen bildest du einen geschlossenen Hohlraum. An der Stelle, wo die beiden Daumen aneinanderliegen, ist ein schmaler Spalt zum Hineinblasen. Es klingt wie Taubengurren oder der Ruf einer Eule. Man muß dies erst ein paar Mal versuchen, bis es gelingt.

(76)

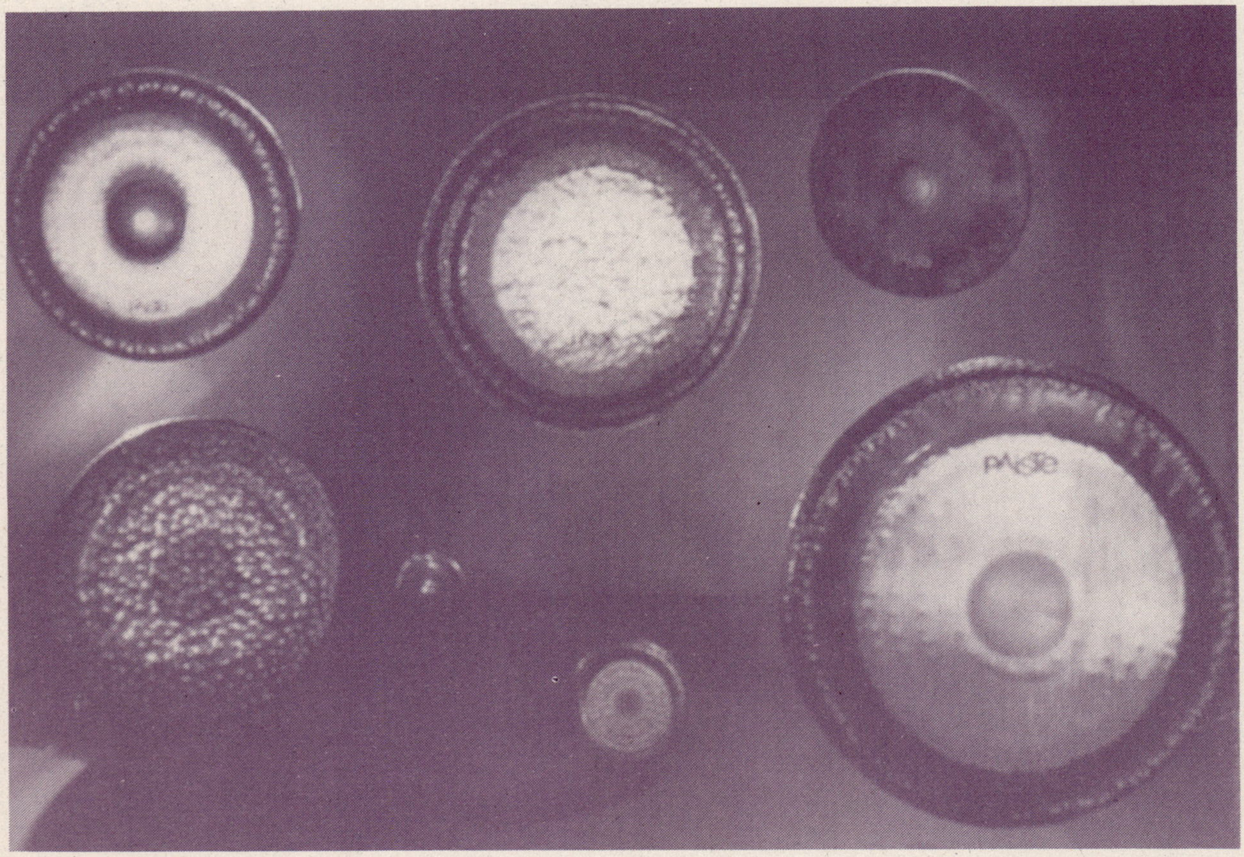

Impuls „besinnen“

Was spüren Sie eben jetzt am deutlichsten an Ihrem Körper?

Welche Farben, Formen fallen Ihnen ein, wenn Sie an Ihr Zuhause denken?

Was hören Sie eben?

Wie sind die Gerüche um Sie herum?

Welche Gerüche fallen Ihnen ein, wenn Sie an Ihren letzten Einkauf denken?

Kennen Sie den Geschmack von Tomaten?

Fühlen Sie die Innenflächen Ihrer Hand.

Trinken Sie einen Schluck Wasser!

Spüren Sie Ihren Atem?!

Lassen Sie sich von Ihren Sinnen führen – (sich besinnen!?)

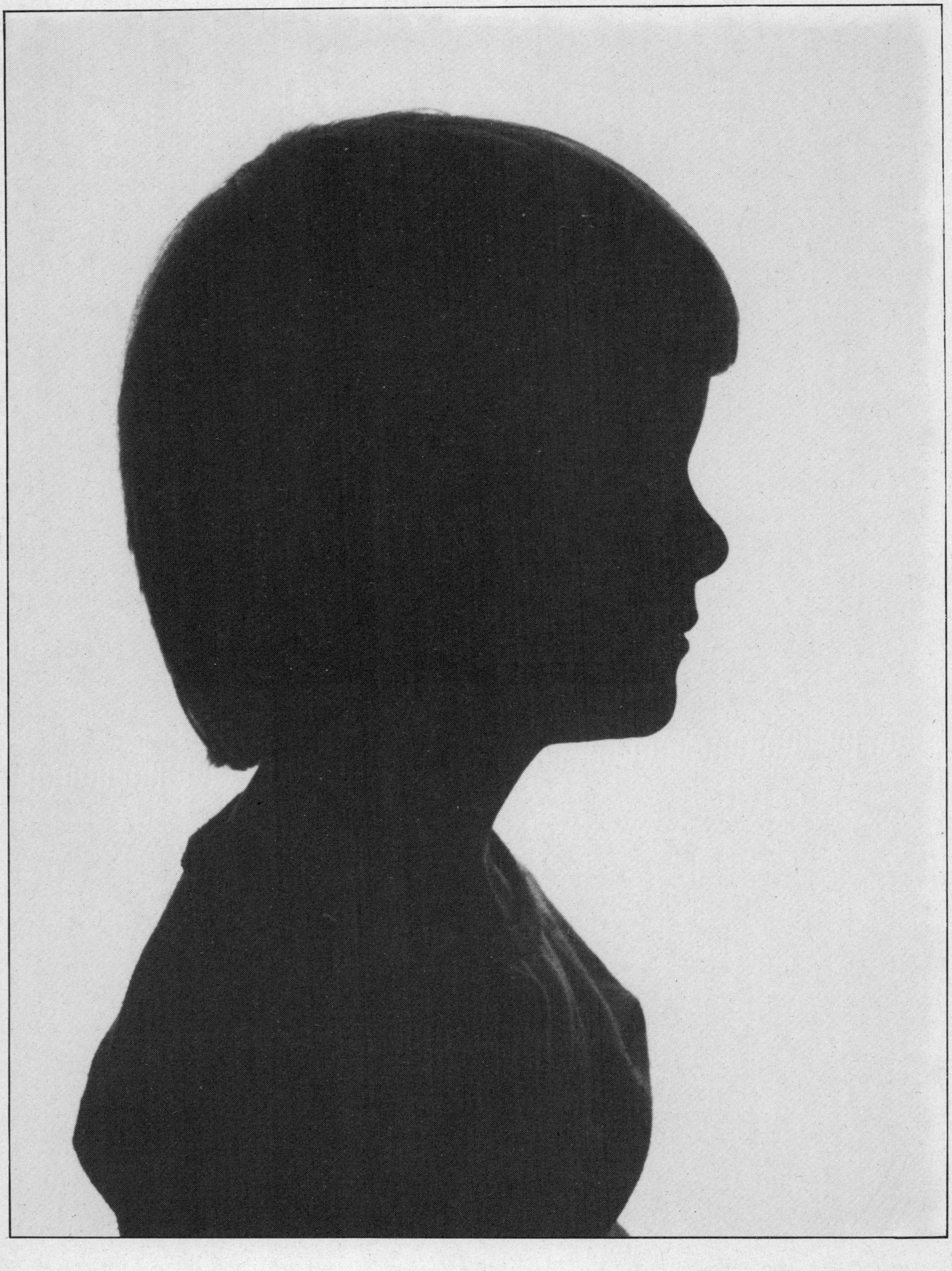

Kapitel 5

Eindruck braucht Ausdruck

"Kreative Medien können eine Brücke herstellen zwischen dem Unbewußten und dem wachen sinnlich begreifenden Bewußtsein."

(K. Richter)

"Das Medium ist die Botschaft"

(McLuhan)

Knopfdruckerlebnisse

Eindruck braucht Ausdruck

Es ist selbstverständlich, daß aufgenommene Nahrung verdaut werden muß; ähnlich ist es bei emotionalen Eindrücken - wo geben Sie diese hin? Der emotionale Verdauungsprozeß nimmt auf, verfeinert, unterscheidet, führt zu, läßt wachsen und scheidet aus.
Etwas aus sich heraus produzieren - schöpferisch sein, Umwandeln der Eindrücke sind wesentliche leibliche Vorgänge, die sichtbar und spürbar werden sollen (z.B. Kreativität).
Es scheint jedoch so, daß allzuviel Angebot auf Kinder und Jugendliche einstürmt, zuviel aufgenommen und zuwenig verdaut und ausgedrückt, mitgeteilt wird.
Diese "Verstopfung der Sinne" führt zu sogenannten "Verhaltensstörungen", mit denen Pädagogen zunehmend zu kämpfen haben. Vor allem in städtischen Gebieten ... und die Frage ist, wieviel für Pädagogen und Kinder, Schüler noch verkraftbar ist.
Die Unterhaltungsindustrie bietet da wohl zu "reizvolle" Nahrung mit gleichzeitigen "Abführmitteln" an. Ob das dem Leib wohlbekommt?

das Leben rauscht vorbei

Dieter Spichal, seit 1983 Leiter der Gesamtschule Bielefeld-Stieghorst, sieht die Unterrichtsstörungen "seit vier bis fünf Jahren zunehmen". Die "mangelnde Konzentration, starke Motorik, fehlende Stabilität der Schülerpersönlichkeit, die Verweigerungshaltungen und die Aggressionen", so seine Beobachtung, "gehören heute zum Alltagsbild der Schule".

"Das Leben rauscht an denen vorbei", meint der Hamburger Schulpsychologe Hajo Sassenscheidt, dauerlaufende Fernseher führten dazu, daß "bei den Jugendlichen keine Auseinandersetzung mehr mit der Umwelt stattfindet".
Der inflationäre Medienkonsum schafft eine ganz neue Wahrnehmungsform, und alles, was dieser Wahrnehmung "nicht ins Bild paßt", wird gestört.

An allen Schulen, auch an den weiterführenden, mangelt es den Schülern an einfachen Grundfertigkeiten: Gedächtnis, Ausdauer, Einfühlungsvermögen sind zuweilen erschreckend schwach ausgeprägt. Oder, wie es ältere Lehrer gern ausdrücken: Den Schülern fehlt die "innere Disziplin", also die feste Ordnung der Gedanken und Gefühle.

Sie reagieren zeit- und vor allem medienmäßig: auf Abwechslung und auf Kurzweil bedacht. Der hannoversche Erziehungswissenschaftler Professor Thomas Ziehe unterscheidet bei Schülern Wahrnehmungsformen, die sich im Jargon definieren:
- "Reinziehen" heißt, etwas "in sich eindringen lassen", ohne es zu hinterfragen oder ihm zu widerstehen.
- "Kanal wechseln" ist immer dann angesagt, wenn eine Situation den "Reiz des Neuen zu verlieren beginnt", eine Schulstunde von 45 Minuten verlangt viele "Kanalwechsel".
- Gleichzeitigkeit bedeutet, daß "nicht einer reden" soll. Vielmehr: "Da darf man währenddessen Musik hören, etwas essen oder trinken und herumspielen."

Diese "Organisationsform der Sinne", meint Ziehe, stürze jeden Lehrer in ein Dilemma: Entweder werde er zum "Entertainer, der ein Feuerwerk nach dem anderen abbrennt", oder er müsse mit "Hibbeligkeit und Quirligkeit" rechnen, die von Sekunde zu Sekunde in "Abgeschlafftheit, Müdigkeit und Desinteresse" umschlagen können.

Langweiliger Unterricht ist denn auch die von Schülern am häufigsten genannte Störungsquelle. Die 17-jährige Gymnasiastin Carolin aus Düsseldorf attestiert einer Lehrerin gar die "Ausstrahlung einer Schlaftablette", dementsprechend "unterhalten wir uns oder kommen erst gar nicht". (77)

Zu-Flucht-Mittel

Durch verschiedene Methoden läßt sich immer wieder feststellen, daß es viele gesellschaftlich begründbare Mangelerfahrungen gibt, von denen viele Menschen (die "Masse"), mehr oder weniger alle, betroffen sind.

erlebte Mängel

z.B. Routine, Monotonie, Vorschriften,
Einschränkungen, Unsicherheit,
Mangel an Hoffnung,
Mangel an Zuwendung
Isolation, Anonymität
kein Ort/Zeit für Gefühle
Undurchschaubarkeit
Farblosigkeit, Häßlichkeit der gestalteten Umwelt.

Durch andere Methoden läßt sich einfach herausarbeiten, welche Werte, Situationen, Prozesse es sind, die in den Massenmedien besonders erfolgreich (gern konsumiert und daher viel produziert) sind. Sie stehen in deutlicher Beziehung zu den Mangelerfahrungen:

illusionärer Ersatz

Spannung
(äußere) Freiheit
Sicherheit durch Happy end und klare Identifikationsträger (Helden)
Personalisierung von Problemen
Gefühlsstarke Situationen
einfache Lösungsmechanismen (je nach Genre)
Natur, Frische, Jugendlichkeit
Sex.

Da dieser Mechanismus des scheinbaren Ausgleichs dem Konsum und der Produktion von Freizeit zugrunde liegt, gilt er in prinzipiell ähnlicher Weise für Unterhaltungsserien, Illustrierte, Werbung, Tourismus, aber genauso für die "politische" Information. (78)

Funktion des Fernsehens für Kinder

Als Motivation für ihren Fernsehkonsum geben Kinder fast stereotyp folgende Gründe an:

- Fernsehen ist leicht zugänglich
- Fernsehen ist ein ausgezeichneter "Zeitfüller" bei Langeweile
- Fernsehen bietet Orientierungshilfen für die Wirklichkeit in dieser Welt
- Fernsehen bietet "Spannung", "Abenteuer", "Spaß" und "Unterhaltung"
- Fernsehen ermöglicht soziale Kontakte mit Familie und Altersgruppe (peer group)

Da das Fernsehen meist von den Eltern selbst als offizielle Autorität akzeptiert wird, kann vermutet werden, daß auch Kinder sich dieser offensichtlich über den Eltern thronenden Autorität und deren Wirklichkeitsbegriff unterordnen.

- "... Aus vielen Untersuchungen ist die große Autorität, die das Fernsehen besitzt, bekannt. Für viele Zuschauer hat es einen nahezu amtlichen Charakter."

Im Fernsehen suchen und finden Kinder daher also auch Informationen über ihre unmittelbare soziale Wirklichkeit, insbesondere über die schwer durchschaubare, komplizierte Welt der Erwachsenen. Kinder haben das Bedürfnis, feste Wertsysteme und gesicherte Hinweise für eigenes Denken, Fühlen und Handeln in kritischen und unüberschaubaren Situationen vermittelt zu bekommen. Durch die Abgeschlossenheit, Übersichtlichkeit und allgemeine Verständlichkeit der auf voraussagbare Grundmuster reduzierten Wirklichkeitsfiktionen kann dieses Bedürfnis befriedigt werden.

Identifikation

Die Identifikation des Kindes mit der elterlichen Instanz wird zunehmend schwieriger, wenn z.B. die gesellschaftliche Funktion des Vaters als Autorität im Widerspruch zu dem in der Familie angebotenen Vorbild steht. "Nicht selten entwickelt sich daraus eine allgemeine Bereitschaft, jede beliebige Autorität zu akzeptieren, wenn sie nur stark genug ist."

Realitätsflucht

Im Fernsehen können Kinder Zuflucht vor einem erlebnisarmen, ernüchternden und durch rationale Verhaltensweisen gekennzeichneten Alltagsleben finden. Das unbefriedigende Gefühl, eingeengt zu sein durch meist repressiv "ordnende" Institutionen wie Schule und Familie kann partiell ausgeglichen werden durch das Einsteigen in die Surrogat-Wirklichkeit des Fernsehens, die das Vergessen sozialer Strukturen und gesellschaftlicher Normen gestattet. Die komplementäre Funktion dieses speziellen Unterhaltungsfeldes für Kinder dürfte darin bestehen, daß Handlungswelten präsentiert werden, die in ein einfaches "oben und unten" gegliedert sind, und die Illusion hervorrufen, daß sich gesellschaftliche Konflikte stets in einem Happy-End auflösen.

Diese vom Fernsehen angebotene Wirklichkeit dürfte dem Kind jedoch kaum diejenigen Erfahrungen übermitteln, die es benötigt, um sich selbständig mit der Realität auseinandersetzen zu können.

Fernsehen als Vermittler sozialer Begegnung

Das Fernsehgerät, zentrales "Gebrauchsmöbbel" der Familie, wird zu Ort des sozialen Kontakts. Allerdings sind es Scheinkontakte, denn "in unteren Schichten der Bevölkerung ist das Fernsehen zum Teil schon Fixpunkt geworden, so daß es den Ablauf vor allem des späten Nachmittags und des Abends bestimmt. Essen wird zur Sekundärtätigkeit, das Gespräch verstummt.

- "Die Medien vermitteln nur Symbole. Sie bringen die Menschen nicht zusammen. Im Gegenteil: sie stehen zwischen den Menschen. Sie können zwar zur anschließenden Interaktion auffordern, aber sie können sie nicht ersetzen."

Fernsehen als Stimulans

Der leicht zugängliche "Zeitfüller" Fernsehen bietet den Kindern bei "Langeweile", d.h. emotional nicht befriedigender Konstitution, die Möglichkeit, sich durch äußere Reize stimulieren zu lassen. Eingeengter Handlungsspielraum, Perioden voller Langeweile und Untätigkeit können durch Sensationen und Aktionalität in den Sendungen kompensiert werden. Die Kinder erleben eine vorproduzierte Spannung und Entspannung, die lediglich auf das Medium und die Zeit des Konsums beschränkt bleibt. (79)

reizvoll

Kinder und Jugendliche müssen nicht mehr außer Hauses gehen, um etwas zu erleben. Mit Videospielen, Videofilmen und Heimcomputern sitzen sie stundenlang vor dem Bildschirm und werden in eine andere Welt versetzt: Raumschiffe explodieren, gelbe Männchen werden von Geistern gejagt, Indianer, Ritter, Monster und feindliche Roboter werden abgeknallt. Formel-1-Rennwagen rasen um die Wette, UFOs und feindliche Guerilleros werden mit Knopfdruck vernichtet. (80)

Obwohl man im Fernsehen auch Sprache hört und diese mitunter sogar Wichtigkeit erlangt, ist es gleichwohl das Bild, welches das Bewußtsein des Zuschauers beherrscht und die entscheidenden Bedeutungen vermittelt. Um es so einfach wie möglich zu sagen: Die Menschen sitzen als Zuschauer vor dem Fernseher, nicht als Leser und auch nicht so sehr als Hörer. Sie sehen fern. Und dies gilt für Erwachsene und Kinder, Intellektuelle und Arbeiter, dumme und kluge Leute gleichermaßen. Und was sie sehen, sind bewegte, ständig wechselnde Bilder - bis zu 1200 verschiedene in einer Stunde.

Man bedenke, daß die durchschnittliche Dauer einer Einstellung in einer Fernsehsendung zwischen drei und vier Sekunden und in einem Werbespot zwischen zwei und drei Sekunden beträgt. Fernsehen verlangt also ein direktes Bildererkennen, kein verzögertes, analytisches Entziffern. Es verlangt Zugreifen, nicht Begreifen.

Für Bilder gibt es kein ABC. Um die Bedeutung von Bildern verstehen zu lernen, benötigen wir keinen Unterricht in Grammatik, Rechtschreibung, Logik oder Wortkunde. Wir benötigen nichts, was einer Schulfibel entspräche, keine Hausaufgaben und keine Voraussetzungen schaffende Ausbildung. Das Fernsehen verlangt keine besonderen Fähigkeiten und entwickelt auch keine Fähigkeiten. Damerall schreibt: "Kein Kind und kein Erwachsener wird durch mehr Fernsehen zu einem besseren Fernsehzuschauer. Die erforderlichen Fähigkeiten sind so elementar, daß uns von einem Fall von Fernsehschwäche bisher noch nichts zu Ohren gekommen ist." (81)

was ist wirklich und wahr

Da die Eindrücke aus den Medien "überzeugend" sind - weil Bilder angeblich wahr sind, so muß man mit ihnen nach der Wahrheit suchen.
In den Medien ist nichts unmöglich - Menschen können fliegen und sich auflösen, wieder ganz werden. Die Symbolwelt des Kindes - eine wesentliche Hilfe zur Bewältigung von Gefühlen, wird dargestellt und regt zu intensiver Identifikation an.
Daher ist es für die Kinder wahr, daß Kitt fliegt - weil sie selber gerne größer sein wollen (als Ausgleich für ihre Kleinheit und Unterlegenheit).
Diese Eindrücke müssen ausgedrückt und verdaut werden - so wie jedes Erlebnis einer Mitteilung bedarf, damit es eine bewußte Erfahrung wird und nicht entwicklungshemmend wirkt!

D.h.: Durch die elektronischen Medien haben die Kinder Zugang zu Informationen, Themen und Situationen, die früher nicht einmal Erwachsenen zugänglich waren.
Geht man davon aus, daß Neugier ein Hauptantrieb für Lebendigkeit ist, so fällt dieser Antrieb weg, da die Kinder durch die Medien ungefragte Antworten erhalten.
Die Kinder brauchen also nicht mehr selbst zu forschen, erkunden, Grenzen überschreiten und lästig fragen, sie bekommen Antworten serviert.

verdauen statt bewahren

"Wenn das Herz voll ist, dann geht der Mund über" - diese Regel gibt besonders bei der Verarbeitung von Eindrücken, wo nicht gesprochen werden dürfte.

Die Verarbeitung von TV-Filmen soll daher
a) mit Sprache
b) mit Bewegung geschehen.
Dadurch werden die anderen Sinne angesprochen, welche in der passiven, sitzenden, schweigenden Haltung nicht betätigt würden.

Die Verarbeitungsform Rollenspiel ist daher ideal für Szenen aus Filmen, die besonders berühren.
Meist sind dies aggressive Szenen, auch verzaubern, Schnelligkeit und absurde Situationen.
Viele Erzieher haben Angst, negative (abgelehnte) Gefühle nun auch noch spielen zu lassen, man befürchtet, daß sie dadurch wahr würden. Genau das Gegenteil tritt ein - die Spannung kann entladen werden, das Kind agiert selbst und entwickelt eine verkraftbare Spielform. Das Erlebnis bleibt nicht mehr in der Fantasie, wo es sich vergrößert und Angst macht, sondern wird "begreifbar", weil es zur eigenen lustvollen Erfahrung wird.

Die Spielzeug- und Medienindustrie arbeitet hier bereits "pädagogisch" und verkauft Puppen, Stofftiere und Figuren aus den genannten Filmen und hilft so, den Kindern zu "verdauen": (Masters, Biene Maja u.a.)
Es gibt einfachere, wirksamere und vor allem "billigere" Mittel der Verarbeitung!

Wer lebendige Kinder nach dem Fernsehen beobachtet, wird sehen, daß sie sofort Rollen verteilen "ich bin der Wickie oder Michael Knight" und mit Laut, Bewegung und Getöse geht das Spiel los, bis es von selbst abebbt.
Und hier ist es notwendig, daß das Kind
a) Freiraum hat - räumlich agieren kann
b) mit anderen Kindern fernsieht und daher nachher spielen kann (alleine fernsehen ist schädlicher)
c) die Erzieher, Eltern und Erwachsenen dieses Spiel nicht mit "Wirklichkeit" verwechseln und es daher unterdrücken.

Wenn das Kind nichts mehr spielt - die gesehenen Inhalte weder nacherzählt, noch zeichnet, dann liegt der Verdacht nahe, daß das Kind bereits "verschluckt" Wie unverdaute Speisen wirken, wissen wir, dasselbe gilt für "unverdaute" Gefühle und Erlebnisse. Sie werden sich je nach Typ verschieden "äußern" - nach innen gerichtete Destruktivität, Passivität oder latente Gewalt, zerstörerisch für andere, Konzentrationsverlust u.a.

Wobei hierfür immer auch der soziale Rahmen und die Persönlichkeit (labil oder stabil) des Kindes eine Rolle spielt.
Die vorgeschlagenen Verdauungshilfen sind für die Verarbeitung von Bilderbüchern, Märchen, Geschichten genauso geeignet.

Spieltips

Rollenspiel

a) spontan ermöglichen
b) anleiten und improvisieren.

- Rollen und Situationen aus dem gesehenen Film sammeln
- Eigenschaften der Rollen festlegen
- diese Eigenschaften vor allen spielen (siehe Spots in Movement)
- die Rollen verteilen und da in größeren Gruppen immer Streit um die Hauptrolle ist - Kleingruppen bilden und jede Gruppe spielt ihre Version - und zeigt sie den anderen.

Rundumgeschichte

Die Kinder sitzen im Kreis und die Erzieherin erzählt den letzten Film (den sie vielleicht vorher mit den Kindern vereinbart hat).
Die Hauptrollen sind durchgängig die selben Kinder - die Gegenstände, Tiere und Wesen werden nacheinander von den Kindern dargestellt, bis die Szene vorbei ist - reihum bis die Geschichte aus ist oder einen erfundenen Fortgang bekommt.

Rollengeschichte

Dasselbe Prinzip, nur mit vorher verteilten Rollen (Zettel, Symbole oder Absprache) und die Kinder steigen in die Szene ein, wenn sie genannt sind. Vorbereitung mit einfachen Utensilien ist günstig.

Wild-West-ABC

Die Kinder zeichnen die Gegenstände und Personen, die einen Held oder Star ausmachen, bzw. die er/sie braucht um das zu sein. Die Bilder werden ausgestellt und anschließend werden die Gegenstände gebastelt - Pistole, Schwert etc.
Anschließend gibt es Duelle - die Spielregeln werden vorher vereinbart.
Wer zuerst die Hand vorne hat, ist Sieger.
Wiederholen und Gespräch:
- Wie fühle ich mich als Sieger?
- Wie als Besiegter?
- Was gefällt mir an der Siegerrolle?
- Wann fühle ich mich noch stark - wann schwach?
- Welche Lösungen gäbe es noch, wenn sich zwei streiten? Wo erlebe ich Streit? Wann macht es mir Angst? Was kann mir helfen? ... usw.

Kinderzeitung machen

1. Gibts kaum, ist ganz ungewöhnlich - und Ungewöhnliches macht oft besonderen Spaß.
2. Eine im-Zeitung-machen erfahrene Begleitperson ist wichtig.
3. Gute ästhetische Kriterien sind vor allem solche, die selbst bestimmt wurden: Was schön, originell, lustig, ausdrucksstark, grammatikalisch richtig ist, bestimmen die Kinder. Nur so kann langfristig die Freude am Schreiben und Lesen gefördert werden.
4. Das Machen ist wichtiger als die Meinung Außenstehender, d.h. eine solche Zeitung ist nur zum Teil für Öffentlichkeitsarbeit geeignet.
5. Kinder sind selten beständig: auf regelmäßiges Erscheinen sollte daher wenig Wert gelegt werden. Presserechtliche Überlegungen sind hier ohnehin bedeutungslos.
6. Bestimmte Anlässe (Veranstaltungen) eignen sich besonders für die Herausgabe.
7. Eine eigene Comicfigur ist sehr wichtig.
8. Auch eine Wandzeitung oder vier A5-Seiten sind ein Erfolg. (82)

Bilderfolge

Geschichten aus einer Bilderfolge erfinden:
Aus einem Haufen kleiner Bilder holt sich jedes Kind (per Zufall!) 6 Bilder heraus; die Bilder werden aufgeklebt und jedes Kind denkt sich eine Phantasiegeschichte zu diesen Bildern aus (das sollte der Erwachsene vormachen, weil es wirklich nicht einfach ist); Jedes Kind erzählt seine Geschichte.

Diapositive herstellen:
Folien im Format 35 x 37 mm vorschneiden, bzw. auf größeren Folien einrahmen; mit verschiedenen Techniken (wasserfeste Filzstifte) kann nun darauf gezeichnet werden; Einspannen der Folien in einen Diarahmen; Projektion mit einem Diaprojektor; noch effektvoller ist das Arbeiten mit Glasplättchen oder Plastikplättchen im Format 50 x 50 mm, die dann direkt in den Projektor passen (vielleicht ist ein Vater Glaser). (83)

Günstig wäre, wenn eine Videokamera zur Verfügung gestellt wird, damit die Kinder die Technik eines Filmschnittes, die Manipulierbarkeit, erfahren können. Auch Informationen über Tricks sind ab einem gewissen Alter interessant.
Es nimmt keineswegs die Spannung beim Zusehen, hilft aber, das Geheimnis und die Autorität des Mediums zu durchschauen.
Literatur dazu gibt es massenhaft - die Umsetzung scheitert noch immer an der ängstlichen Bewahrpädagogik.

der Computerfreund

Gründe für die Attraktivität elektronischer Spielmittel:

- Elektronische Spiele sind spannend, weil der Computer ständig wechselnde, neue Konstellationen darstellt, auf die zu reagieren ist.

- Die Spiele vermitteln ein Gefühl von "action": Sich schnell ändernde optische und akustische Reize, erfordern häufige Geschicklichkeitsreaktionen und vermitteln dadurch das Gefühl, daß "etwas los ist".

- Die Faszination von Technik und die mystische Anziehungskraft des Geheimnisses: Wie es genau funktioniert, kann kaum jemand erklären - einer der Gründe, die Geräte interessant zu finden. Das erklärt auch, weshalb viele Spiele dann an Attraktivität verlieren, sobald die Spielanforderungen und der Ablauf bekannt und geübt sind.

- Eine Steigerung des Selbstwertgefühls wird durch das rein manuelle Beherrschen der Abläufe hervorgerufen: mit ein paar Knopfdrücken soviel bewirken zu können. Die Illusion, Herr des Apparats zu sein, wird durch ständige Rückmeldung gefördert.

- Der Zugang zu diesen Spielen ist an keine besonderen Voraussetzungen geknüpft, es ist für alle Schichten sehr schnell (visuell!) erlernbar.

Die Lernwirkung elektronischer Spielmittel:

- Das Spiel ist generell ebenso ein Erziehungsfaktor wie die Worte der Großeltern oder die Beschaffenheit der Wohnumwelt. Durch ständiges Wiederholen werden im Spiel Verhaltensweisen gelernt und geübt und nebenbei Werte, Normen und Gewohnheiten vermittelt.

- Fernsehgewohnte visuelle Wahrnehmungsfähigkeit und feinmotorische Reaktionsschnelligkeit wird beim Umgang mit elektronischen Spielen trainiert und gefördert. Bei einigen Spielen kommen Gedächtnis-, Kombinations- und Strategieleistung hinzu.

- Zahlreiche elektronische Spiele (vor allem LCD- und Videospiele) simulieren aggressive Handlungen (abschießen, zerstören, auffressen, kämpfen mit Waffengewalt). Sie sind bei vielen Spielen der einzige Spielablauf und symbolisierte Inhalt. Die Wirkung dieser Spiele besteht nicht unbedingt in einer Steigerung des Aggressionspotentials beim Spieler, sondern in der Vermittlung und Gewöhnung an eine aggressive und destruktive Wertvorstellung.

- Besonders wichtig ist es, festzuhalten, welche Verhaltensweisen im Gegensatz zu den meisten anderen Spielen bei elektronischen nicht gelernt und geübt werden: direkte soziale Kommunikation (Gespräch, gemeinsames Tun), kooperatives soziales Verhalten, Kreativität und Phantasie (außer die zur Entschlüsselung der Bildsymbole notwendige Vorstellungskraft).

Gefühle finden auf Seiten des Spielpartners Computer nicht statt: das Spielprogramm lacht nicht, mogelt nicht, ärgert sich nicht. Und ist auch niemals abgelenkt, höchstens mal kaputt oder ohne Strom...

Allerdings sind auch interessante, pädagogisch nützliche Spiele auf Computern denkbar. Mit Homecomputern können Kinder und Jugendliche überhaupt viel mehr anfangen: selbst Programme erarbeiten, malen, Musik machen (sogar komponieren), Lernprogramme bearbeiten, logisches Denken lernen, kreative Lösungen suchen. Trotzdem kommen auch hier das Sozialverhalten, Emotionalität und Körperlichkeit zu kurz. Im Umgang mit Computern findet eine allseitige Förderung des Menschen (Geist-Seele-Körper) nicht statt. Diese Kritik kann jedoch bei sehr vielen anderen kulturellen und Freizeitaktivitäten auch vorgebracht werden.

Die Alternativbewegung, der "Psycho-Boom", der Selbermachentrend sind zwar eine erstarkende Reaktion auf die zunehmende Elektronisierung der Konsum- und der Leistungsgesellschaft. Aber mit Müsli und Holzspielzeug lockt man kein Kind vom Telespiel weg. Eine aktive Auseinandersetzung mit der Entwicklung halte ich für wirkungsvoller. Wir müssen uns sachkundig machen, um differenziert Einfluß nehmen zu können. Eltern müssen Computer kennenlernen, Kinder müssen Telespiele kritisieren können, Sozialpädagogen dürfen nicht in die traditionelle musische Bildung zurückfallen. (84)

Ausgehend von der "Diagnose" findet die Erziehung auch Hilfen:

z.B.:
"Ohne Computer bin ich nichts". Das Erlebnis Computer vermittelt das Gefühl von Bedeutsamkeit, hohem Prestige und gewichtigem Einfluß. Eine intensive, unaufgeklärte, spielerische Beschäftigung mit Computern in Kindes- und Jugendjahren fördert nicht ein kritisches Urteilsvermögen. Weiters vermittelt es eine Fehleinschätzung bis Überschätzung eigener Macht.

Jugendliche entwickeln ein richtiges Freundschaftsgefühl zu ihren Geräten, sie brauchen nicht mehr so sehr menschliche Freunde. Die Isolation wächst, der Kontakt zur Umwelt geht verloren.

Die Computersprache begrenzt die Kreativität der Kinder und Jugendlichen.

Aggressionen werden nur abreagiert, nicht bewältigt. Nach stundenlangem Schießen, Wettrennen bleibt beim Spieler nur ein Gefühl der Leere zurück.

Es fördert die Akzeptierung der Abhängigkeit von technischen Geräten im privaten und beruflichen Bereich.

Impuls „Medien“

Die elektronischen Medien antworten auf Mängel:

Wie stehen Sie als Erzieher dieser Realität gegenüber?

Wie können Sie durch Ihre pädagogische Arbeit auf diese Mängel reagieren?

Kennen Sie Bedürfnisse Ihrer Kinder? Kreuzen Sie die Ihnen bekannten an - bzw. ergänzen Sie:

o Orientierung
o Sicherheit
o Nähe
o Lust, Spaß
o Spannung, Neugier
o Aggression
o sich messen
o
o
o

Wie spannend ist Ihre Erziehungsarbeit?

Welche Ablenkungs- und Fluchtmittel verwenden Sie selbst?

Was ist Ihre Aussage über "das Leben"?
"Man lebt um .....

Impuls „TV in der Familie“

	1	2	3	4	
1) Ich finde, das Fernsehen fördert unser Familienleben					... stört unser Familienleben
2) Wenn die Kinder vor dem Fernseher sitzen, hab ich endlich Ruhe					... habe ich ein schlechtes Gefühl
3) Wir verwenden das Fernsehen zur Belohnung, Fernsehentzug zur Bestrafung der Kinder					Fernsehen ist kein Erziehungsmittel bei uns
4) Wir wählen das Programm bewußt vorher aus und halten uns daran					Wir streiten uns ums Programm
5) Die Frage, welches unserer Kinder was sehen dürfen, ist uns egal					... ist Quelle von Auseinandersetzungen bei uns
6) Wenn das Fernsehen läuft, müssen alle ruhig sein					Kommentare oder persönliche Kontakte haben bei uns Vorrang vor dem Fernsehen
7) Knabbern, naschen und trinken gehören bei uns zum Fernsehen					Während des Fernsehens wird bei uns nichts konsumiert
8) Nach dem Programm machen wir noch etwas gemeinsam oder jeder macht etwas für sich					Nach dem Fernsehen geht jeder gleich ins Bett

Tragen Sie Ihre Tendenzen ein und tauschen Sie mit anderen Ihre Erfahrungen aus!

erleben statt vertrösten

Die Lust und die Hoffnung der Kinder, irgend etwas Neues und Aufregendes, etwas Veränderndes in der Wirklichkeit zu erleben, ist nicht totzukriegen. Zwar wird versucht, sie in dem Angebot fiktiver Abenteuer, die das Fernsehen ausspuckt, die als Comic-Heft auf den Markt geworfen werden, zu ertränken, aber die Lust auf Abenteuer in der Wirklichkeit kann die Gesellschaft damit nicht befriedigen. (85)

Erlebnis und Ergebnis oder Prozeß und Produkt sind in der Gesellschaft meist streng getrennt:

"Iß brav, damit du groß und stark wirst"
"Lern fleißig, damit einmal etwas aus dir wird"
"Arbeite tüchtig, damit du dir einmal etwas leisten kannst"

Damit das spätere Ergebnis als wertvoll betrachtet werden kann, wird vom Erlebnis auf dem Weg dorthin verlangt, daß es unangenehm, ja quälend ist.

In diesem Klima sind angenehme Erlebnisse

a) kaum noch wahrnehmbar. Eine Erlebniskultur ist bei uns kaum vorhanden, bzw. gleich mit Alkohol oder anderen Drogen entfremdet (oder vermarktet in "Urlaubserlebnispakete" - Anm.d.V.).
b) geringgeschätzt. Wenn etwas lustig oder wohltuend ist, dann "kommt ja nichts dabei heraus". In diesem Sinne gilt für viele ansonsten ernstzunehmende Pädagogen, daß Spielen ja nichts mit Bildung zu tun haben könne. (86)

Kreative Medien

sich ausdrücken und mitteilen

Kreative Medien sprechen eine Vielzahl von Sinnen und Ausdrucksmöglichkeiten des Menschen an. Sie ermöglichen ein ganzheitliches Arbeiten, wie es insbesondere von den Schulen der humanistischen Psychologie gefordert wird.

Kreative Medien ermöglichen, daß durch sie bisher Ungesagtes ausgedrückt werden kann. Erleben kann zur Sprache kommen, für das der Kopf bis dahin noch keine Denkmuster hatte. (87)

Unsere Sprache ist
a) nur eines von vielen Ausdrucksmitteln, die uns zur Verfügung stehen, und
b) oft selbst zum Bestandteil unserer Probleme und Störungen geworden (Sprachlosigkeit, Klischeesprache, Rationalisierungen sind einige vervreitete Merkmale).

Andere Ausdrucksmittel helfen uns,
a) Abwechslung zu erleben, das erhöht die Lust an der Kommunikation;
b) eingefahrene Kommunikationsmuster zu verlassen;
c) neue, bisher verborgene Aspekte unserer Gedanken, Gefühle, Wünsche zu verdeutlichen -- für uns selbst und für andere.

Solche Medien sind
- Rollenspiel
- Körperausdruck und Bewegung
- Zeichnen und Malen
- Material formen (Ton etc.)
- Collage
- Figuren und Puppen
- Gegenstände aus der Umgebung
- Fotos

Pädagogische oder therapeutische Arbeit mit kreativen Medien erfordert allerdings eine spezielle Erfahrung und Schulung, da in unseren üblichen Bildungssystemen diese integrative Arbeitsweise nicht oder kaum vorgesehen ist. (88)

Medien sind Experimentierfeld für neue Erfahrungen und alternative Lösungsmöglichkeiten.

a) Ich-stärkende und Ich-stützende Funktionen
b) Übende und anbahnende Funktionen

Die Freude an der kreativen Gestaltung wird zu neuem Leben erweckt. (89)

Um diesen Ansatz der Kreativierung zu entfalten, ist es im Rahmen pädagogischer Tätigkeit nötig,

Keine Angst vor Fehlern

- Blockierungen für kreatives Verhalten abzubauen und zu vermeiden, wie z.B. die Furcht, Fehler zu machen, das Bedürfnis, möglichst schnell irgendeine Lösung zu finden, übertriebenes Streben nach Sicherheit, Lernen in Angst, mangelndes Vertrauen in die eigenen Fähigkeiten, ausschließliche Orientierung an kulturellen Traditionen, Normen und Werthierarchien,

Reale Probleme

- Problembewußtsein bei den Kindern zu aktualisieren, und zwar nicht durch Zitat oder Beschwörung, sondern durch Bezug auf reale Bedürfnisse und Erfahrungen bei konkreten Tätigkeiten,
- an reale Probleme anzuknüpfen, die im Erfahrungsbereich und in der Perspektive der Kinder liegen und die wenigstens ansatzweise gelöst werden können durch den kreativen Einsatz von Medien und Materialien, durch kreatives Verhalten,

Situationen verändern

- Erkennen und Verändern in Situationen mit Wirklichkeitscharakter anzusiedeln, damit kreatives Denken nicht losgelöst von Handeln vermittelt wird,

Zusammenhänge sehen

- die Komplexität der Wirklichkeit in der Lernsituation abzubilden, damit einerseits Kreativität nicht durch Vielschichtigkeit im Ernstfall blokkiert wird, andererseits der komplexe Anregungscharakter der Wirklichkeit zur Stimulierung kreativen Verhaltens dienen kann.

Ein weiterer Hinweis zur Förderung kreativen Verhaltens ist die Hinwendung zu und das Akzeptieren der spezifisch kindlichen Aneignungsformen, die gekennzeichnet sind durch den engen Bezug zwischen Erkennen und Handeln im kindlichen Lernprozeß (soweit dies nicht durch Institutionalisierungen und Formalisierungen deformiert ist).

Kreativität als verändernde Tätigkeit entspricht besonders dem kindlichen Interesse an Gegenständlichkeit, am Entdecken und Erforschen bei der Auseinandersetzung mit der materiellen und sozialen Umwelt. Möglichkeiten zu praktischen, gegenständlichen Tätigkeiten und zu Eigenaktivität im Rahmen offener Lernsituationen mit konkreten Problemstellungen bereitzustellen, ist die wichtigste Maßnahme der pädagogischen Organisation, mit der sie der Forderung nach wünschenswerten Bedingungen für Kreativitätserziehung gerecht wird. (90)

Kreatives Klima

Kreatives Klima entsteht durch:

1) wertschätzende Haltung

eine wertschätzende, offene Haltung des Erziehers: weder bewerten (mit gut und schlecht) noch interpretieren ("das bedeutet"). Je mehr das Kind experimentieren darf, desto mehr wird es "herzeigen":

2) Wahl der Ausdrucksmittel

daher ist der Wechsel der Ausdrucksmittel von enormer Bedeutung bzw. auch die Wirkung ist verschieden:

Der Gebrauch bzw. die Wahl bestimmter Farben und Malmaterialien enthält schon eine mehr oder weniger bewußte Aussage, die sich dem Empfinden des Betroffenen nach nicht nur mittels Linien oder Flächen und des Gegensatzes von Hell und Dunkel adäquat wiedergeben läßt. Mit Filzstiften lassen sich z.B. schnell lebendig-bunte Wirkungen flächenhaften Malens erzielen; Farbdifferenzierungen und feinere Details sind damit schwerer herauszuarbeiten. Sie sind geeignet, um schnellen, spontanen intensiven Gefühlen Ausdruck zu verleihen. Buntstifte dagegen fordern wenig zum flächigen Malen auf. Es werden damit eher Bilder im Stil von Zeichnungen mit mehr leichtem, schwebendem, unverbindlichem und distanziertem Charakter gefertigt. Eventuell bringt der einzelne dadurch eine Art Kontaktvermeidung zum Ausdruck.

3) einstimmen

Jedes Ausdrucksmalen braucht auch Einstimmung und Atmosphäre -
- Entspannungsübungen
- Musik
- Text
- Betrachten des leeren Blattes

Es ist auch ein Unterschied, ob ich am Boden oder an der Wand oder bei Tisch male, d.h. die Körperlage und -haltung fließt mit ein.
Kinder malen lieber am Boden!

4) experimentieren

Mit Buntstiften können jedoch auch transparente Farbwirkungen erzielt werden, in denen sich vielleicht die verschiedenen psychischen Tiefendimensionen spiegeln.
Wachskreiden können weiche fließende Gefühle hervorrufen, sie bieten ein breites Spektrum von Ausdrucksmöglichkeiten, wie warme, weiche, dunkle mystische Stimmungen.
Bei Wasserfarben begünstigt das charakteristische fließende Element das Fließen von Gefühlen.
Fingerfarben zwingen zu großzügigem Malen und ermöglichen einen direkten sinnlichen Kontakt der Hand mit dem Papier und den Farben. Fingerfarben können, je nach Erfahrungshintergrund, sowohl einen hohen Aufforderungscharakter für den Betroffenen haben, aber auch unbewußte Ängste auslösen (besonders bei älteren Jugendlichen und Erwachsenen, die das Malen mit Fingerfarben als "kindisch" ablehnen).
Die Ursache können Ängste vor intensiver sinnlicher Erfahrung sein oder Ängste vor unbewältigten Kindheitssituationen, wie fehlgelaufene Sauberkeitserziehung. (91)

5) betrachten

Aufarbeitung - die Bilder aufhängen - am Boden auflegen, herumgehen und betrachten - welches Bild spricht mich noch an - gefällt mir noch - was daran - woran erinnert es mich ... welchen Laut könnte ich dazu machen, an wen denke ich dabei ...

Spieltips

Kontakt Malen

Kontaktmalen in Vierergruppen

Jede Vierergruppe erhält ein ca. 1 m^2 großes Blatt Papier mit etwa folgender Aufteilung:

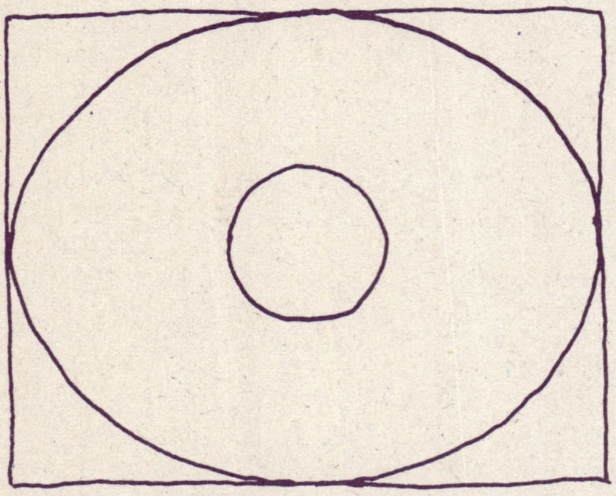

und Farben, sowohl zum flächigen wie auch linienförmigen Malen. Der Malprozeß gliedert sich nun in drei Phasen:
- Als erstes erhält jeder eine der vier äußeren Ecken des Blattes, auf der er, ohne an ein bestimmtes Thema gebunden zu sein, aus dem Gefühl heraus etwas malen kann, ohne sich dabei mit den anderen drei Teilnehmern abzusprechen; es wird also nonverbal gemalt.
- Als nächstes gilt es, den äußeren Kreis ohne gegenseitige Absprache auszumalen, indem jeder reihum die begonnene Figur des Vorzeichners aufnimmt bzw. direkt daran ansetzend weiterführt.
- Zuletzt sollen die vier im gemeinsamen Gespräch herausfinden und sich einigen, wie sie das Zentrum gemeinsam gestalten möchten. (92)

Die Partner sitzen einander gegenüber (am besten auf dem Boden); zwischen ihnen liegt ein in drei Teile geteiltes Blatt Papier. Jeder beginnt auf seiner Seite - ganz für sich -, irgendeine willkürliche Form zu malen. Diese Form wird laufend - jeweils mit einer kleinen Veränderung - weitergemalt, wobei die Partner langsam aufeinander zuarbeiten und versuchen, in der Mitte aufeinander zu treffen. Dabei sollen die beiden Formen sozusagen ineinander überlaufen und ein Grundmuster ergeben.

Jeder wählt eine Farbe, die einen für ihn wesentlichen Aspekt seiner selbst ausdrückt, und sucht sich schweigend einen Partner mit einer anderen Farbe. Die Partner setzen sich einander gegenüber und legen einen Bogen Papier zwischen sich. Schweigend und gleichzeitig sollen nun beide - jeweils mit der Hand, mit der sie sonst nicht schreiben - nach den folgenden Regeln malen:

Mögliche Spielregeln:
- sich aus dem Weg gehen:
  Gehe dem anderen aus dem Wege, vermeide Berührungen der Farben und Formen, interessiere dich nicht für das, was der andere malt.
- gegeneinander kämpfen,
- sich gegenseitig befehlen,
- jeder malt dasselbe,
- auf Vorhandenes eingehen und sich ergänzen,
- einander begegnen:
  Beginne für dich zu malen und begegne dabei den andern mit Zeichen und Reaktionen.

Zeichenroulette

Jedes Kind erhält ein kleines Blatt (A4) und beginnt beliebig zu zeichnen. Bei einem Signal wird das Blatt nach links weitergereicht und das Nachbarkind macht weiter - solange weitergeben, bis das Blatt wieder zurückkehrt. Einen Namen für das Bild finden - alle helfen mit,und eventuell einen Werbespruch, eine Geschichte etc. daraus machen. (94)

Kreisblatt

Jedes Kind erhält einen halben Bogen Packpapier (=A2) und verschiedene Farbmaterialien. Das Blatt ist durch 4 horizontale und 4 vertikale Linien unterteilt, unregelmäßig geschwungen - es entsteht eine Art Netz mit Feldern. Nun beginnt jedes Kind in einem der Felder nach Impulsen zu malen und gibt es nach jedem Feld nach links weiter - so malt es nach einem neuen Impuls auf einem neuen Blatt weiter.
Sollten die Kinder ihr Produkt noch nicht weitergeben wollen, so sind Vorübungen notwendig (z.B. Grenzen übermalen, einen Baum gemeinsam gestalten).

Die Impulse können sein

- welche Farbe mag ich jetzt am liebsten
- wenn ich im Raum herumsehe, welcher Gegenstand gefällt mir
- male die Haare deines Nachbarn
- eine neue Kleidung für dich
- ein abschreckendes Gesicht
- eine Blume, die du magst
- einen Fantasiedrachen
- ein Haus, wo du gerne wärest
- einen Zauberbaum
- ein Geheimnis
- ein Geschenk für deinen Nachbarn.

Am Ende erhält jedes Kind sein Bild zurück und kann nun raten, wer welchen Teil gemalt hat und warum es so vermutet. (93)

Arbeiten mit Ton

Wie die meisten Materialmedien, ist auch Ton vor allem ein Ausdrucksmedium und in der Kommunikationsform eher auf die Kommunikation mit der eigenen Person gerichtet. Da das Tongebilde - solange es nicht getrocknet ist - ständig umgestaltet werden kann, kann der Betroffene Themen entwickeln und sie nach dem inneren Fluß seiner Gefühle und Phantasien entfalten. Große Wirkung hat auch die dreidimensionale Gestaltungsmöglichkeit, so daß der Betroffene den "Ausdruck seines inneren Erlebens" von allen Seiten betrachten und befühlen kann. Es kann damit eine hohe affektive Ladung enthalten.

1. Phase:
Die Kinder sitzen im Kreis - am Boden und erhalten gleich große Tonhügeln - sie schließen die Augen (wer nicht kann, soll auf die Decke sehen) hört auf die Musik und läßt nun die Tonhügel durch die Hände kneten - an Atmung erinnern. Nach einer bestimmten Zeit die Tonformen betrachten und sagen, was man sieht - "es sieht aus wie ...".

2. Phase:
In Kleingruppen zu 4 Kindern
Kleingruppen zu etwa je vier Kinder erhalten einen Klumpen Ton. Die Anleitung erfolgt dementsprechend wie oben, jedoch mit der Abwandlung, daß die Teilnehmer den Ton unter sich aufteilen und jeder aus seinem Tonklumpen nochmals, entsprechend der Zahl der Kleingruppenmitglieder, vier Tonbälle formt. Aus dem ersten Ball formt und gestaltet er wie obengenannt und gibt das Gebilde dann an den rechten Nachbarn weiter, der nun mit seinem zweiten Ball an das Gebilde ansetzt und es weitergestaltet, bis jeder an jedem Gebilde mit seinen Tonbällen angesetzt und geformt hat. (95)

Der aggressive Aspekt wird beim Arbeiten mit Ton sehr deutlich, wobei freilich auch noch der frühkindliche anal- bzw. fäkalerotische Gesichtspunkt hinzukommt. Der Ton wird wohl auch zu sehr ansprechenden Gebilden verarbeitet, aber die eigentliche Lustentfaltung liegt woanders: er wird geklopft, geknetet, gequatscht, man beschießt sich gegenseitig damit, man steckt Klötze und Stäbe hinein, man steckt den Finger hindurch, man zerstört eigene und fremde Gebilde. Es ist auch hier eine äußerst schwierige Aufgabe, gerade bei diesen "dynamischen" Kindern, eine genügend starke Motivation für ein Werkinteresse aufzubauen und es ist vor allem schwierig, ohne autoritäre Haltung der Betreuer - die wir immer wieder versuchen auszumerzen - die Kinder zu einem organisierten Spiel zu animieren. (96)

Impuls „Ausdruck"

Wieviel durften Sie als Kind matschen, mit Erde und Sand und Ton spielen?

Erfinden Sie ein Märchen, welches zu Ihrer Lebensgeschichte paßt - und welche Märchenfigur würden Sie gerne sein?

Gönnen Sie sich einen Tagtraum und sogenannte unnötige Fantasien?!

Welche Ausdrucksmittel verwenden Sie selbst gerne?

Zeichnen oder malen Sie Ihre momentane Stimmung - wie reagieren Sie auf diesen Impuls?

Kinder-Kunst-Kultur

Vielleicht haben Sie als Leser/in bereits mit Entsetzen einige Vorstellungen über das kreative Klima entwickelt - wo Farben auf den Wänden, Ton in den Haaren und auf anderen unpassenden Plätzen landet.
Struktur ermöglicht Spontanität und Kunst entsteht aus dem Chaos ... diese Spannungsfelder lassen die Gestaltungsfreude entstehen:

Im Wort "Kunst" vereinigen sich Erfahrungswissen, Fertigkeit, Ausdruck, Formbildung, Erfindung und Empfindung. Wenn wir von der klassischen Kunst absehen, erleben wir die kreative Fähigkeit, sich "künstlerisch" zu betätigen, bei allen Menschen. Der Mensch im Urwald, der Bauer, aber auch der Städter ist fähig, dem, was er empfindet, auch Ausdruck zu verleihen, wenn er sich auf das, was in ihm und um ihn geschieht, für einige Augenblicke konzentriert und es wirken läßt. Dieser Ausdruck kann oft eine besondere Formgebung finden, was vom Kulturkreis, von der Persönlichkeitsstruktur und auch vom situativen Zusammenhang bestimmt ist. Künstlerisch tätig zu sein ist eine menschliche Eigenschaft und eine große Fähigkeit. Kunstempfinden gehört zum Menschen; man braucht es sich nicht erst anzueignen. Diese Fähigkeit zur Kunst erlaubt dem Menschen, auch Unerlaubtes, Beeindrukkendes, Unsagbares, Numinoses, Irrationales auszudrücken und ihm eine Form zu geben.
Kunst verbindet und versöhnt Körper, Sinne, Visionen, Phantasien, Mensch und Mensch, Mensch und Natur, Mensch und Materie.

Der Prozeß der Formbildung, der im künstlerischen Tun stattfindet, schafft eine Verwandlung aller dieser Elemente. Neue Gestalten werden durch das "ritualisierte Spiel" bei der Vereinigung kreativer Elemente geboren. (97)

Die Vereinten Nationen haben das Jahr 1979 zum "Internationalen Jahr des Kindes" erklärt. Damit sollen die Bedürfnisse von Kindern in den Mittelpunkt des weltweiten Interesses gestellt werden, denn es kann nicht geleugnet werden, daß die Bedingungen, unter denen die meisten Kinder aufwachsen, nur unzulängliche Entwicklungsmöglichkeiten bieten.

In der Bundesrepublik Deutschland hat die "Nationale Kommission zur Vorbereitung des Internationalen Jahres des Kindes" Aufgabenschwerpunkte für die unterschiedlichen Bereiche der Arbeit mit und für Kinder formuliert:

"Die in der außerschulischen Bildungsarbeit angewandten und gepflegten Grundformen des Miteinander, wie Gespräch, Diskussion und Erfahrungsaustausch, Spiel, Sport, Feier, Theater, Spielplatz- und Straßenfest, Tanz, Musik, Geselligkeit und Familienaktivitäten und auch die Vermittlungsformen, wie spielerische Beschäftigung, Arbeit an situations- und lebensbezogenen Projekten und Aufgaben, ermöglichen eine starke Aktivierung des Kindes, die freiwillige Bildung von Interessengemeinschaften und geben ihm die Möglichkeit, seine Bedürfnisse und Interessen unter starker Selbstbeteiligung und gleichzeitiger Hilfestellung von Erwachsenen zu artikulieren und zu verwirklichen. In der Vertrautheit der kleinen Gruppe erfährt und erlebt das Kind zugleich Möglichkeiten und Formen gesellschaftlicher Mitgestaltung und Verantwortung. Außerschulische Bildungsarbeit kann damit einen Beitrag dazu leisten, daß Kinder nicht, wie es heute vielfach geschieht, zu Objekten von Erziehung werden, sondern in zunehmendem Maße als Persönlichkeiten und in ihren Bedürfnissen respektiert werden."...

gemeinsam schöpferisch

"Musisch-kulturelle Bildung weckt schöpferische Fähigkeiten und Kräfte des Menschen im intellektuellen und emotionalen Bereich und stellt Wechselbeziehungen zwischen diesen Fähigkeiten und Kräften her. Sie spricht alle Menschen, in jedem Alter, in jeder Schicht, gesund, behindert oder krank, an. Sie ist selbst da noch wirksam, wo menschliche Sprache versagt. Insbesondere will musisch-kulturelle Bildung den einzelnen und den einzelnen in der Gemeinschaft:

- zu einer differenzierten Wahrnehmung der Umwelt anregen und sein Beurteilungsvermögen für künstlerische oder andere ästhetische Erscheinungsformen des Alltags fördern.
- zu eigen- und nachschöpferischen Tätigkeiten hinführen. Diese Tätigkeiten tragen zur Entfaltung von Begabungen, Neigungen und Fähigkeiten bei und vermitteln Befriedigung und Freude am Tun, fördern kommunikative Verhaltensweisen und erleichtern soziale Bindungen.
- in seiner intellektuellen Bildung vervollständigen. Die Angebote musisch-kultureller Bildung und intellektuellen Bildung ergänzen einander.
- in seiner Persönlichkeitsbildung und -entfaltung fördern, ihn harmonisieren und zur Selbstverwirklichung führen. Des weiteren hat musisch-kulturelle Bildung über ihre anthropologische und pädagogische Bedeutung hinaus einen besonderen heilpädagogisch-therapeutischen Wert.

Diese Ziele zu erreichen, bedarf es sicherlich einer kontinuierlichen, intensiven und kooperativen Kulturarbeit der verschiedensten Institutionen, die sich mit kultureller Bildung befassen. Es bedarf vor allem der intensiven Förderung kindlicher Eigeninitiative im kulturellen Bereich. Insgesamt sollte die Förderung weniger darauf gerichtet sein, Kultur für Kinder zu machen - obwohl auch hier Defizite zu beseitigen sind - sondern darauf, Kinder zu eigenen kulturellen Aktivitäten zu ermutigen. So lernen sie, ihre Situation in der Gesellschaft zu begreifen und darzustellen. Damit können sie auch Erwachsenen Denkanstöße vermitteln. (98)

lebendige Formen

Die Lebendigkeit wird meist durch entfremdete Lehr- und Lernziele unterbunden! Wenn das Vorhaben des Gruppenleiters, der Erzieherin nicht zur Situation der Kinder paßt:
Jedoch leisten Kinder viel, um sich anzupassen, nur damit sie dabei sein können.
Eine lebendige Gruppenarbeit versucht nun Prozeß und Struktur, Erlebnis und Ergebnis abzustimmen.

Wohltuend ist:

- wenn sich die Kinder verstanden fühlen, d.h. die Erzieherin, der Gruppenleiter, hellhörig ist und die Atmosphäre, Stimmung in der Gruppe wahrnehmen kann.
- wenn sich die Kinder ausdrücken dürfen, Böses und Gutes gleichwertig als Ausdruck von Erlebtem aufgenommen wird.
- wenn spielerische, kreative Möglichkeiten angeregt werden, diese Erlebnisse begreifen zu können.

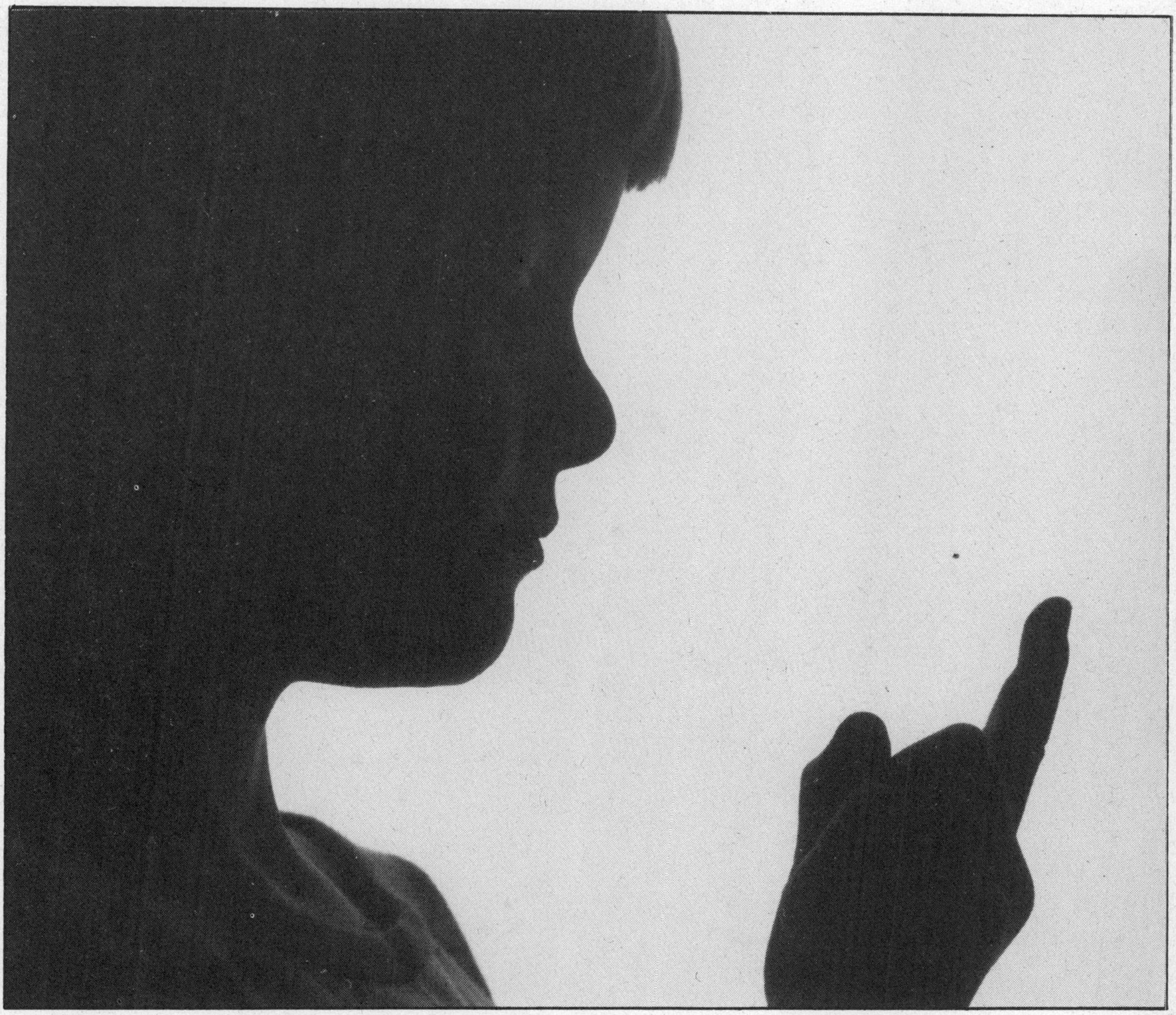

Spieltips

Erlebnissen nachspüren

Wetterbericht

Die Kinder sitzen im Kreis und jedes Kind sagt, wie es ihm geht -
a) offene Antworten, was kommt, kommt
b) gezielte Fragen:
die Erzieherin kann differenzierte Fragen einbringen:
- wie geht es dir mit deinen Geschwistern
- was macht dein Papa
- wie schmeckte dir das Frühstück
- hast du dich schon geärgert
- hast du gut geschlafen
- was hast du geträumt ?

Diese Fragen stehen mit Symbolen auf einer Tafel oder großen Karte mit Punkten von 1 - 6.
Ein großer Würfel geht reihum und je nach gewürfelter Zahl antwortet das Kind auf die entsprechende Frage.
Die Wetterberichtsfragen können nach einer gewissen Zeit ausgetauscht und intensiviert werden bzw. auch zu Themen.

Achtung: das Interesse an den Kindern und nicht schulisches Abfragen (Kontrolle) ist hier gemeint. Falls diese Atmosphäre nicht da ist - lieber bleiben lassen.

Atmosphäre darstellen

in Haltung - zuerst Bewegung zulassen, bewegen und tun, wie es nur gerade geht und dann eine Statue machen

als Tier - welches Tier möchte ich sein? darstellen und sich einen Platz suchen

im Raum - im Raum bin ich am liebsten - sich dort niederlassen

als Märchenfigur - was möchte ich jetzt/heute sein. Spielen lassen zu Musik

anschließend - Runde und mitteilen
- was heute angeboten wird
- wozu das Kind fähig und bereit ist
- was sich aus der Anfangsphase ergeben hat.

Traumgeschichten

Die Kinder erzählen in der Morgenrunde ihre Träume - wobei vielleicht jeden Tag 2 - 3 möglich sind.
Bei Kindern vermischen sich Tag- und Nachtträume, das deutet auf ihre Form von Erlebnisverarbeitung hin.

1. Schritt: sprachlicher Ausdruck
2. Schritt: Identifikation - die Traumfiguren und Situationen werden gespielt: das träumende Kind schaut zu und gibt ev. Handlungsanweisungen - die Erzieherin bleibt in der Nähe.
3. Schritt: Rückmeldung des erzählenden Kindes:
- das gefällt mir am Spiel
- das nicht, macht mir Angst oder Wut.
4. Schritt: Integration - die beiden Seiten werden von zwei Kindern in der Mitte in Dialogform gespielt. Es kann zu Sieg oder Versöhnung kommen.
5. Schritt: Beschreibung der Schlußphase. Das Kind beschreibt was es gesehen hat und wie es ihm jetzt geht. Oftmals genügt das einmalige Darstellen, damit das Kind besser mit seinen Gefühlen umgehen kann - denn es hat sich ausgedrückt.

Feriengeschichten

Alle Kinder sitzen in einem losen Kreis oder im Raum verteilt auf dem Boden. Um jeden herum ist ein bißchen Platz.

Die Kinder sollen ihren vergangenen Ferien nachspüren, sich an aufregende, schöne Orte erinnern. Dann beginnt ein Kind, eine Körperhaltung einzunehmen, die mit den Ferien zu tun hat. Die übrigen Kinder ahmen diese Körperhaltung möglichst genau nach. Dann sagt das Kind einen erklärenden Satz zu seiner Haltung, z.B.: "Ich bin der Kurt und ich liege im Zeller Strandbad und träume von einem Eis". Alle Kinder wiederholen Kurts Satz. Das nächste Kind kommt dran usw.

Die einzelnen Spielschritte können langsam aufeinander folgen.

fantasieren und gestalten

Gestaltpädagogische Arbeit mit Märchen (Träumen)

1) Märchen sind kollektive Träume, manche sogar Menschheitsträume. Der Märchenhörer begegnet Ängsten, Wünschen und Lebenssituationen, die vor ihm ganze Menschheitsgenerationen bewältigen mußten.

2) Märchen sind Metafern, Bilder für immer wiederkehrende menschliche Erfahrungen und bieten Möglichkeiten zur Integration auch meiner persönlichen Teile, das heißt: im Märchen können wir integrierte und abgespaltene Teile von uns selbst entdecken. Voraussetzung für diese Begegnung ist die Aktivierung unserer Imaginationsfähigkeit, die wir in der Kindheit mehr oder weniger gut entwickelt haben.

3) Das Märchen verwendet eine ähnliche Symbolsprache wie der individuelle Traum, dessen Botschaft einer Entschlüsselung bedarf. Die Botschaft des Märchens wird durch Identifikation erfahrbar, das heißt die Person taucht in die Situation ein und "versteht" mit Leib und Seele. Sie handelt im Märchen als Ganze und erfährt dadurch neue Lösungsmöglichkeiten, eventuell "erlöst" sie sich selbst.

Methodischer Vorschlag für die Arbeit mit Märchen in Gruppen

1) Einstimmen für die Atmosphäre:
   - vorlesen, Bilder ansehen, Fantasiereise

2) Märchen aufschlüsseln
   a) Atmosphäre, Stimmung
   b) Typen, Rollen
   c) Symbole
   d) Situationen
   e) Rhythmus

3) Einen Teil wählen (eher therapeutisch)
   oder zuteilen und dazu passende Kommunikationsstruktur finden
   sich identifizieren durch spielen, reden, handeln
   dabei wahrnehmen der Gefühle und Empfindungen

4) Beobachten und ausdrücken der Erfahrungen:
   - verbal (Runde, Spots ...)
   - nonverbal (Gesten, Mimik ...)

5) Erfahrungen übertragen (Integration)
   - welche davon kenne ich
   - wie heißen die Situationen, Rollen im alltäglichen Leben

6) Festhalten einer Erkenntnis, Erfahrung
   mittels schreiben, z.B. Tagebuch, Gedicht, ...

Spieltips

Bremer Stadtmusikanten

Aufbau

1) Vorlesen
2) wesentliche Textstellen kurz fassen bzw. in Refrains gießen
3) die Phasen und Rollen werden von allen gleichzeitig durchgespielt (in Kleingruppen geteilt)
4) die Phasen werden nun auf die Gruppen verteilt und diese erfinden ihre Form der Darstellung. Bei kleinen Kindern entweder mit Animateur oder erste Struktur beibehalten - jedoch mit mehr Anleitung.

zum Beispiel

1. Phase: Sit. wegschicken - weggehen
Text: "ich kann dich nicht mehr brauchen"
Improv.: Zu zweit - jedes Kind spielt einmal die Rolle des Bauern, einmal des Tieres

2. Phase: Situation: einen anderen am Weg treffen, sich auf den Weg machen
Text: "was machst du für ein Gesicht" "Komm - etwas Besseres als den Tod findest du noch immer"
Improv.: einer in der aktiven Rolle, die anderen in der passiven Rolle - verschiedene Arten von Anregung probieren (mitzerren, überreden, einhängen, trösten)

3. Phase: Situation: am Weg sein - Ruhe und Ausblick"
Text: "wir erreichen das Ziel nicht an einem Tag" und "schau - ein Licht"
Improv.: alle zugleich, gehen, laufen, trotten, sich schleppen ... ruhen und entdecken, daß es noch einen Ausblick gibt - beraten

4. Phase: Situation: ein Haus entdecken, erobern, andere verjagen
Text: "was siehst du denn da drinnen - das wäre was für uns"
Improv.: die Gruppe teilt sich in zwei Teile - (Räuber und Tiere). Die Räuber haben Polster, Decken um sich - die anderen schleichen an und überfallen sie mit Geschrei, nehmen die Decken weg - die Räuber flüchten. Wechsel der Rollen.

5. Phase: Situation: Rückkehr ins Haus und Verteidigung
Text: "wir hätten uns doch nicht verjagen lassen sollen"
Improv.: jeweils ein Kind spielt den Räuber und schleicht an den Tieren vorbei - vorher werden die Rollen und Verteidigungsform verteilt (so, daß niemand verletzt wird) - Wechsel der Rollen, sodaß jeder einmal Räuber war.

6. Phase: Situation: im Haus bleiben - Besitzerwechsel
Text: "und von da an gefiel es ihnen so gut, daß sie nicht mehr hinaus wollten"
Improv.: alle lassen sich dort nieder und genießen den neuen Ort - im Laufe der Zeit müssen sie etwas damit anfangen können ...
Welche Möglichkeiten fallen den Kindern ein?

Für die Gestaltung bis hin zu einer Aufführung können aus den einzelnen vorgezeigten Improvisationen Ideen genommen werden und mittels wiederkehrender Refrains verbunden werden.

Eine Kurzfassung hier:

Die Bremer Stadtmusikanten

Der Esel und der Hund
und die Katze und der Hahn
wollen nach Bremen.

Sie laufen und laufen.
Sie kommen in den Wald.
Im Wald ist es dunkel.

Auf einmal sehen sie ein Licht.
Das Licht brennt im Räuberhaus.
Im Räuberhaus sind die Räuber.

Da stellt sich der Hund auf den Esel.
Da stellt sich die Katze auf den Hund.
Da stellt sich der Hahn auf die Katze.

Sie machen Musik:
Der Esel schreit: I-a!
Der Hund schreit: Wau-wau!
Die Katze schreit: Miau!
Der Hahn schreit: Kikeriki! (99)

Skeletors Pilze

"Warum wartest Du?" zischte Evil-Lyn. "Weil ich", funkelte Skeletor, "es genießen will, das Ende von Grayskulls Helden, hehehehe!"
Auf Toton und Land Shark hatten sich beide unbemerkt Castle Grayskull genähert.
"Leb wohl, Hort des Guten, hehehe!" Skeletor öffnete ein kleines Beutelchen.
Langsam entwich unheilvoll glitzernder Staub. In einer feinen Wolke legte er sich um die Burg und sank zu Boden. Und sofort verwandelte sich der Staub in Pilze. Groß und klebrig. Und so dicht, daß sie eine undurchdringliche Wand bildeten.
"Was ist das?" Fisto und Extendar hörten mitten im Ringkampf auf.
"Das ist Skeletor, der Herrscher der Dämonen. Dort!" Man at Arms zeigte zu den beiden, die auf einem Felsvorsprung aufgetaucht waren.
"Ha, Pilze! Da muß er schon mit was anderem kommen!"
Fisto schmetterte seine eisenharte Faust auf einen Pilz.
Aber sofort überzog ihn die Pflanze mit einem entsetzlichen Schleim.
Fisto erstarrte.
Prinz Adam machte sich nichts aus Turnieren. Er war mit Orko und Cringer in den Wald gegangen, um dem Trubel zu entgehen.
Als sie zurückkehrten, sahen sie die anderen Helden von Pilzen eingekreist.
"Was machen wir jetzt, Adam"? fragte Orko. "Keine Ahnung." Adam runzelte die Stirn.
"Adam, Du mußt Dich in He-Man verwandeln", krächzte es von oben. Es war Zoar, die Zauberin in Adlergestalt. (100)

<u>Verarbeitung</u> (einer Situation)

- Masken und Verkleidung
- Gegenstände: Zauberstaub, Pilze u.a.
- Schutzschilder

Da es hier um Gewalt und Rache geht, muß vorher jedes Kind ein <u>Schutzschild</u> bekommen.

Nun kann jedes Kind einmal als Skeletor auftreten und mittels eigens erfundener Sprüche und Geräusche die Pilze zum Verschwinden bringen.

Besser geeignet sind <u>selbstgebastelte Puppen</u> und Masters. Sie müssen die wesentlichen Elemente enthalten: Schwert, Schild, Zaubermittel.

Das Spiel selbst kann von den Kindern gestaltet werden - solange bis es abebbt.

<u>Gespräch</u> wie bei anderen Erlebnissen
- was gefällt mir,
- was macht mir Angst ...

Das Wesentliche an diesen Symbolfiguren ist, daß das Kind seine "Größenfantasien" und Ängste, Zorn und Ärger in einem geschützten Rahmen weg-spielen kann.
Das Image, einen Masters zu haben, gehört dazu, hier müssen jedoch die Eltern ihre eigenen Maßstäbe überprüfen und festlegen. (100)

SKELETOR HAT EINE DOPPELMASKE FÜR DICH DABEI. DAMIT KANNST DU DICH IN HE-MAN ODER IN SKELETOR VERWANDELN.

Was nehmen wir mit

Material: Zeichenpapier, Versandhauskataloge, Scheren, Klebstoff.
Anzahl der Kinder: Beliebig.
Mindestalter der Kinder: 5 Jahre.

Methodische Hinweise: Die Kinder müssen möglichst weit auseinandersitzen, damit sie sich gegenseitig nicht beeinflussen können.

Aufgabe: Der Erzieher sagt: "Wir wollen für einige Tage auf eine Insel reisen, auf der es nichts zu kaufen gibt. Wir können aber nur einen kleinen Koffer mitnehmen, in den nur zwölf Gegenstände hineinpassen. Schneidet das aus, was ihr mitnehmen würdet, und klebt es auf euer Zeichenblatt."
Sind die Kinder fertig, wird verglichen und besprochen, was die einzelnen mitnehmen würden.

Variante: Die Gegenstände können auch aufgemalt werden. (102)

Die Grube

Material: Ohne.
Anzahl der Kinder: Beliebig.
Mindestalter der Kinder: 5 Jahre.

Methodische Hinweise: Der Erzieher denkt sich eine kurze, spannende Geschichte mit einer Problemsituation aus, für die die Kinder sich Lösungen ausdenken sollen.

Aufgabe: Der Erzieher erzählt:
"Ein Mann wollte einen Brunnen graben. Zuerst grub er von oben ein rundes Loch. Dann stieg er in das Loch hinein und grub von innen immer weiter. Die Erde, die er aushob, warf er am Rand der Grube auf. Am Abend war er so weit gekommen, daß er mit den Händen nicht mehr an den Rand der ausgeschaufelten Erde reichte. Wie sollte er nun wieder aus der Grube herauskommen? Es war niemand in der Nähe, der ihm hätte helfen können."
Die Kinder müssen nun Lösungen finden:
Die Schaufel über den Rand der Grube legen und sich daran hochziehen;
Erde am Boden der Grube auf einer Seite zu einer Stufe aufhäufeln und darauf treten; Stufen in den Rand graben und auf die Schaufel gestützt hochsteigen; mit Händen und breit gespreizten Beinen an der Wand der Grube hochklettern usw.
Zuletzt Besprechung der verschiedenen Antworten.

Eine andere Geschichte:
Zwei Kinder rudern in einem Kahn auf einem See. Sie merken, daß ziemlich schnell Wasser in den Kahn eindringt. Sie suchen und finden ein Loch. Das Wasser im Kahn steigt. Bis zum Ufer ist es weit. Es ist kein Eimer zum Schöpfen da und weit und breit ist kein anderes Boot zu sehen. Was machen die Kinder?
Mögliche Antworten:
Ein Kind rudert schnell in Richtung Ufer, das andere versucht, das Wasser auszuschöpfen: mit einem Becher, mit den Händen, mit einem Gummistiefel;
es versucht, das Wasser mit einem Lappen aufzunehmen; es versucht, das Loch zuzustopfen: mit einem Hölzchen, mit einem Kleidungsstück, mit einem Taschentuch, mit Kaugummi; es gibt Zeichen ans Land usw. (103)

Zirkus

Vorbereitung:

* Viele Wochen vor unserem Abschlußfest wurde mit den Kindern über Tiere und über den Zirkus gesprochen. Eigenheiten und Besonderheiten hervorgehoben, auch dachte man bereits nach, welche Kunststücke man diesen Tieren lehren könnte.
* Nach den Gesprächen wurden Masken für die verschiedenen Tiere ausgedacht und gebastelt.
  Unsere Tiere:
  Elefanten, Frösche, Löwen, Hähne, Kühe, Bären und Schweine.
* Jedes Kind benötigte zu seiner Maske die entsprechende Kleidung.
  Die Eltern wurden durch Elternbriefe informiert, auch wurden sie zum Abschlußfest eingeladen.
* Passende Zirkusmusik wurde ausgesucht.
* Zur Jause gabs Kuchen und Früchteeis.
  Die Kinder waren aktiv bei den Vorbereitungen beteiligt.
* Der Turnsaal verwandelte sich in ein Zirkuszelt.

Vorstellung:

* Wir hatten sehr viel Publikum
* Musik wurde während der ganzen Zeit gespielt, diese lockerte auf
* Jedes Kind gab sich Mühe
* Kinder ahmten einzelne Tiere ausgezeichnet nach und machten auch die entsprechenden Übungen tiergemäß
* Zuseher klatschten und riefen den "Tieren" begeistert zu
* Übungsfolge gut gemerkt, reagiert schon auf kleine Zeichen richtig
* Machten lustige Mimik und Gestik
* Kinder, die gerade nicht an der Reihe waren, sind aufmerksame Zuseher gewesen
* Kuhmodenschau große Attraktion. Jede Kuh zeigt eine Besonderheit
* Finale: Jedes Tier zeigt sich dem Publikum
* Jause: Großer Andrang beim Büffet, schmeckte allen ausgezeichnet
* Schluß: Jedes Kind hatte die Möglichkeit, im Garten mit dem neuen Spielmaterial zu spielen.

Ich fühlte mich gut in meiner Rolle als Zirkusdirektor. Ich sagte die Tiere an und gab acht, daß sie sich bei den Übungen nicht verletzten. Sonst war ich im Hintergrund, da ja die Kinder die Stars sein sollten. Ich hatte zuerst Bedenken, ob die Kinder, die gerade nicht an der Reihe waren, ruhig zusehen werden. Meine Sorgen zeigten sich als überflüssig. Ich freute mich über den Spaß, den die Kinder bei ihrer Arbeit hatten, und über ihre Spontanität, wenn irgend etwas nicht so gelungen war. Z.B. der "Löwe" rutschte nicht durch den Feuerreifen, sondern setzte sich daneben auf den Boden, da er von der Bank rutschte: Löwe spricht: "Na dò hobts wieder wòs zu lachen gehòbt".

Praxisbericht

Komm, sagte die Katze

Bilderbuch
v. Mira Lobe und Angelika Kaufmann

Kreative Gestaltung:

Inhalt:
Ein vom Hochwasser entwurzelter Baum wird von einer Katze in Besitz genommen. Während der "Schiffsreise" bietet sie aber verschiedenen Tieren, die am Fluß daherschwimmen, Platz.
Auch den Fuchs, zuerst von allen abgelehnt, nimmt sie mit.
Dieser hilft dann auch, wieder das Festland zu erreichen.

1) Der Inhalt wird in kleinen Abschnitten erzählt, und die Kinder stellen die Tiere und Szenen dar. Laute und Geräusche werden mit dem Körper erzeugt.

2) Szene mit dem Fuchs: zuerst Lösungsvorschläge der Kinder spielen.

3) Die Kinder malen oder zeichnen ihre Eindrücke.

4) "Kistenspiel":
die Kinder knien eingerollt am Boden, die Kiste ist verschlossen, sie öffnet sich und ein ... Fuchs kommt heraus - Kinder stellen das Tier dar. -
Kiste schließt sich; - eine ... kommt heraus.

5) Gestalten:
Kopfschmuck herstellen, charakteristische Merkmale der einzelnen Tiere herausstreichen (z.B. Ohren ...)
oder Tiere aus Abfallmaterial gestalten und dann damit spielen.

6) Musikwerkstatt:
die einzelnen Szenen bzw. Tiere mit einfachen Klanginstrumenten und Geräuschen untermalen.
Hier steht den Kindern eine Vielfalt an Material und Klanginstrumenten zum Experimentieren zur Verfügung.

7) Reporterspiel:
Kassettenrekorder, Mikrophon, Fotoapparat; der Reporter berichtet vom Hochwasser, von der Hilfsbereitschaft der Katze; er versucht, den Inhalt durch Fragen zu wiederholen.
Geschichten können weitergehen:
"wo gehen die Tiere hin?" "was wäre passiert, wenn ...?"
Fotografieren: Bilder "entwickeln" - selbst malen
Filmbericht machen: die einzelnen Bilder auf einen Papierstreifen zeichnen, aufrollen und im "Bildschirm" eines ausranchierten Fernsehers befestigen, aufrollen.
Es könnte der Inhalt eines Bilderbuches oder eine daraus entstandene Geschichte entstehen.

8) Der Film mit Musikbegleitung wird den Eltern vorgespielt. (105)

Feste feiern

Kinderfeste sind für die Beteiligten - Kinder und Animateure - eine festliche, bunte Gelegenheit,
- miteinander in Kontakt zu kommen
- gemeinsam schöne Stunden zu erleben
- Ergebnisse für alle sichtbar zu machen
- Erfolge der letzten Zeit zu feiern

Ziel:

Kontakt, Werbung, Öffentlichkeitswirkung, Erfolge feiern ...
Eltern überzeugen
Mitarbeiter gewinnen
Erprobung pädagogischer Fähigkeiten
Auswahlmöglichkeiten für die Kinder

Ideen:

Familienfest
Frühlingsfest
Club oder Gruppenfest
Stadtfest
Straßenfest ....

Elemente:

draußen - drinnen
Abgrenzung - Raumgestaltung
Motto, Anlaß
warum feiern? wie?
Essen, Trinken
als Ausdruck von Zuwendung
Spiele, Aktivitäten
ohne Wettbewerb und Draufzahler
Partner
"ich möchte jeman kennenlernen"
Vorbereitung
alle können mitmachen
Programm
Anfang, Höhepunkt und Schluß
Musik, Tanz
gemischt - und für Buben und Mädchen gleich geeignet
Spielecken
verkleiden, Spielsachen für Kleinkinder ...
Werkecken
einfache Materialien und Produkte
gemeinsame Punkte
wie Jause oder Tanz
Produkte ausstellen
sich bewegen können
genügend Raum dazwischen

Wesentliche Impulse:

- Die freie Wahlmöglichkeit zwischen verschiedenen Aktivitäten verstärkt den animativen Charakter einer Spielaktion.
- Wesentlich ist, daß die einzelnen Elemente und Aktivitäten einfach und leicht erklärbar sind. Auch zu teure und empfindliche Materialien hemmen "paß doch auf, das kostet soviel!" ..
- Ebenso ist die Menge der Angebote für Aktivierung ausschlaggebend: ein Zuviel verwirrt, macht aggressiv und zerstörerisch.
- Die einzelnen Angebote sollen klar und deutlich sichtbar sein und bereits durch den Aufbau der Materialien anregen.
- Eine oder mehrere erwachsene oder jugendliche Animateure sollen die Kinder bei jeder "Ecke" anregen und möglichst nicht wechseln. So kann eine gewisse Sicherheit innerhalb einer neuen Form vermittelt werden.

Geeignete Materialien:

Ton
Fingerfarben oder gut gemischte Erdfarben
Kartoffel für Drucke
Kartons
Kleider zum Verkleiden
buntes Papier, Illustrierte

Jedes Fest sollte den Kindern vor allem die Möglichkeit zum Auseinandersetzen mit sich selbst bieten - in Aktivitäten wie Visitenkärtchen malen, Wandbilder gestalten, Umrisse zeichnen - sowie auch die Freude am gemeinsamen Tun fördern, indem z.B. auch Einzelaktionen zu Gemeinschaftsaktionen ausgebaut werden.

Das gemeinsame Erleben eines Festes beginnt für mich beim gemeinsamen Planen, Gestalten des Raumes und dauert bis zum Aufarbeiten und Ausklingenlassen durch gemeinsames Wegräumen und Schönes nochmals in Erinnerung zu rufen. Dadurch erfolgt ein bewußtes Erleben, das auch durch einen spür- und sehbaren Endpunkt abgeschlossen wird.

Spieltip

Fußfest

Ich möchte hier ein Spiel aus einem "Fuß-Fest" anführen:
Jedes Kind sucht sich auf einem am Boden liegenden Papier (ca. 4 x 6 m) einen ihm passenden Platz und zeichnet dort seine Füße in einer ihm beliebigen Stellung nach. Danach bemalt es diese Umrisse. Wenn alle am Rand des Fußpapiers sitzen, wird ein Kind aufgefordert, sich einen Weg von Fußpaar zu Fußpaar zu suchen. Das Kind, auf dessen "Füße" es sich stellt, folgt ihm. So entsteht eine Reihe und daraus ein gemeinsamer "Fußtanz", zu dem ein Lied improvisiert werden kann. Da dieses Fest bei uns zu einem wesentlichen Erinnerungspunkt geworden war, dienten die "ausgerissenen" Füße anschließend als Zimmerdekoration, später schmückten sie dann die Zeichenmappen. (106)

Erlebnisbericht

„Ein Faschingsfest"

Es war mein drittes Faschingsfest in dieser Klasse. In den Jahren zuvor hatte ich die Erfahrung gemacht, daß ich die Kinder drei Stunden lang kaum mit Spielen in der Großgruppe fesseln kann. Einmal pro Jahr dürfen sie in der Schule ausgelassen sein - meist endeten die Feste recht chaotisch.
Ich überlegte daher schon seit dem vorigen Faschingsfest, diesmal eine Markt- oder Karussellstruktur einzuplanen, so daß die Kinder einen Teil der Zeit in Kleingruppen spielen können.
Ganz wichtig und angenehm war es für mich, dieses Fest gemeinsam mit Werner zu planen.
Schon die Vorbereitungsphase war wesentlich angenehmer, da wir uns teilweise Zuständigkeiten und Arbeit aufteilen konnten.
Wie sich nachher herausstellte, hatten wir zwar die Zuständigkeiten beim Vorbereiten recht gut verteilt, uns aber für die Kompetenzen beim Animieren zuviel Freiraum gelassen. Die Vorbereitung mit Werner war im Gegensatz zu den vorigen alleinigen Festvorbereitungen sehr lustvoll.
Ein bißchen Angst hatte ich auch, daß Werner von mir als Lehrerin enttäuscht ist, daß ich zuviel schimpfen muß, einteile, und trotzdem alles chaotisch ist ...
Andererseits war ich sehr erleichtert, einmal nicht alleine und gleichzeitig animieren,disziplinieren und Streitigkeiten schlichten zu müssen. Ich fühlte mich als Klassenlehrerin aber doch sehr verantwortlich für den "reibungslosen" Ablauf der Feier.
Die Kinder freuten sich, daß Werner, den sie ja nicht kannten, der außerdem ein Mann ist, mit ihnen den Fasching feiern würde.

Während des Festes übernahm ich die Leitung der meisten Spiele.
Da die Kinder einen Teil des Festes in Kleingruppen zusammenwaren, hielten sie die drei Stunden gut aus. Das Fest gefiel den Kindern sehr.

An mir ist mir meine Angst vor Chaos aufgefallen. Ich bin da anscheinend viel empfindlicher als z.B. die Kinder, selbst bei "ausgelassenen" Festen wie Fasching. Ein bißchen dazu beigetragen hat sicher auch die Anwesenheit zweier Eltern, die zwar bei dem Karussell mithalfen, sonst aber nicht mitspielten, sondern nur beobachteten.

<u>Ablauf</u>

<u>Thema des Festes:</u>
Schatzsuche im Geisterschloß

Graffity: Geisterschloß, Kinder zeichnen Geist und schreiben ihren Namen dazu

Einzug zur Fächerpolonaise

Verlesen des Festprogramms

Die Faschingsmasken stellen sich vor

Wer fehlt denn da?
(1 Kind geht hinaus, 2 Kinder verstekken sich unter dem Tuch, Kind rät Namen und Kostüme)

Spots in Movement:
- Freudensprung
- alle in die Mitte
- nach Geburtsmonat ordnen
- jemanden an der Nase herumführen
- auf einen Sessel steigen
- Paare bilden

Swing in der Gasse

Hypnotisieren

Bewegte Maschine

Roboter einfangen

Essen und Trinken

<u>Beginn des Spielkarussells</u>
Erklärung des Spiels
Auslosen der Gruppen nach Farben
(Kinder gehen gleich in die farblich dazupassende Ecke)
Spiele in den Ecken
Essen
Schatzsuche
Diebstahl (Keulendieb)

<u>Graffity:</u>
Plakat allein genügte nicht, Kinder zum Zeichnen zu animieren. Da die Kinder nicht alle auf einmal kamen, war es aber leicht, die Kinder einzeln zum Malen zu animieren. (... das Schloß gefiel den Kindern so gut, daß sie es noch Wochen danach immer wieder abzeichneten.)

Einzug:
Musik gefiel den Kindern sehr gut, aber von feierlichem Einzug konnte nicht die Rede sein (eher "chaotischer" Einzug)

Verlesen des Festprogrammes:
Kinder wußten im Gegensatz zu den Vorjahren, was wann passieren würde.

Wichtige Klarheit!

Vorstellen der Masken:
wichtig für Cowboys, Musketiere etc., da es die einzige Möglichkeit war, ihre Waffen zu ziehen.

Wer fehlt denn da:
Neu war für die Kinder, auch das Kostüm zu erraten. Alle Kinder wollten sowohl unter das Tuch, als auch raten.

Swing in der Gasse:
Kinder hatten Tanz in der Turnstunde schon einmal getanzt, trotzdem eher chaotisch (Chaos störte, wie immer, mehr die Lehrerin, nicht die Kinder)

Hypnotisieren:
neu für die Kinder, gefiel ihnen recht gut!

Bewegte Maschine:
Kinder hatten wenige eigene Bewegungsideen, zwei oder drei verschiedene Bewegungen wurden vor allem nachgemacht. "Stecker herausziehen" oder "Strom zurückdrehen" sind gute Möglichkeiten, die Kinder zum Leiserwerden oder Stillstand zu bringen!

Roboter einfangen:
Kinder kannten das Spiel bereits vom Turnen, Raum war zu klein.

Essen und Trinken:
Für die Kinder ein wichtiger Teil, sie hatten auch irrsinnig viel für das Büffet mitgebracht. Nur sehr strenge Anweisungen ermöglichten einen "reibungslosen" Ablauf des Essens.

Spielkarussell "Geisterschloß":
Nach dem Essen erklärte Lotte das Spiel:
In einem Geisterschloß ist ein Schatz versteckt, der nur gefunden werden kann, wenn 4 Aufgaben gelöst werden. Wir erklärten, was in den 4 Ecken passieren sollte, und wie die Aufteilung in 4 Gruppen vor sich gehen sollte. Dazu hatten wir auf vorbereitete Zettel Farbpunkte gemalt. Jedes Kind zieht Zettel, Farbe entspricht einer Gruppe. So wollten wir verhindern, daß die Kinder darum streiten, mit wem sie in einer Gruppe sein wollen, bzw. nicht wollen.
In den 4 Gruppen waren folgende Aufgaben vorbereitet:

Zeichenecke (betreut von einer Mutter)
Wir hatten auf Packpapier einfache Geister gezeichnet, zerschnitten, jedes Kind sollte einen Teil dieses Geistes bemalen. Danach sollten die Teile richtig zusammengesetzt und geklebt werden. Ein Fehler von uns war, daß wir die Teile zu einfach ausgeschnit-

ten hatten, die Kinder und die Betreuerin hatten Schwierigkeiten, die Teile richtig zusammenzufügen.
Noch dazu hatten die Kinder im Gegensatz zu uns keine Ahnung, wie der Geist im Endzustand aussehen sollte.
Außerdem war diese Ecke die Zeitaufwendigste, und unter Zeitdruck war es dann noch unmöglicher, ein Puzzle zu legen.
Die Kinder lösten dieses Problem so, daß sie die Teile irgendwie "geistähnlich" zusammenfügten, was dann eigentlich auch recht lustig aussah.

Modellierecke (auch von einer Mutter betreut)
Die Kinder durften gemeinsam aus Plastillin etwas formen. Es zeigte sich gleich zu Anfang, daß die Kinder in dieser Ecke am schnellsten fertig waren.
Die Betreuerin zeigte den Kindern spontan, wie sie kleine Figuren und Tiere basteln können, mit denen sie dann Geschichten spielten.

Tast-schmeck-riech-Ecke (Lotte)
Unter einem Tuch hatten wir auf Karton eine Menge von kleinen, einfachen Gegenständen (Haarbürste, Luftballon, Bleistift, ...) montiert, die die Kinder ertasten sollten. Zusätzlich hatten wir noch etwas Obst in kleine Stücke geschnitten, und mit geschlossenen Augen sollten die Kinder erraten, welches Obst ihnen Lotte zu essen gab.
Auch Gerüche waren vorbereitet (Zwiebel, Essig, Seife, Zahnpaste, ..)

Rätselecke (Werner)
Aus diversen Unterlagen (Kleines Volk..) hatten wir verschiedene Rätsel ausgesucht.

Jede Gruppe erhielt nach Erfüllung der Aufgabe in der jeweiligen Ecke ein kleines Abreibbild auf einen "Ausweis". So wie vorher angekündigt, durfte mit der Schatzsuche erst begonnen werden, wenn jede Gruppe einen vollständigen Ausweis hat. Der Wechsel von einer Ecke zur nächsten erfolgte auf einen - vorher vereinbarten - Trommelwirbel.

Die Schatzsuche selbst ging dann sehr glatt über die Bühne.
4 kleine Schachteln mit Gummibärchen, Murmeln, Luftballons usw. hatten wir unter ein großes Tuch gelegt. Für jede Gruppe eine Schachtel. Nachdem jede Gruppe ihre "Schatztruhe" in ein Eck geschleppt hatte, und die Verteilung der Beute begann, hatten wir das erste Mal Zeit zum Verschnaufen.

Nach der Schatzsuche spielten wir noch mit dem Schwungtuch und den Luftballons aus der Schatzkiste.

Diebstahl
Die Kinder spielten begeistert mit. Geeignet zur Beruhigung, als Ausklang.

Nachdem die Kinder fort waren, halfen die Mütter und 3 Kinder noch beim "Happy Cleaning". Ich erlebte es sehr angenehm, einmal nicht (wie in den Vorjahren) alles alleine aufräumen zu müssen. (107)

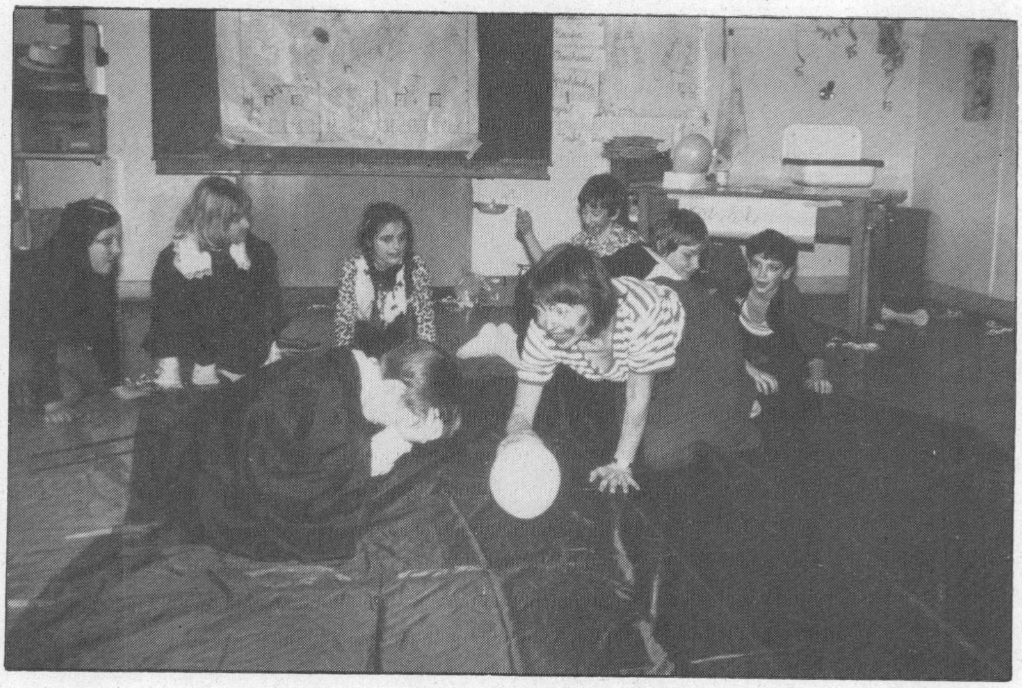

Erlebnisbericht

„Ein Märchenfest"

Was bekam ich hier zu hören? Eine Schule, die Erzieherinnen ausbildet, feiert Jubiläum und richtet aus diesem Anlaß ein "Kinderfest" aus? Über einhundert Schülerinnen einer Fachschule sind damit beschäftigt, ein Fest für Kinder zu organisieren? Da mußte ich hin, das mußte ich mir ansehen!

Am Eingang stand ein Hexenhaus, in dem Hänsel und Gretel den Kindern etwas verteilten. Jedes Kind erhielt einen "Märchentaler" - das war eine kleine runde Scheibe an einem Band, das sich das Kind dann um den Hals hing. Gretel erklärte gerade, daß das Kind bei jeder Aufgabe, die es erfüllt hätte, etwas auf diesen Taler gemalt bekäme. Ist das Bild vollständig, darf es zur großen Schatzinsel und aus der Schatzkiste etwas herausholen.
Gleich sah ich auch die anderen Kinder, die mit roten Backen und leuchtenden Augen von Aufgabe zu Aufgabe eilten. Einige hatten schon fast den kleinen König auf ihrem Märchentaler beisammen, andere gerade ein Auge oder eine Nase. Ich ging in den ersten Raum und sah ein kleines, aufgeblasenes Schwimmbecken, halbvoll mit Wasser, auf dem viele kleine Styroporteile - Füllmaterial - schwammen. Dazwischen aber schimmerten 5 Kugeln aus Goldpapier. Die Kinder, die mit ihren Müttern ringsherum standen, hatten einen kleinen Stock in der Hand, an dessen vorderen Ende eine Drahtschlinge war - sie sollten versuchen, eine Goldkugel aus dem "Brunnen des Froschkönigs" zu fischen. Und wer es geschafft hatte, bekam gleich die Ohren des Königs auf seinen Märchentaler.
Auf dem breiten Flur war ein schönes Gemälde mit verschiedenen Märchenmotiven. Die Kinder sollten hier sagen, um welche Märchen es sich handelte. Und schon bekamen sie den Hals ihres Königs auf den Märchentaler.
In der großen Aula herrschte ein fröhliches Gedränge. Die erste Aufgabe war eine "Floßfahrt". Das Kind bekam eine Krone auf den Kopf und ein Zepter in die Hand. Dann mußte es sich auf ein Staubtuch setzen und zwischen ein paar Hindernissen hindurchrutschen.

Daneben war eine entzückende Mini-Landschaft aufgebaut: Täler und Berge mit kleinen Häuschen und angedeuteten Flüssen. Das Kind wurde mit jedem Fuß in einen Waschpulverkarton gestellt, hielt diesen am Henkel fest und sollte mit diesen "Siebenmeilenstiefeln" als Riese den Weg durch die Landschaft gehen. Ein bißchen Geschicklichkeit war vonnöten, aber alle Kinder bekamen jetzt den Mund ihres aufgemalten Königs.
Was liegt unter dem Sternentuch?
Die Kinder tasteten Gegenstände ab und errieten sie. Dann hieß es, die Angst überwinden und durch den dunklen Tunnel kriechen, der mit Stühlen und einem großen schwarzen Tuch aufgestellt war. Aus einer Ecke klang fröhliches Gelächter. Aha, ein kleiner Junge saß auf einem runden Etwas und hopste wie verrückt. Die wartenden Kinder lachten. Ach das war's - die Kinder sollten mit ihrem Popo auf einer Luftmatratzenpumpe einen Luftballon aufblasen. Na, das war ein Spaß. "Magst du einen König mit langen Haaren oder mit kurzen?" fragten die beiden Schülerinnen dann die Kinder und malten das Gewünschte auf. Sehr sicher antwortete ein Mädchen: "Mit langen Haaren natürlich" und der kleine Junge ganz bestimmt: "Mit Locken". Richtig, er hatte selber welche.
Nebendran war eine Art Bach auf den Boden gezaubert worden. Die Kinder sollten hier von "Stein zu Stein springen", ohne auf den normalen Boden zu treten.
Und dann kam etwas Ruhigeres: Man konnte Linsen lesen. Ich erkannte sie als Mugelsteinchen und dachte: Fröbel hätte seine Freude an diesem Treiben gehabt! Es herrschte ein Lärm und eine Begeisterung bei den Kindern - daß es geradezu ansteckend war. Aber jetzt wollte ich doch auch noch sehen, was geschah, wenn ein Kind die Spielstraße voll durchgegangen war, alle Aufgaben erfüllt hatte und der kleine König auf dem Märchentaler fertig war.
Die ersten standen schon an der Turnbank, als ich ankam. Einzeln mußten die Kinder über die lange Bank balancieren, nachdem sie ihren fertigen König als "Ausweis" vorgelegt hatten. Und am Ende der Bank stand eine gewaltige Truhe! Aaah - die Schatztruhe.

Aber sie war zu - oder? Ach nein, genau in dem Augenblick, als das Kind ganz vorne stand, öffnete sie sich - von alleine, und das Kind durfte hineinfassen und sich eine Handvoll Schokoladen-Golddukaten und goldene Bonbons herausnehmen.
Und schon war sie wieder zu, die Truhe! Ich schielte nach hinten - diese Automatik wollte ich doch gerne ergründen. Die Sache war sehr einfach - der Effekt hinreißend. Eine Schülerin saß versteckt in der Schatzinsel hinter der Truhe - gut getarnt, und sie zog immer an einer Perlonschnur, wenn das Kind vor der Kiste stand. Über dieses "Wunder" staunten die Kinder noch lange.
Nun ging ich weiter durch das geschmückte Haus und durch die Mengen der strahlenden Kindergesichter. Im oberen Stockwerk gab es ein Kasperltheater, dessen Beginn durch einen Gong angekündigt wurde, und durch eine Schülerin, die den Ausrufer machte. Es gab noch eine Mohrenkopfschleuder und eine Cafeteria, in der man Getränke und selbergebackenen Kuchen bekommen konnte.
Und es gab ein wunderschönes Menschenschattenspiel nach "Die kleine Hexe" von Otfried Preußler, das sich kein Kind entgehen ließ.
Ich war beeindruckt: Hier war an alles gedacht - ans Aktiv-Sein und Mitmachen-Wollen und ans Ausruhen - sowie auch Sich-entführen-Lassen in eine andere Welt.
Ich könnte noch vieles bemerken, vor allem was die liebevolle Ausrichtung dieses Festes angeht und die Begeisterung und den Einsatz, der vor allem bei den Schülerinnen spürbar wurde. Die waren bei der Sache - mit ebensogroßer Begeisterung wie die Kinder und Mütter. Hier stimmte alles. Auch die Zeit - denn nach zweieinhalb Stunden endete das Fest für diese Kinder mit einem großen Luftballonflug, indem Hunderte von Luftballons von der Terrasse aus auf einen großen Fallschirm - den die Kinder im Kreise halten dürfen - schwebten und dort auf und nieder tanzten.
Schön - wenn eine Fachschule alle Kräfte mobilisiert, um ein Kinderfest auszurichten? Und ich mußte unwillkürlich denken, daß die betroffenen Schülerinnen dieses Jahrgangs in Planung und Vorbereitung dieses Festes mehr gelernt haben, als wenn sie diese Zeit im Schulzimmer gesessen hätten.

Fast alle Ideen der Spielstraße lassen sich so oder ähnlich auch in einem Kindergarten bei einem Sommerfest verwenden!
Wäre das nichts? Ich habe die Schülerinnen gefragt, ob man sie übernehmen darf - diese Ideen! Sie haben nichts dagegen! (108)

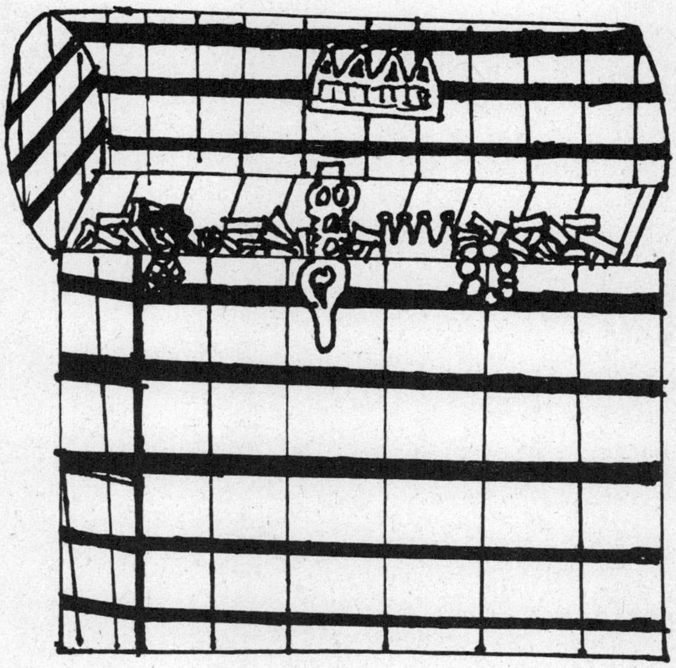

Vielfalt

Die Reihe der Vorschläge und Ideen könnte jetzt noch tausende von Seiten füllen - und es gibt sehr viel gute Literatur dazu.
Mir scheint jedoch, daß diese Art von Kreativität, die wie eine unversiegbare Quelle aus dem Kind und dem Erwachsenen entspringt, durch hemmende Faktoren der Rahmenbedingungen versiegt, bzw. nicht richtig zum Sprudeln kommt.

Die kreative Quelle in den Erziehungspersonen kann durch personzentrierte Weiterbildung, wo selbst spielen und sich erfahren ermöglicht wird, wieder zum Sprudeln kommen.

Für den gezielten Einsatz der Ausdrucksmittel hilft hier folgender Methodenraster.

Die Ausdrucksmittel senkrecht erinnern an die Vielfalt der Möglichkeiten kreativen Gestaltens sowie an das Bedürfnis der Kinder, sich ganzheitlich mitzuteilen.

Die Lernziele korrespondieren mit dem Ausdrucksmittel und wird je nach dem verschiedene Tiefen ansprechen:

Impuls „Methodenraster“

	anfangen	einander kennenlernen	sich selbst darstellen	Zusammenarbeit
technische Medien	Dias zeigen	Fotos von sich zeigen	Schattenspiel	einen Film drehen
sprechen			ich und mein Name	Namensmelodie
Laute singen Musik				
Zeichnen Malen Formen				
Szene Rollenspiel				
Bewegung und Körperausdruck				

Sie können nun

a) selbst weiter ausfüllen

b) die Felder soweit ausmalen, als Sie dieses jeweils in Ihrer Arbeit benützen

c) einen Ihnen entsprechenden Raster anfertigen .

Kapitel 6

Spielzeug

"Spielzeug ist alles, was man in die Fingern bekommen kann und was einem von den Erwachsenen nicht gleich wieder weggenommen wird."
(Hoffmann's Comic Teater)

"Weniger Spielzeug - mehr Spielwelt - das spart Ärger und Geld"
(G. Reichel)

lebendiges Spielmaterial

Erde, Wasser, Feuer, Luft sind Elemente, die uns Leben spenden.
Beton, Plastik, Stahl und Chemie sind Elemente, die heute unsere Lebensatmosphäre ausmachen ....
Was folgt daraus?
Vitale Erlebnisse - Urerfahrungen - verschwinden, die Sehnsucht bleibt.
Die üblichen pädagogischen Materialien sind Holz, Plastik, Papier, Stoff, Metall. Wenig oder gar nicht: Wasser, Feuer (!), ein wenig eher Erde (Sand, Ton, Rasen) und Luft (na klar).
Hier ist wieder der Erlebnisraum Stadt von dem des Landes zu unterscheiden: Welche Stadtkinder erleben noch offenes Feuer? Eventuell die Kinder bürgerlicher Schichten mit offenem Kamin oder Garten mit Grillstelle. Nicht umsonst ist in unseren Schichten bei Kindern der Stadt das Feuerzeug (in Zusammenhang mit Rauchen!) so beliebt. Vielleicht ist das der letzte Rest des Höhlenfeuers!?
Beim Umgang mit diesen Elementen wird viel Angst von den Erwachsenen spürbar: klarerweise, denn wenn der Umgang mit Feuer oder Wasser nicht gewohnt ist, unterschätzen auch die Kinder die Gefahren.
Daher ist es ein wichtiger Auftrag der pädagogischen Institutionen, vitale Elemente bereitzustellen: Wasserstellen, Zimmerbrunnen, Planschbereiche.
Feuer in Form von Kerzen, beheizbare Öfen, Grillstellen etc.
Erde - Tonarbeiten, Gartenarbeit, Wiesen statt Rasen ...

greifbar und verschieden

Erlebnis durch Materialien bedeutet: verändern können, angreifen, Formen bewegen lassen und bewegt werden, Wärme, Kälte, rauh und glatt spüren, weich und hart, flüssig und fest, ...
Die heute üblichen Materialien sind von ihrer Struktur her gesehen viel zu reizarm, sie reizen zwar das Auge und die Geldbörse, aber nicht das sensorische Nervensystem.

Hier eine Ideenliste für "neue alte Materialien", welche mehr Kreativität, Fantasie und taktile Erlebnisse zulassen:

Schachteln	Naturmaterial (Steine, Äste, Zapfen ...)
Polster	Wasserbehälter
Wellpappe	Brunnen
Schwungtücher	Biotope
Fingerfarben	Tiere
Ton	Schminke
Erde, Sand	Verkleidung
Garten	Grillecke
Stoffe, Schnüre	
Wolle	
Papierreste	
Kartonrohre	
Schaumstoff-Polster	

und was ich damit machen und erfahren kann:

kochen	schreien
kosten	toben
streicheln	springen
wühlen	keuchen
matschen	singen
zerknüllen	heiß
zerreißen	kalt
platschen	naß
reißen	feucht
fangen	weich
streichen	bunt
werfen	stachelig
schlagen	spitz
brennen	glatt

bunt und beweglich

Je beweglicher, flexibler das Material ist, das die Kinder umgibt, je mehr Einsatz- und Variationsmöglichkeit es birgt, umso beweglicher und kreativer werden die Kinder damit umgehen. Je weniger Leitung und Führung die Aktivitäten durch die Erzieher erfordern, umso freier wird das Kind im Ausdruck seiner Bedürfnisse und Wünsche sein.

Jedes Material lebt von seiner Eigenart und will dieser Eigenart entsprechend verwendet sein. Siehe Montessori, die in der "eigenständigen Tätigkeit des Kindes, die durch die Materialien eine gewisse Selbstkorrektur erfährt", das wichtigste Ziel der Pädagogik sieht. (109)

Durch grobmotorisches Material wird der Organismus (Atmung, Kreislauf) mehr angeregt und die Kinder werden dadurch lebendiger.

Schwungtücher

Was kann das Kind dadurch erfahren und erleben:

- gemeinsam etwas in Bewegung setzen
- Bewegen und Gestalten in der Gruppe
- Erleben von Zusammenspiel - Gemeinschaft, aufeinander eingehen - Dynamik
- Erleben von Wind und Luftbewegung,
  von Kühle und Wärme,
  von Licht und Schatten
- sich einhüllen, streicheln, knüllen, werfen, ziehen, legen
- sich verkriechen
- vor anderen versteckt sein
- Begriffe erleben wie:
  schnell - langsam
  weich - glatt
  Kraft - Spannung - Lösung
- Gestalten von Landschaften durch das Überdecken von Gegenständen mit dem großen Tuch beflügeln die Fantasie und regen zum Entwickeln von Spielen an.

Kartons und Wellpappe

Schachteln in verschiedener Größe
Wellpappe und Karton in großen Rollen verschiedener Höhe und Länge

Was kann das Kind dadurch erfahren:
- ich kann mir meinen Raum schaffen, abgrenzen, eigene Territorien schaffen und mich zurückziehen
- es macht erste Erfahrungen mit der Statik: wie steht das Material, muß ich es unterstützen, wie hält es, wie muß ich es bauen, daß z.B. eine Abdeckung möglich ist
- Entwerfen von Verkleidungen
- es kommt zu Kombinationsmöglichkeiten mit anderen Materialien wie Tücher, Farben .... (110)

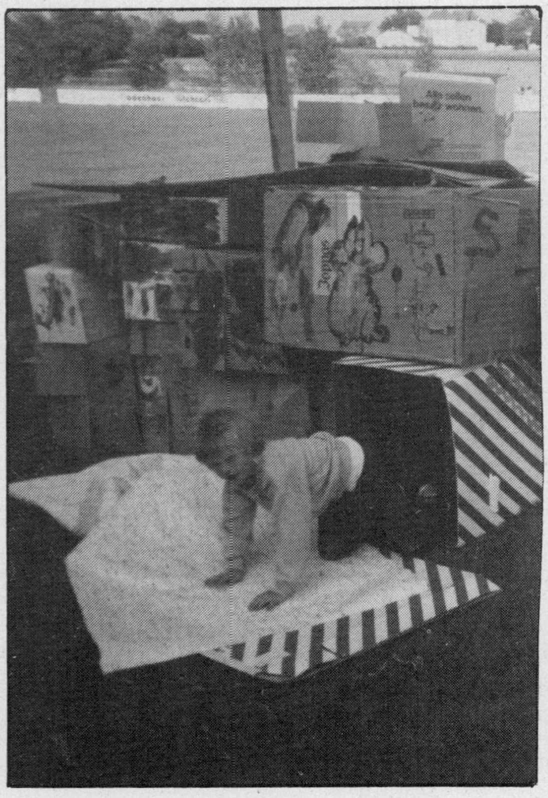

Farben und Schminke

Farben sollen auch für großflächiges Arbeiten eingesetzt werden, z.B. Wände und Flächen zu gestalten.

Dies bedeutet für das Kind:
- lustvolles Gestalten, bei dem der ganze Körper eingesetzt und in Bewegung ist
- großzügiger Umgang mit Farbe und Pinsel
- das Erleben von anderen Dimensionen - Ausgestalten von Weite, Höhe, Länge
- freudvolles Miteinander - sich inspirieren lassen von denen die mitgestalten
- Schwerpunkt liegt in der Freude an der Tätigkeit, am Gefühl, etwas mitsammen geschaffen zu haben, aber nicht unbedingt am fertigen Produkt.

Schminke verändert das Gesicht -
- das Kind sieht sich anders als es gewohnt ist
- sich bemalen fordert auch Überwindung und ein gewisses Bauchkribbeln vor dem ersten Mal
- sich schminken und sich schminken lassen sind zwei unterschiedliche Erlebnisse
- durch ein geschminktes Gesicht versetzt sich das Kind in eine andere Rolle - es entwickeln sich Rollenspiele, in denen es sich anders kennenlernt
- es wird möglich, sich als Person hinter einer Maske zu verstecken. (111)

Spieltips

Tuchspiele

Schwingen und durchlaufen

- ein Kind läuft durch
- mehrere gleichzeitig laufen durch
- mehrere gleichzeitig und kreuzen
- auf vorgegebenen Weg laufen und kreuzen
- einen Gegenstand ablegen, nächster hebt ihn auf
- Namen rufen und unter dem Tuch Platz wechseln
- durchlaufen, ohne vom Tuch berührt zu werden
- alle laufen gleichzeitig in die Mitte

Wellen und drüberlaufen

- einen Ball oder Luftballon rollen
- Schwimmen im Tuch
- ein Kind drunter - wellen - eines am Tuch und versucht das untere Kind zu fangen

Verstecken und raten

- "wer fehlt" - alle schließen Augen - ein Spieler wird unter dem Tuch versteckt, umdrehen und raten wer es ist: "wer fehlt"
- mehrere verstecken sich, raten wieviele es sind
- verstecken und abtasten wer es ist
- einer unter dem gewellten Tuch - der Rest im Kreis - und "das Ungeheuer" holt die anderen durch Berührung der Füße zu sich - mit großem Schrei natürlich!
- alle verstecken sich und machen mit dem Tuch verschiedene Formen, Statuen
- ein Teil versteckt sich, die anderen begleiten mit Geräuschen, oder raten was es ist ...
- verschiedene Tiere oder Blumen formen (vom Drachen bis zur Lotusblüte)

Flattern und laufen

- zu Musik flattern lassen
- im Freien laufen und die Wirkung spüren
- das Tuch loslassen und sich mitbewegen - es wieder einfangen
- hochwerfen und die andere Seite erreichen

Wiegen und tragen

- zusammenfalten und jemand legt sich hinein - wiegen, schaukeln und den Namen dazu summen, singen
- jemanden durch den Raum tragen

Einwickeln und fangen

- sich befreien oder befreien lassen
- gleichzeitig von allen Seiten einrollen
- eine gemeinsame Krawatte daraus binden
- Pferdchenspiel (112)

Werken mit Abfall

aus alt mach neu

Der Mensch ist kreativ

Der Mensch hat
entdeckt, gespielt und gestaltet,
getauscht, gehandelt und spekuliert,
gejagt, gesammelt und geordnet,
besessen, gespart und verschwendet,
gebaut, entworfen und konstruiert,
gesehen, verglichen und erfunden.

Und jeder von uns trägt all dies, was sich noch um manche Rubrik erweitern ließe, mit sich herum und muß es sich als eine Kraft, die von ihm ausgeht, erschließen. Erst wenn er versucht ist, durch die eine Kraft die andere mögliche zu fördern, kombiniert er seinem Geiste gemäß und findet neue Möglichkeiten hinzu. Solche einzusetzen nennt man dann vielleicht kreativ.

Werken mit Abfall

Nicht ein zu verfertigendes Werkstück ist zunächst das Ziel, sondern die Beobachtung, was wer zu finden imstande ist und welche Brauchbarkeit er hinter dem Material, das sich ihm und seinen Händen anbietet, entdeckt.

Suchen und finden

Abfall

In der Zuordnung der Dinge zueinander, so meinte ein Wissenschaftler und Philosoph, ist zwar der Plan eines zu verfertigenden Gegenstandes noch nicht enthalten, aber die jeweiligen Erfahrungswerte, also das was schon gewußt ist, spielen beim Sammeln und Vergleichen eine Rolle. So erweiterte sich einmal der ganze Erfahrungsschatz der Menschen, und erst die Summe der Vergleiche hat die Dinge benannt und damit dem rationalen Denken übergeben.

Sammeln

Sie spielen mit Dingen, und leider läßt man ihnen oft nicht den nötigen Spielraum, um ihre Schätze zu bergen. An ihrem Eifer, ihrer Möglichkeit, die Dinge noch anders zu sehen, zeigt sich indessen, daß mit dem Sammeln und Zusammentragen, ja schon mit dem bloßen Betasten sich etwas bildet, was ganz wesentlich zum Erkennen der Welt, zu ihrem Begreifen beiträgt.

Wie sieht er aus, der ideale Sammelplatz? Da sind beispielsweise die Randzonen einer großen Baustelle, Flächen, auf denen früher einmal Abfall verbrannt wurde, alte Steinbrüche auch, in denen dieses oder jenes liegenblieb, viel benutzte, festgetrampelte Böden von Festwiesen, auf die lange die Sonne herunterschien. Wichtig ist, daß die Natur mithalf, die dort weggeworfenen Dinge zu beeinflussen und zu verändern; daß allzu bunte Lacke, etwa auf Spielzeugblechen, bereits zu Teilen abgesplittert sind und daß alles, was wir finden, Patina angesetzt hat - wie man die edelste aller Alterungs- und Verwitterungserscheinungen nennt.

Ist wirklicher Werkstoff vor uns ausgebreitet, so können wir den Versuch machen, die Dinge zu sortieren. Wir werden einen Bottich voll Wasser hinstellen und mit einer Wurzelbürste die Sachen erst einmal gründlich reinigen. Schon dabei werden sich gewisse Ordnungen ergeben, die der eine oder andere ganz beiläufig sich zurechtlegt.

begreifen - zuordnen

Die Kinder treten den Dingen vor ihrer Definition im Bewußtsein gegenüber, und indem sie zu wählen beginnen, machen sie anschaulich, welche Werte sie bei der Verfolgung ihrer Ziele beachten. Dies sind einmal die Farben, ein andermal die Formen. Auch der Stoff selbst kann es sein, der sich einmal hart, ein andermal weich anfühlt, der grob oder fein, stachelig oder rund, schillernd oder trüb ist, der aber immer zu Vergleichen auffordert, wenn er zusammengetragen vor uns erscheint.

Wo immer Kinder spielen, auf Spielplätzen oder beim Bau ihrer Lager, sehen wir Materialien in den unmöglichsten Zusammenstellungen. Auf ähnliche Weise bauen Vögel ihre Nester; auch sie untersuchen die sich anbietenden Stoffe zuerst einmal auf ihre Brauchbarkeit. Als Erwachsene dürfen wir diesem Spiel der Kinder nicht im Wege stehen, ja wir sollten selbst einmal prüfen, was wir auf diese Weise zu späterer Verwendung uns noch aneignen können. Abfall ist so leicht gesagt.

Das Wort "begreifen" wurde eben auf seine ursprüngliche Herkunft bezogen. Man könnte sagen, daß der Erwachsene die Dinge oft nicht mehr begreift, weil sie ihm nur noch das sind, was ihre Funktion ihm bedeutet. Zwischen dem Begreifen und dem Einordnen der Dinge in eine Bildwelt ist im kindlichen Spiel ein sehr kurzer Weg. Wenn wir Erwachsene diesen nicht verfolgen können, werden wir von der plötzlichen Benennung überrascht. So kann etwa ein geschuppter Tannenzapfen zur Schlange, ein wenig Pelz oder Flaum zum Nest erklärt werden. Darin wird deutlich, daß in der Formengleichheit die bildliche Idee begriffen wurde. Es scheint, daß solches fast ohne Hilfe des Verstandes geschehen kann.

In der Mitte unseres Werkraumes liegt nun der Haufen gereinigter Fundstücke zur Benutzung ausgebreitet als eine Art zweite Natur, unbearbeitet und unbenannt. Eine Welt vor ihrer Eroberung im Zustand des Chaos, dem der erste Mensch in uns begegnen soll. Dieser selbstgeschaffene Abfallhaufen wird auch während der jetzt einsetzenden Werkarbeit ständig weiter bereichert. Jeder Schritt in die Gestaltung wird mit ihm verglichen und wir werden sehen, wie sich das Gemachte und Geformte von diesem Chaos abhebt.

Nehmen wir an, daß die Teilnehmer unterdessen fähig geworden sind, eine Sorte Materials genau zu definieren, das heißt so zu beschreiben, daß der bildnerische Wert unabhängig vom Ding und seinem ursprünglichen Zweck erkannt wird. Jetzt darf jeder, der einen Stoff in seiner Materialeigenschaft benennen kann, diesen beschlagnahmen: der eine zum Beispiel alles Runde, ein anderer alles Rote oder Blaue, wieder ein anderer alles Natürliche, was allerdings schon eine Grenzsituation ist. Dort, wo die Begriffe ineinander übergehen, darf mit dem Spielpartner um die genaue Definition gerechnet werden. Es wird ja vorkommen, daß rote Dinge zugleich rund sind, ganz zu schweigen von den natürlichen Stoffen; Hanfschnur zum Beispiel ist natürlich und Kork auch. Aber Korken sind eventuell auch rund, und sie können heutzutage auch aus einer Masse sein, deren Definition schwerfällt. Kurz und gut, man wird sich auf einen Tausch einigen müssen und dabei erkennen, wie wichtig es ist, seinen Bereich - sein Vermögen gleichsam - genau zu bestimmen und zu verteidigen.

gestalten

Aus diesem von uns benannten Werkstoff versuchen wir jetzt eine einheitliche Fläche zu gestalten. Bei den Besitzern von Farben ist das einfach: Sie nehmen eine Unterlage (Karton oder Holz) und breiten die Sachen darauf aus. Nun merken sie erst, daß es in jeder Farbensparte große Unterschiede gibt. Ihr Bemühen muß darauf hinausgehen, die zu gestaltende Fläche möglichst einheitlich zu machen, so daß keinerlei Rückschlüsse auf das Material mehr möglich sind.

Wenn jeder Teilnehmer eine solche Fläche zustande gebracht hat, wollen wir sie abschließend einrahmen. Nicht weil wir jetzt Bilder machen wollen, sondern weil die materiale Fläche dadurch gesteigert wird. Wir legen also ein Passepartout um die ganze Sache herum und streichen es in der Farbe an, die unsere Materialstudie hat. Ein alter Bilderrahmen zum Beispiel kann dann überraschende Wirkungen hervorrufen, weil mit ihm die Unebenheiten, die das Gebilde annahm, ausgeglichen werden.

Wenn wir es mit ausholenden und stark aus der Fläche tretenden Dingen zu tun haben, gibt es noch eine Methode: Wir streichen alle in einer Farbe und gleichen uns damit unseren Kollegen von der "Farbenabteilung" an. Das ist aber nur ratsam, wenn es sich um wirklich skurrile und bizarre Gegenstände handelt, etwa um Drähte oder alte Radioteile. Interessante Wirkungen ergeben sich, wenn wir die Unebenheit mit Nägeln ausgleichen, wobei diese so eingeschlagen werden sollten, daß die Fläche, die mit ihren Köpfen entsteht, möglichst die Höhe der Gegenstände erreicht. Vielleicht spannen wir dazwischen noch Draht, um auszugleichen. In jedem Falle geht es uns um eine möglichst klare Ordnung.
Den fertigen Produkten geben wir noch einen guten Ort, Licht ev. Spiegel dazu.
Mit Musik und Imbiß kann die Ausstellung beginnen.

Spieltips

Schloß

Wir sollten uns neu einige Schachteln und Kartons besorgen, Eierschachteln aus Papiermaché vor allem, die geradezu ein gotisches Aussehen haben, aber auch Flaschen, Plastikbehälter, wie sie für Milch und Joghurt im Handel sind (gut gereinigt natürlich), Holzklötze und Bretterabfälle, vielleicht Stücke von alten Möbeln, gedrechselte Säulchen usw. Denn diesmal geht es um eine phantastische Architektur, und jeder sollte ein paar Baukörper zusammentragen helfen. In der Gruppe wird man sich rasch als Außen- oder Innenarchitekt ausweisen; das Spielen mit diesen Raumkörpern liegt dem einen eben mehr als dem anderen. Wer es nicht gleich heraus hat, nimmt sich einfach eine Schachtel und richtet diese phantasievoll wie eine Stube ein. Sie wird dem großen Bau, der entstehen soll, an irgendeiner Stelle angefügt werden. Und auch das sei gleich gesagt: Alle Zimmer sind nach vorne geöffnet. Wenn möglich, wollen wir sie auch nach hinten durchbrechen, so daß man von verschiedenen Seiten an sie herankommen und die aufgewendete Pracht sehen kann.

Nur an eines wollen wir nicht denken: an eine Puppenstube. Sonst kommt es zu einem Mobiliar, das in seiner Einfachheit zwar einleuchtet, aber dem Ganzen keinen Ausdruck verleiht. Denn das Ganze soll wie ein vielfach verschnörkelter Palast wirken, der von einem Thronsaal zum anderen führt und dessen Terrassen und Freitreppen sich in prunkvolle Gärten ergießen, wie wir sie vorher schon kennenlernten.

Wir wollen uns ganz an der Nutzlosigkeit dieser Architektur erfreuen und sie als ein Geschenk an die Gruppe betrachten, zu dem jeder seine Begeisterung beisteuert. Das ist kein Kunstwerk, sondern eine Gemeinschaftsarbeit, die gerade deswegen die ganze Gestaltungskraft des Einzelnen in Anspruch nimmt. (113)

Hoch hinaus

Ein fester Karton gilt als Untergrund, darauf baut jeder so hoch es geht aus Schachteln und Dosen einen möglichst hohen Turm. Mit kräftigem Kleister werden die Teile verbunden und nach einem Tag Trockenzeit kann man die Riesengebilde bemalen.

Tastwand

Auf ein langes Brett, das an der Wand befestigt wird, kleben wir allerlei Dinge zum Fühlen:
- Schleifpapier
- Stoff (z.B. Frottee, Samt, Teddy)
- zerknitterte Alufolie
- Küchenpapier
- Knöpfe u.ä.

Nun geht das Kind mit verbundenen Augen an der Tastwand entlang und befühlt sie. Eventuell wird auch erraten, um was es sich handelt.

Papierbälle

Anstatt industriell hergestellte Bälle zu kaufen, können sich die Kinder aus alten Zeitungen und sonstigem Altpapier selbst Bälle machen. Die Bälle werden durch Kreppbänder oder alte Schnüre zusammengehalten und können in vielen verschiedenen Spielen, in denen man einen leichten, nicht abprallenden Ball braucht, etwa anstelle eines Schaumgummiballs, benutzt werden. Gruppen von Kindern können im Freien Abfälle sammeln und daraus Bälle machen; dabei wird zwei nützlichen Zwecken gedient, und zwar eine saubere Umwelt und ein Ball zum Spielen - je größer der Ball, desto besser!

Erlebnisbericht

„Fetzentag“

Großgruppe: (30 Kinder) Kindergartenalter (3 - 6 Jahre)

Vorbereitung:
Gegen Kindergartenschluß muß der Kindergarten aufgeräumt werden. Dabei stieß ich auf viele alte Girlanden, Zeichnungen, Papierreste ...
Es wurde ein Basteltag vorbereitet.
- Gruppenraum ausräumen. Es wurde am Boden gebastelt.
- Einige Tische in das Büro stellen, um den Kindern auch die Möglichkeit zu geben, mit verschiedenen Spielmaterialien zu spielen.
- Material zum Basteln vorbereiten: Klebstoff, Pinsel, Schere, Wolle, Papier, Karton ...

Verlauf:
Staunen bei den Kindern über die Veränderung des Gruppenraumes.
Man konnte an dem Verhalten der Kinder drei Stufen entdecken:
1. Stufe: Betrachten
2. Stufe: Material an sich reißen
3. Stufe: Etwas mit dem Material anfangen.

1. Stufe: Betrachten
   Die Kinder gingen durch den Raum, betrachteten die verschiedenen Angebote. Einige fingen an sich selbst zu schmücken mit Stirnbändern Ketten ...
2. Stufe: Material an sich reißen
   Ich habe auch Kinder in der Gruppe, die alles an sich reißen. Sie horten Material wie kleine Hamster, obwohl sie gar nicht alles benötigen. Diese Kinder kamen an diesem Tag zum Zug, da genügend Material vorhanden war, und sie niemandem etwas wegnahmen.
3. Stufe: Etwas mit dem Material anfangen
   Viele Kinder gestalteten sehr schöne Dinge mit dem wertlosen Material. Es wurde in Gruppen oder alleine gestaltet. Die Kinder konnten über ihre Bastelarbeit bestimmen. Sie zeigten bei ihrem Tun Ausdauer und Geduld.

Fortsetzung folgte im Garten.
Ich wollte das Material noch mehr nützen.

- Mein neuer Impuls: Aus großen Papierbögen Kleider machen. Die Idee wurde freudig aufgenommen.
- Es entstanden verschiedene Spiele wie: Feine Dame, Prinzessin, Ritter hoch zu Roß, Soldaten mit Rüstung usw.
- Es folgte ein Austoben mit den Girlanden. Diese wurden umgehängt, geworfen oder es wurde der Garten geschmückt.

Schluß: Lustbetontes Aufräumen.

Es gab auch Enttäuschungen, da die Vorstellungen nicht immer der Wirklichkeit entsprachen. Die Vorstellungen wurden dann immer in kleine Einzelheiten zerlegt und dadurch wurde die Sache einfacher. So gelang das Bauwerk.
Meine "Hamster" waren froh die Möglichkeit zu haben, Material zu horten, ohne alles zu gebrauchen. Es bestand kein Zwang zum Basteln, daher war kein Leistungsdruck vorhanden.
Die Kinder nahmen Anregungen dankend an und machten daraus ihren Vorstellungen gemäß ein Bauwerk. Jeder durfte über sein Bauwerk bestimmen.
Das Ausgelassensein im Garten machte jedem spaß, es fühlte sich jeder in seinem Element und verhielt sich je nach seinem Temperament. Sogar das Aufräumen geschah ohne großen Zwischenfall.
Es war eine Freude für mich, zu sehen und zu erleben, wie sich so manche Streiterei von selber löste und wie die Kinder einander halfen.
So schenkte ich den Dingen mehr Vertrauen, daher wurde im Garten die Fortsetzung gemacht (Papierkleider, Fetzenschlacht). Es war auch für mich eine riesen Gaudi. (117)

Erlebnisbericht

„Papierstreifen“

Material, Werkzeug:
2 cm x 50 cm Papierstreifen aus verschiedenfärbigem Naturpapier, Wäschekluppen, Scheren, Filzstifte.

Praktische Durchführung:
Auf dem Tisch legte ich sämtliches Material auf . 5 Kinder waren um den Tisch versammelt. Die Kinder assoziierten mit den Papierstreifen - "Flechten" (vor einiger Zeit machte eine Schülerin mit den Kindern eine Flechtarbeit mit Papierstreifen). Kathi entdeckte die Heftmaschine, nahm 3 Papierstreifen und heftete diese zusammen. Daraufhin wollten die restlichen 4 Kinder ihre Idee übernehmen. Nach einigen Impulsen begannen die Kinder verschiedentlich mit den Streifen zu experimentieren.
Vorerst noch vorsichtig, später jedoch mit großer Freude, mischten sie das angebotene Material und stellten eindrucksvolle Gebilde her. (118)

Spieltips

Schneiderei

Alte Kleidungsstücke, besonders Jacken und Hosen werden ganz auseinandergenommen und mit einigen Stichen, soweit es geht, wieder zusammengesetzt.
Wichtig ist dabei, daß die Kinder herausfinden, welche Gegenstände aus welchen Einzelteilen bestehen.

Riesentuch

Das Tuch nehmen wir in die Mitte und ziehen es stramm. Darauf werden dann aufgeblasene Luftballons gelegt. Wenn die Musik beginnt, lassen wir die Luftballons tanzen.
Varianten: Das Tuch ist das Meer und wir machen Wellen;
Das Tuch fliegt hoch in den Himmel und wir laufen alle schnell unter das Tuch.

Riesendrache

Aus Bettüchern wird ein drachenähnliches Gebilde geschneidert. Für Köpfe, Arme und Beine werden Löcher in den Stoff geschnitten. Um das Ausreißen zu vermeiden, bitte die Schnittkanten umnähen! Die Größe, Art und Anzahl der Löcher, ja des ganzen Drachens, muß auf die Kinder zugeschnitten sein. Anschließend kriechen erst einmal alle Mitspieler probeweise in den Drachen. Nach einigen Korrekturen kann dann der Drache gemeinsam bemalt werden.

Märchenfest

Ein Märchenfest bietet glänzende Gelegenheit, sich Kostüme zu einem Thema auszudenken. Jeder erscheint als Figur aus einem Märchen.

Da kommt Rotkäppchen mit einer Kappe aus roten Stoffresten, Kragen und Schürze aus dem gleichen Stoff, jeweils auf ein Band geheftet und um Hals und Taille gebunden ...

Der Wolf trägt eine Halbmaske wie der beschriebene Stier, mit Pappzähnen und Knopfaugen und einem angehefteten Stoffstreifen als Übergang zu einem "Handtuchmantel" statt Hörnern.

Ein Drachen erscheint mit seinem Riesenkopf und kann unter seinem Leib bis zu 10 Kindern beherbergen, wenn die Decke reicht ... Der eindrucksvolle große Kopf besteht aus gebauschtem und in die rechte Form gedrücktem Maschendraht. Er wird mit Stoff überzogen und mit lustigen Ohren, Styroporaugen und etwas Weihnachtsschmuck und Christbaumkugeln als Nüstern besetzt. Der rührselige Drachen zeigt sogar kostbare Riesentränen aus Kristall ...

Der gestiefelte Kater erscheint mit Stulpenstiefeln (Manchetten über normale Stiefel), quer umgebundenem Umhang, Handschuhen und Katzenmaske.

Doch es müssen sich nicht nur einzelne Gestalten aus verschiedenen Märchen treffen, auch eine ganze Gruppe kann sich zusammentun und nach einem bestimmten Märchen verkleiden. (122)

durchdacht und selbstgemacht

Improvisierte Spieldinge

Unterschiedliche Spielzeugarten erhöhen das Interesse der Kinder und verhindern Eintönigkeit und Langeweile

Ein großer Teil der Grundausstattung einer Kindergartengruppe besteht aus klassischem Spielgut, dem sogenannten Dauerspielzeug, welches aus unterschiedlichen Grundstoffen wie Holz, Kunststoff, Glas, Porzellan, Metall, Pappe ... gefertigt ist. Solche Spieldinge zeichnen sich durch eine solide Verarbeitung (z.B. haltbare Steckverbindungen bei einem Konstruktionsmaterial) und eine ästhetisch befriedigende Gestaltung (Farb- und Formgebung) aus.

Aus Abfallmaterial (Stoffreste, Holzabfälle, Makulaturpapier ...) oder aus Verpackungsmaterial (Becher, Schachteln, Dosen ...) lassen sich improvisierte Spieldinge herstellen, die eine nicht mehr wegzudenkende Bereicherung und Ergänzung des traditionellen Spielangebots darstellen.

Das Wertvolle an diesen Spieldingen ist der Herstellungsprozeß, der an die kreativen Fähigkeiten der Kinder große Ansprüche stellt. Die "Produktgestaltung" ist oft ebenso lustvoll, wie der eigentliche Spielprozeß, bei dem improvisierte Spieldinge meist wieder "zerspielt" werden. Das gehört zum Wesen dieser Spieldinge: Wenn sie ihre Funktion erfüllt haben, werden sie nicht mehr benötigt; man kann jederzeit neue, gleichartige, verbesserte oder andersartige "produzieren".

Das Erlebnis, daß unnütz gewordenes Material vielseitig wiederverwendet werden kann, bedeutet außerdem einen wichtigen Beitrag zur Umwelt- und Konsumentenerziehung. (123)

Erlebnisbericht

„großflächiges Malen“

Vorerfahrung:
beidhändiges, großflächiges, schwungvolles Zeichnen mit dicken Filzstiften.

Kathi zeichnet ihren "Maxi" oftmals mit mehreren Farben übereinander.

Nicole zieht mit ihren Filzstiften große schwungvolle Spuren.
Diese Aktion spricht sich herum - Bald wollen sehr viele Kinder ihren Platz einnehmen.

Thema:
Wir malen eine Stadt und machen unseren Adventkalender daraus.

Material:
Plakatfarben, breite Borstenpinsel, 3 Bögen Packpapier an der Wand, Altpapier zum Schutz für den Boden.

Christine malt ihr Dach

Durchführung:
Wir arbeiteten in 2 Etappen. Am ersten Tag meldeten sich 5 Kinder, die gerne Häuser für die Stadt malen wollten.
Eine reiche Anzahl von Farbtöpfen stand zur Verfügung. Die Kinder ließen sich von der Leuchtkraft der Farbe anziehen und malten sehr bunte, körpergroße Häuser. Möglichst viele Fenster waren notwendig - schließlich hat ein Adventkalender 24 Stück davon.
Am nächsten Tag lagen kleine Papierstücke und dicke Filzstifte bereit.
Aufgabenstellung: "Aus meinem Fenster schaut ...... heraus"
Schließlich wurden unter meiner Mithilfe 24 Fenster aufgeschnitten und mit den kleinen Zeichnungen hinterklebt.
Die Fenster wurden nach einem Kontrollblick wieder behutsam geschlossen und mit einer Klebeetikette fixiert.
Schließlich sollte es in der Adventzeit eine Überraschung für die Kinder sein, wer wann wo herausschaut.
Das war es dann auch.

"Schau, bei meinem Fenster sind Papa und Mama" (124)

Spieltip

Spielpanorama

ist ein herrlicher Spielspaß für kleine und große Kinder!
Was gibt es da alles zu entdecken und nachzuspielen.
Die vielen verschiedenen Szenen werden die Kinder immer wieder von neuem anregen, eigene Geschichten und weitere Spiele zu erfinden.
Durch das großzügige Format kann das Kind auch viele seiner Spielsachen - Tiere, Autos, Playmobil - in diese Welt miteinbeziehen.

1. Sie können es bei genug Platz als Wandbild an die Wand heften oder
2. wie eine Ziehharmonika aufstellen
3. In Bienenwabenform bringen oder
4. als Rund-Panorama um Ihr Kind herumstellen
5. Sie können aber auch in einer Ecke einen eigenen Raum schaffen Zimmerwand, oder es
6. einfach in die Ecke stellen.
   Sie können es
7. in U-Form aufstellen, so kann Ihr Kind leicht in seine Spielwelt hinein und heraus.
   Man kann es aber
8. auch ganz einfach auf den Boden ausbreiten .... liegend, und sich hineinsetzen oder -legen.

(125)

Wollen Sie mit Ihrem Kind ein Panorama selbermachen?

Hier eine Anregung:
Einen großen Karton auseinandernehmen und die Seiten mit Verpackungsstreifen aneinanderkleben. Die Fläche mit weißer Dispersionsfarbe grundieren, und schon können Sie eine eigene Bilderwelt darauf entstehen lassen.

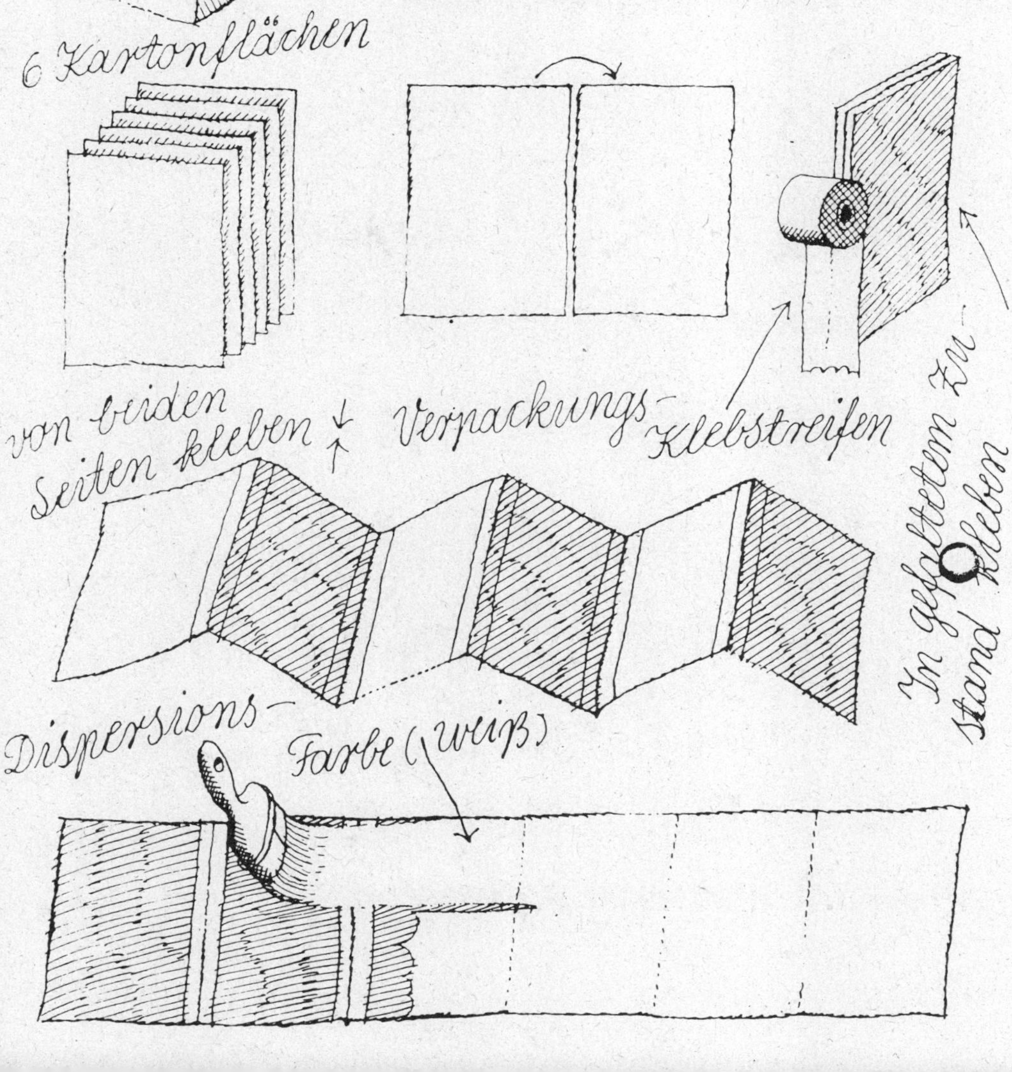

Spieltip

Würfelspiele

Material:

- 1 Bogen festes Papier
- Schreibstifte, Wachskreiden
- kleine Zettel oder Kärtchen
- Spielwürfel, Spielkegel (oder Knöpfe ...)

Vorgang:

1) Sucht Euch ein Thema für das Würfelspiel (z.B. Frieden, Familie, Umwelt oder "Wir" ...) und zeichnet dem Thema gemäß ein Spielfeld (Symbol, Wort, Haus ...)
2) auf dem Spielfeld nun Spielpunkte eintragen:
   a) leere zum "Hüpfen"
   b) mit A oder anders gekennzeichnete für Aufgaben, Aktionen
   c) mit F oder anders gekennzeichnete für Fragen
   d) mit G oder anders gekennzeichnete für Gestaltung
3) Aufgaben und Fragekärtchen machen, jeder für sich, und hinten kennzeichnen, verdeckt auflegen
4) reihum würfeln und während des Spiels weitere Ideen und Spielregeln entwickeln, aufschreiben. Die Spielregeln sollen möglichst ermutigen - Kontakt ermöglichen - und zum Miteinander Spielen anregen.
5) beim Spielen kommt man nun auf verschiedene Felder und deckt dann Kärtchen auf, spricht darüber oder macht die Aufgabe ... bei Gestaltung ist gemeint, das Spielfeld weiterzugestalten ... .

(126)

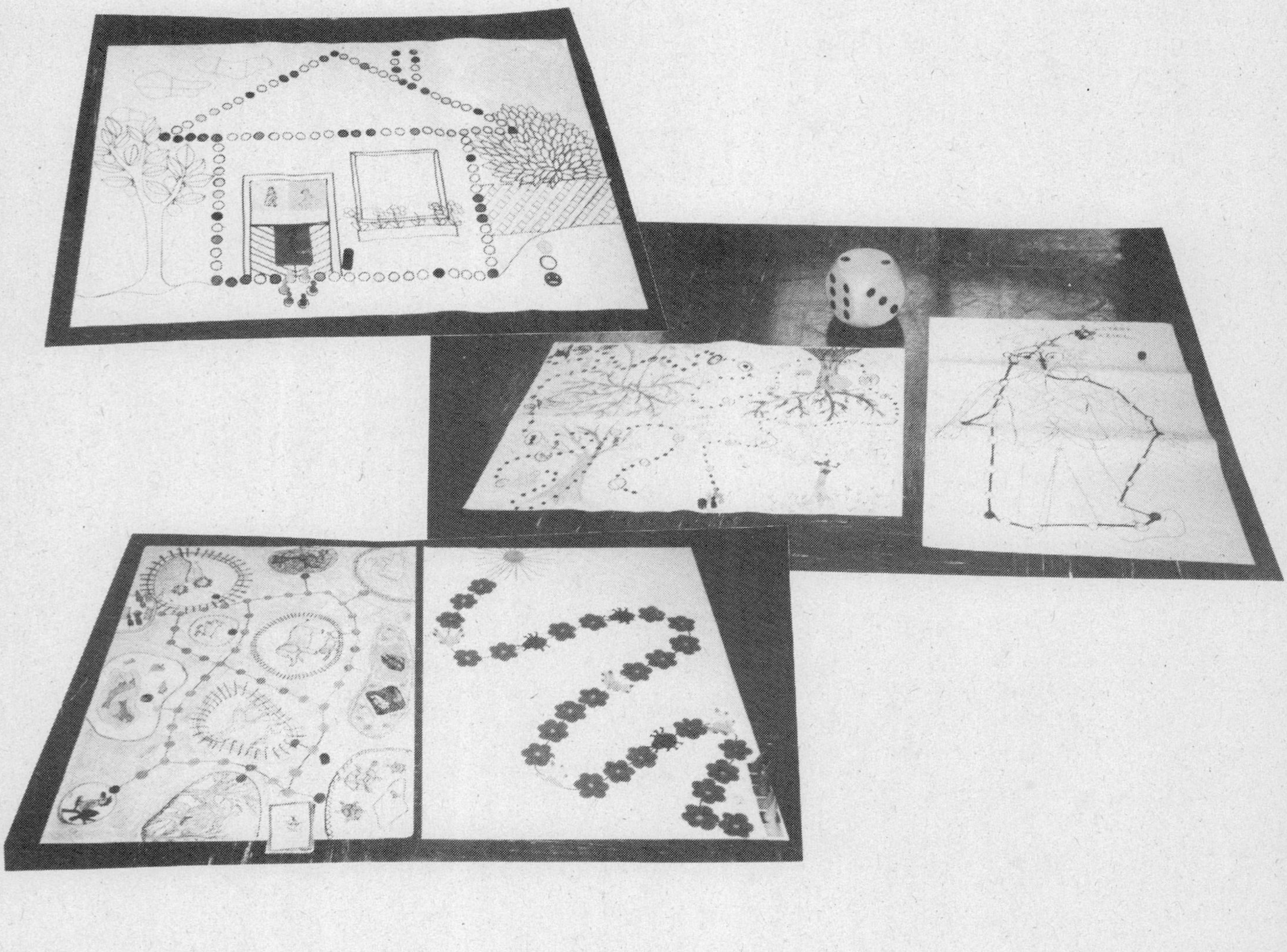

Frühling

Regel:
Würfeln und bei den Symbolen Schmetterling oder Käfer folgende Anregungen gemeinsam tun:

Schmetterling: Bewegungen wünschen und im Raum oder am Sessel ev. verschiedene Körperteile dazu nennen

Marienkäfer: Singen und verschiedene Bewegungen dazu erfinden

Ziel ist die Sonne - ist ein Kind dort, so verschenkt es seine Punkte und wartet - wenn alle dort sind, zusammenkuscheln und sich gegenseitig wärmen.

Dieses Spiel ist in seiner einfachen Ausführung speziell für kleine Kinder (ab 2 Jahren) geeignet. Beim Würfeln helfen.

Autorinnen vom Spielpädagogik-Sommerkurs
Bezirk Baden 1986

Clown Sinnesspiel

Regel:
Bei jedem roten Punkt stellt das Kind, der Spieler eine Aufgabe, die diesen Körperteil betrifft. Die Aufgabe wird von der ganzen Gruppe gemacht.
Z.B. Auge: herumschauen und sagen was man sieht, oder ich seh, was du nicht siehst und das ist ... rot.
Die anderen raten.

Gestaltungsvariationen:
Das Bild aus Stoff oder Filz groß aufkleben und später das Bild an die Wand hängen.

Sissi Wüst, Elisabeth Orel, Sieglinde Steiner, Susi Winger, Christl Zenz,
Maria Augusta
Spielpädagogik Sommerkurs,
Bezirk Baden 1986

Jahreszeitenspiel

Regel:
Reihum würfeln, kommt man auf ein Symbol, dann werden folgende Tätigkeiten von allen gleichzeitig oder von einem Spieler gemacht:

Blume: Spieler erhält eine gezeichnete oder ausgeschnittene oder echte Blume
Vogel: piepsen wie ein Vogel
Biene: summen wie eine Biene
Frosch: quaken
Apfel: einen echten oder gezeichneten Apfel schenken
Schmetterling: sachte flattern
Schlange: mit Bewegung nachahmen
Katze: miauen und putzen
Blatt: jeder erhält ein Blatt (echt oder ausgeschnitten)
Maus: piepsen und laufen mit kleinen Schritten
Hase: schnuppern und hoppeln
Krähe: flattern und kreischen
Kristalle: jeder erhält ein Kristall

Erweiterung:
für die ausgeschnittenen Geschenke ein Blatt und Klebstoff bereithalten, diese Sachen können für ein Bild verwendet werden.

Für einen neuerlichen Durchgang können für jedes Symbol wieder neue Tätigkeiten erfunden werden: Geschichten erfinden, über die Ernährung dieser Tiere reden, über Farben, wie gern man sie hat usw...

Maria, Ruth, Ulli, Renate, Margot,
Maria, Spielpädagogik-Sommerkurs,
Bezirk Baden, 1986

Spieltips

Materialspiele

Tobeberg

Spieler: Großgruppe

Material: Weichböden, Turnmatten, große Schaumgummiteile, Kissen, Matratzen, ausgediente Federbetten u.ä.

Zeit: 0 oder 00

Die Kinder stellen sich hintereinander auf, nehmen einen kräftigen Anlauf und lassen sich nacheinander auf den Tobeberg fallen. Nach dem Flug stellen sie sich schnell wieder hinten an und bestreiten die zweite Runde. Zur Abwechslung können auch Kleingruppen von zwei bis vier Kindern auf dem Tobeberg gemeinsam herumhüpfen. Eine weitere sehr beliebte Variationsmöglichkeit ist diese: Zwei Erzieher schwingen ein Kind in der Luft hin und her und lassen es mit einer Bauchlandung auf den Matratzenberg fallen. (128)

Inselweg

Aus vielen Materialien legen die Kinder einen langen "Inselweg". Die hintereinander gelegten Klötze, Balken, Bretter müssen betreten werden, ohne daß ein Fuß auf den Boden kommt. Die Wege werden mehrfach umgelegt und abschließend zu einem Kreis verbunden. (131)

Eimerschlange

An einen großen Farbeimer, oder besser in eine Plastikwanne werden Drainageschläuche in vorgebohrte Löcher eingeschraubt und das ganze in ein Gestell, an die Wand, oder an ein Klettergerüst gehängt. Kinder und auch Erwachsene versuchen mit Ausdauer die Bälle (Kugeln) in die Wanne zu treffen und beobachten aus welchem Schlauch sie zum Vorschein kommen.

Tunnelkriechen

Spieler: Großgruppe

Material: Decken, Bettlaken, Gymnastikreifen oder Kindertische, Stühle u.ä.

Zeit: 00

Die Kinder sollen durch einen Tunnel kriechen. Sind die Kinderstühle und -tische hoch genug, kann man sie ganz schnell zu einem Tunnel umfunktionieren. Eventuell benutzt men dazu auch Gymnastikreifen, Decken und Laken.

Danach werden mehrere Krabbelrunden durchgeführt. Das bereitet den Kindern schon viel Spaß.
Der Erzieher kann dieses Spiel aber auch in eine Situation einbetten. Angenommen, alle Kinder sind in einer Höhle gefangen. Sie können nur wieder ins Freie gelangen, wenn sie durch einen Tunnel kriechen. Bei diesem Spiel sollte man besonders auf ängstliche Kinder achten. Für sie ist ein Zwei-Meter-Tunnel oft schon zu lang. Am besten kriecht man beim ersten Mal selbst mit und ermuntert so die Ängstlichen zum Mitmachen. (130)

Schwammwerfen

Spieler: Großgruppe

Material: Bemalte Wand aus Pappe oder Spanplatte mit mehreren kopfgroßen Öffnungen, drei runde Schwämme oder Schaumstoffbälle.

Zeit: 0 oder 00

Freiwillige gucken jeweils durch die Löcher der Wand. Auf diese Kinder dürfen die anderen mit einem trockenen Schwamm oder Schaumstoffball werfen. Der Wurfabstand sollte sich nach den Fähigkeiten der Kinder richten. Es ist erlaubt, den Kopf wegzuziehen oder ihn mit den Händen zu schützen. Mutige ziehen den Kopf aber nicht weg. Das können die Erzieher z.B. durch ihr aktives Mittun vormachen. (129)

Materialliste

Material:	Möglichkeiten:
Futterseidentücher, vielfärbig, ca. 5x5 m bzw. Fallschirm	verschiedene Körper-Spiel-Aktionen, Szenen, "Schwammerl", "Glasplatten-Heben", Transparent-Leinwände für Schattenspiele, Riesen-Fahnen, Farbzelte usw.
Großes weißes Tuch, z.B. 4 Leintücher	Leinwand, Schattenspiele, Statuen-Spiele
beliebige, verschiedenfärbige Stoffreste und -bahnen, Patch-Work-Tücher	zum Nähen von Tüchern, Kostümen, Fahnen, Transparenten usw.
Erdball oder große Gymnastikbälle	regen gemeinsames Wutzeln, Tragen, Rollen, Stoßen usw. an
Riesen-Luftballons	für Dekorationen, Theater-Aktionen, Tanz und Bewegung
5 kg Papier-Säcke (nur Papier!)	Masken zum Überstülpen, bemalen
Schminkfarben-Stifte	einander schminken
30 m Kunststoffseil Ø 7 mm	Seil für die Tücher, Seilziehen, Felder kennzeichnen, Umgarnungen
1 Rolle Einziehgummi	zu zwei-Meter-Schlaufen geknotet für Tanz und Bewegungsspiele
30 Rundstäbe Ø 1,5 cm, ca. 1 m lang	etliche Bewegungsspiele, Stock-Pantomime, Stöcke für Fahnen und Transparente, Riesen-Mikado
Schaumgummiwürfel Styropor-Würfel	zum Werfen, Bauen usw.
Tamburin, Schellenkranz oder Gong	für Signale bei Ankündigungen und bei Bewegungsspielen
Instrumente wie Röhren, Tröten, Geschirr, selbstgebastelte Trommeln, Blechdosen	zum Krawall- und Musikmachen, für Umzüge
Lichtkoffer mit bunten Scheinwerfern, Verteilern und Klemmfassungen	für Schattenspiele und Raumatmosphäre
Plastikplane	für Rutschbahnen, Bassins zum Planschen, Zelte und Dächer
50 einfache Borstenpinsel (ca.9,-) 100 m Packpapierrolle weiß/braun (bei Papierfabrik schnorren!!) je 2 kg. färbige Dispersion: rot, gelb, blau, weiß, schwarz 50 m Wellpapp-Rolle 2 Abdecke-Plastik-Planen 4x4 m (Haushaltsgeschäft)	diverse Malaktionen, Riesenfiguren, Raumdekoration usw. (132)

Spiel-Zeug

niedlich und nett

Nicht die Spezialanfertigungen für Kinder, das verniedlichte und verkleinerte Spielzeug, das die Kinder in eine abseitige, angeblich heile Welt drängt, ist Spielmaterial, sondern die Requisiten der Erwachsenen.

Für Kinder ist der Erwachsenenbereich und die Dinge daraus sowieso das Interessanteste in ihrer Umwelt. Durch den freien Umgang mit diesen Dingen werden Rituale und Normen, die diese Gegenstände umgeben, durchlässig und verlieren ihren Zwangscharakter.

Spielzeug: Autos, Puppen, Mondlandefähren aus Blech, Roboter, Legosteine, Monopoli ... etc., dies unterscheidet sich im Wert für die Kinder nicht von einem Taschenmesser, einer Colaflasche, einem Filzschreiber, einer Schreibmaschine, einem Pappkarton, einer Zeitschrift.

Im Hinblick auf die Bedürfnisse der Kinder und ihre notwendigen Lebenserfahrungen ist die folgende Definition von Spielzeug richtig: Spielzeug ist alles, was man in die Fingern bekommen kann und einem die Erwachsenen nicht wegnehmen."

Niedliches Spielzeug - ein Erwachsenenwunsch

Die Spielzeugwelt entfremdet das Kind zusehends von realen Vorgängen, es wird allzu viel "verniedlicht", verkleinert. In früheren Zeiten war der kleine Erwachsene die Einstellung zum Kind, heute ist es das "ewige Kind", das keine realen Erlebnisse mehr hat, die in einem wichtigen Lebenszusammenhang stehen. Dadurch wird das Kind zu lange in Abhängigkeit gehalten und kann nicht mit dem Erwachsenen mitlernen, wie es früher doch in ländlichen Kulturen möglich war. Ein Mittelweg ist günstig: kindgemäße Lebensräume und wohlwollender Kontakt mit Erwachsenen, gemeinsame Tätigkeiten, die das Erforschen und Entdecken am Beispiel der Erwachsenen ermöglicht. (133)

Chaos und Ordnung

Was das Spiel der Kinder direkt bestimmt, sind die greifbaren, bunten, raumfüllenden, lärmmachenden, harten, weichen, großen, kleinen Dinge, Materialien und Objekte.

Warum diese Spielmaterialien Konflikte bringen werden:

- Sie lassen sich von Spielgeräteherstellern und Spielzeughändlern nicht kommerzialisieren, nicht standardisieren und nicht in Profit umsetzen - jedenfalls nicht in dem Maße, wie dies bei den handelsüblichen Spielgeräten und dem Kaufhausspielzeug der Fall ist. Wenn die Erwachsenen selbstständig und kreativ werden in der Beschaffung von unkonventionellem Spielmaterial - auch zu Hause -, dann brauchen sie nicht mehr als Alibi den Kindern Spielzeug kaufen, das sowieso nach kurzer Zeit kaputt oder abgespielt ist und herumliegt.
  Die betroffene Industrie wird sich Gutachter kaufen, wird die Werbung und Verführung von Kindern und Eltern verstärken - sie fürchtet um ihren Markt und um ihren Profit. Auch hier beginnt ernsthaftes Engagement der Eltern: Verweigerung eines Spielkonsums zugunsten von kreativen, pädagogisch wünschenswerten Spielformen der Kinder.

- Spielformen, die Außenstehenden chaotisch und unproduktiv erscheinen, machen manchen Bürgern Angst. Vor allem solchen, deren geheime Wünsche nicht befriedigt sind, deren Spielbedürfnisse unterdrückt wurden, und die deshalb ihre Komplexe durch Aggressionen in ihrer Umwelt abreagieren müssen.
  Befreites Kinderspiel beunruhigt sie, sie fühlen sich persönlich angegriffen und sie haben Angst, denn "wahrhaft revolutionär wirkt das geheime Signal des Kommenden, das aus der kindlichen Geste spricht" (Walter Benjamin) und das man unterstützen muß - auch mit Bierkisten, Pappkartons und Bauholz. (134)

persönliche Ordnung

Redewendungen wie "Ordnung ist das halbe Leben" oder "wer Ordnung hält, ist nur zu faul zum suchen" begründen oft die jeweilige Haltung.
In der Erziehung wird die Ordnung oft zum Tyrann - der Erzieher und der Kinder. Es ist nicht mehr klar, wer was warum will.

Kinder haben ihre eigene Ordnungsvorstellung und je mehr gedrillt, desto schlampiger. So scheint es oft.

Wie kann nun Ordnung so eingefügt werden, daß sie nicht von vorneherein Kreativität behindert?

Anschließend einige Aussagen, die Sie je nach Betroffenheit ankreuzen können:

Suchen Sie die Aussage heraus, wo Sie den meisten Ärger spüren und versuchen der Sache auf den Grund zu gehen. Tauschen Sie mit Kollegen aus und vielleicht finden Sie Lösungen, die eine lebendige Ordnung ermöglichen!

Impuls „Ordnung“

A) Wer Ordnung fordert, wird bei uns leicht als "kleinlich" oder "stur" belächelt.

B) Ich bin mit dem derzeitigen Maß an Ordnung bei uns zufrieden.

C) Ordnung ist ein Machtmittel, gegen das man sich schwer sachlich wehren kann.

D) Das Einhalten von Ordnung bringt mehr Konflikte, als es das Zusammenleben erleichtert.

E) Ich möchte Ordnung nur im geringsten Maß fördern.

F) Ohne verbindliche Ordnung fühle ich mich bedroht.

G) Ich fühle mich durch Ordnung persönlich eingeengt – und zum Kind degradiert.

H) Ordnung gehört von allen Betroffenen akzeptiert, ausgehandelt und beschlossen – sonst ist's ein ständiger K(r)ampf.

I) Eine gemeinsam beschlossene Ordnung erleichtert mir, von den Kindern Ordnung zu verlangen.

J) In unserer Schule tun wir uns schwer mit der Ordnung.

K) Viele Konflikte könnten uns durch mehr Ordnung und Disziplin erspart bleiben.

L) Ordnung artet allzuleicht in ständige Kontrolle aus.

M) Ich bin nicht gegen Ordnung, aber dagegen, wie Ordnung durchgesetzt und Vergehen bestraft werden.

N) Kollegen, welchen die Ordnung nicht so wichtig erscheint, haben nur Angst, von den Kindern etwas zu fordern.

O) Ordnung stört den Kontakt.

P) Junge Menschen müssen zeitgerecht Ordnung lernen. (135)

Wieviel Ordnung brauche ich wirklich?

Wieviel wird von außen gefordert?

Wieviel davon kann ich vertreten?

Kreative Ordnung

Hier einige Ideen für kreative Ordnung:

- Ecken für große Materialien
- Kleinmaterial auf Tücher schütten und damit aufbewahren
- wegräumen zu Musik
- alle helfen mit - auch die Erwachsenen
- Übersicht ist notwendig, Pedanterie verkrampft
  Übersichtsspiele - Steckspiele
- Orientierungspläne erfinden - Spiel-Landkarten für außenstehende machen
- den Raum malen und was wo ist

Hinter dem Mangel an Ordnung steckt Spieltrieb, kein böser Wille

Ein gewisses Chaos ist anregend, es ermutigt zum Zugreifen.

Entsteht trotzdem kein Spiel, dann muß Luft gemacht werden, d.h. die Materialvielfalt verringert werden. -
Hier liegt ein Übel unserer Zeit, daß die Kinder einfach zuviel Kleinspielzeug haben. Auch das Fix-fertige regt eher an Chaos herzustellen, da es dadurch zugänglicher wird.

Weniger Spielzeug - mehr Spielwelt!
Sie sparen dabei Ärger und Geld!

Sinnvolles Material für kleinere Räume

- Tücher in allen Größen
- Schaumgummi und Pölster
- Schnüre, Kartons
- Kleine Holzstücke, Nägel, Hämmer
- Pinsel, Malfarben, großes Papier
- Textilreste, Fäden, Nadel, Schere
- Blätter, Steine, Federn, Muscheln

Ein Kinderspielraum sollte mehr einer Werkstatt gleichen als einer Schulklasse oder Wohnzimmer.

Impuls „Material“

Testen Sie das Spielzeug Ihrer Kinder, Ihrer Gruppe, Ihrer Umgebung ...

Wie natürlich ist das Material (Holz, Erde, Sand ...)

Wie viel Beziehung und Zusammenspiel ermöglicht es? (Braucht man Hilfe dazu?)

Wie sehr regt es die Sinne an - riecht es, ist es hart, weich, wie unterschiedlich sind die Oberflächen?

Wie umweltfreundlich - wiederverwertbar ist es (Holz, Papier, Ton, Stoff, ...)?

Wie körpernahe ist das Material - kann man es an sich nehmen - halten, schwer tragen, ziehen, zerren ... seine Kraft erproben?

Fordert es Auseinandersetzung durch Bearbeitung (Holz sägen, Ton ...)?

Kapitel 7

Spielraum

"Der Raum ist die dritte Haut
des Menschen"
(überliefert)

"Der Mensch gliedert den Raum durch
seinen Körper - erst durch den Leib
wird der Raum erfahrbar und die
Raumerfahrungen werden verleiblicht"
(Petzold)

"Ein hochspezialisierter Raum
ermöglicht weniges besonders gut
und verhindert vieles"
(Zeiher)

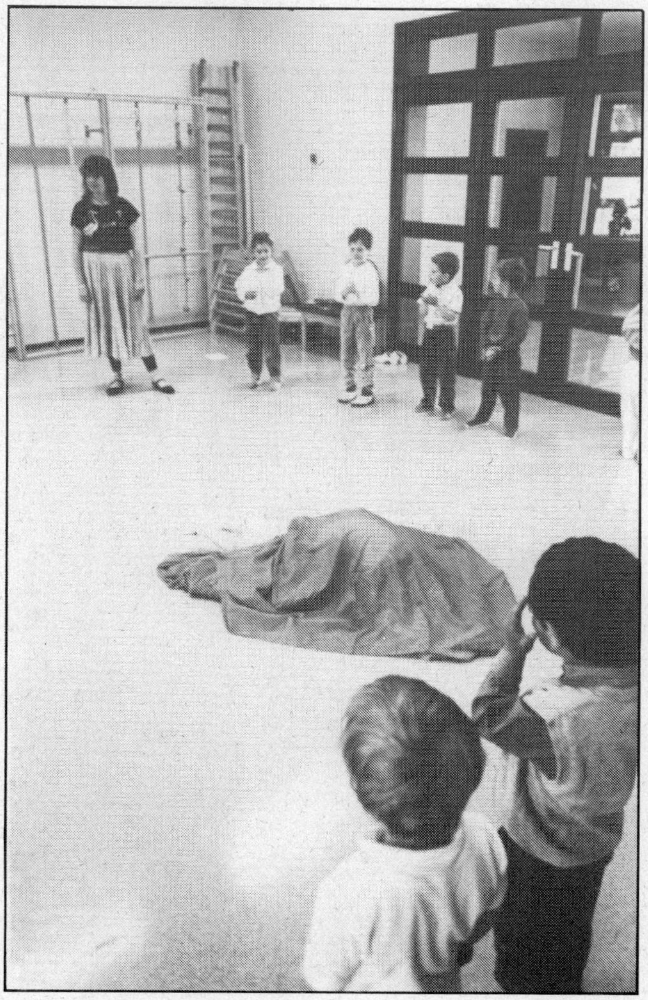

Erfahrungsräume

Leibraum

Der Leibraum

(1. Lebensjahr)

Vom Tag der Geburt an ist der Mensch mit all seinen Aktionen und Reaktionen mit dem Raum verbunden. Nicht nur ein isolierter Sinn, sondern der ganze Körper als Organ erschließt den Raum.

Die räumliche Wahrnehmung verläuft parallel zur Körperbeherrschung. Den Kontakt zur Umwelt übernehmen zunächst die Nahsinne wie Haut, der Geschmacks- und Tastsinn, dann die Fernsinne und zuletzt die geistigen Funktionen.

Durch das Tasten und Greifen des Mundes entsteht der Mund- oder Urraum. Beim Urraum handelt es sich um die zentralste Zone des Leibraumes. Der Urraum ist aber durch die Reichweite der Bewegungen begrenzt, wie die Aktionen des Mundes, die Drehung des Kopfes und des Körpers.

Später wird durch die Greifbewegungen ein weiteres Stadium erreicht, der Greifraum. Das Zusammenwirken von Augen und Händen bewirkt ein intensiveres Auseinandersetzen mit der Umwelt.

Der Ichraum

(2. - 6. Lebensjahr)

Zur weiteren Orientierung muß das Kind das Schema seines eigenen Körpers erfahren haben.
Dies geschieht in zwei Richtungen; zuerst werden alle Dinge der Umwelt zum Körper hin geordnet: die Sphären, die vor und hinter dem Körper, die seitlich, ober und unter dem Körper liegen.

Der Kontakt zwischen Kind und Raum ist soweit aufgeschlossen, soweit die Aktionen des Kindes reichen.

Für das Kind ändert sich der Raum in seiner Qualität durch die Art der Bewegung.

Der gesamte frühkindliche Raum ist ichbezogen; die Umwelt ist je nach Bedeutsamkeit für das Kind aufgebaut.
Der Raum wird durch die Bedürfnisse, Interessen und Erfahrungen des Kindes gegliedert. Verschiedene Plätze und Stellen haben für das Kind emotionale Bedeutung, und je nach positiver, negativer oder neutraler Haltung wird sich das Kind dort auch dementsprechend bewegen. Ein angstbesetzter Ort wird gemieden werden, ein anderer, der Neugier hervorruft, wiederum gezielt angesteuert.

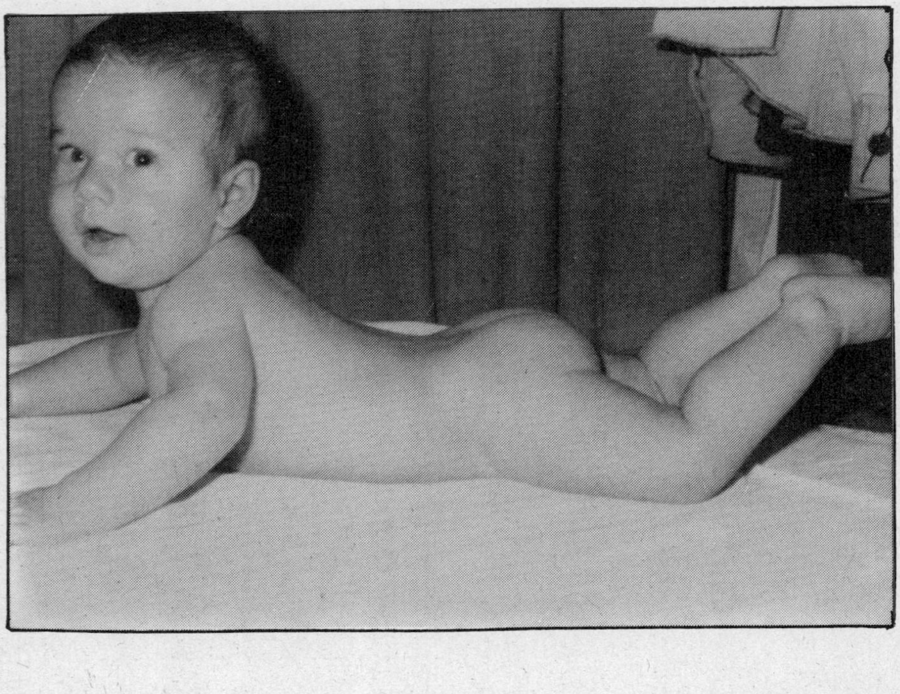

Die Eroberung des Raumes wird durch vielfältige motorische Betätigung erreicht; das Kind geht, läuft, springt, klettert, kriecht. Der Raum wird sozusagen in den Körper des Kindes hineinwachsen, indem das Kind seine Dynamik auf die räumlichen Bedingungen abstimmt.

In diesem Bewegungsraum ist der Handlungsraum eingelagert. Der Handlungsraum bedeutet eine Erweiterung des Greifraumes, und die Koordination von Auge und Hand hat hier eine große Bedeutung. Im Handlungsraum hat das Kind einen sehr engen Kontakt zum Raum. Das Kind operiert und spielt nicht nur mit den Dingen, auch umgekehrt wirkt das Ding auf das Kind ein.

Der Laufraum

Im Laufraum werden Erkenntnisse und Erfahrungen weiter verarbeitet und aufgebaut, die im Ichraum erworben worden sind.
Das Kind entfernt sich weiter vom Haus und erkundet die nähere Umgebung. Bei Ausflügen und Wanderungen wird es auch mit größeren Entfernungen bekannt.(136)

Handlungs-Spielraum

Wenn Kinder angesichts unwirtlicher Städte in ihren Zimmern gefangen sind - früher sagte man: "Geh auf die Straße", heute heißt es: "Geh in dein Zimmer" - und kaum mehr ohne den pädagogischen Blick im Rücken in Speichern kramen, Wälder entdecken, in der Werkstatt unter die Motorhaube schauen können, dann sind ihnen unversehens auch Bildungschancen entzogen worden. Wenn die Arbeit in den Büros und in den Betrieben recht zerteilt und überdies starr vorgegeben ist, dann stellen sich Bildungsschäden ein. Wenn manch ein Jugendlicher ("Das System macht keine Fehler. Seine Perfektion ist ein Fehler") das Gefühl nicht los wird, daß es nichts mehr zu schaffen gibt, weil alles schon fertig betoniert und produziert daherkommt, ist dann nicht das Bildungsniveau einer Gesellschaft am Sinken, auch wenn die Zahl der Schulen noch so hoch ist? Jeder Lehrer spürt, was er auf der einen Seite gibt, wird den Schülern auf der anderen Seite, jenseits der Schule wieder entzogen, da nützen alle zusätzlichen Betreuungsmaßnahmen wenig: Im Verfall der Umweltbedingungen für freiwüchsiges Lernen liegt ein wichtiger Grund für den gigantischen Leerlauf des Erziehungsapparats.

Wie gestaltbar sind die Lebensumstände? (137)

Traum-Raum

- Gebt mir Raum für Ruhe zum Zurückziehen, Verkriechen, Allein sein, zum Anschauen von Schönem und Interessantem, zum Sammeln von Dingen.
- Gebt mir genügend Möglichkeit zum Improvisieren, Kennenlernen und Ausleben meiner Fähigkeiten.
- Gebt mir Material, auch solches, mit dem ihr nichts mehr anzufangen wißt. Für mich bergen diese Dinge noch eine Menge Erfahrungsmöglichkeiten.
- Laßt mir meine Initiative und meinen Wunsch zum Entdecken, Forschen, Ausprobieren ...
- Gebt mir Platz zum Ausbauen und Weiterverfolgen meiner Spielideen, sodaß ich nicht immer alles wegräumen muß.
- Umgebt mich mit mobilen Elementen, beweglichen Materialien, mit denen ich hantieren und meine Räume gestalten kann, sodaß ich nicht immer auf euch Erwachsene angewiesen bin.
- Laßt mich selbst entscheiden und Verantwortung übernehmen.
- Laßt mir Zugang zu elementaren Materialien wie: Wasser, Sand, Erde ...
- Gebt mir nur soviel Kinder um mich, als ich verkraften kann.
- Gebt mir soviel Raum, daß ein alleine spielen, nebeneinander spielen, miteinander spielen möglich ist.
- Akzeptiert auch meine Wünsche und Vorstellungen und versucht sie zu verstehen.
- Gebt mir Raum und Möglichkeit, diese Wünsche zu verwirklichen.
- Laßt mich mein Kindsein erleben! (138)

Spielraum

Weil Spiel eine komplexe menschliche Tätigkeit ist, wird es von Umweltbedingungen und der persönlichen Situation des Spielers beeinflußt. Je nach Beschaffenheit dieser Bedingungen wird das Spiel eher behindert oder eher gefördert, kommen bestimmte Spiele zustande und andere werden gar nicht erst begonnen. Besonders problematisch ist die Trennung der Kinder von ihrer natürlichen Spielumwelt (Natur!) und dem Lebens- und Arbeitsbereich der Erwachsenen.

Mögliche Spielräume sollten nicht durch Ordnung und Sauberkeit beschnitten werden, die das Spiel einengen oder unterbinden. Zimmer, Wohnung, Keller, Garten, Hof, Spielplatz, Rasenflächen, öffentliche Plätze, Wald usw. Alle Spielräume ermöglichen eine andere Auseinandersetzung mit der Umwelt und halten vielfältige Erfahrungen bereit. Daher sollten Spielräume verschiedenster Art zur Verfügung stehen und gewählt werden können. (139)

Manche Räume machen auf den ersten Blick einen wohnlichen Eindruck. Man könnte meinen, daß die Kinder sich hier geborgen fühlen, und an Leib und Seele gesunden. Sie mögen das auch in vielen Fällen tun. Beim genaueren Hinsehen erkennt man aber, daß in fast allen Fällen dem ästhetischen Bedürfnis der Erwachsenen Rechnung getragen wurde. Insgesamt wirken alle Räume überladen mit Dingen, die die Kinder gebastelt haben (fast alle konnten nicht ohne Hilfe der Erwachsenen zur Vollendung, also "ausstellungsreif" angefertigt werden). Vor allem nehmen sie zuviel Platz von dem viel zu engen Raum ein. In einem der von mir letzthin besuchten Kindergärten gab es große Wandtafeln. Die waren aber nicht bemalt, sondern mit fertigen Produkten von der Gruppenleiterin beklebt. Sie ahnte vermutlich nicht einmal, welch gute Gelegenheit zu Körperbewegung das Malen auf großen Flächen bietet. (140)

Elemente eines Spielraums:

Im Vordergrund steht die Bewegung und das selbstbestimmte Spiel miteinander.

Diese Flächen sind jederzeit zugänglich und integriert. Werkstätten und Ruheecken, Bühne und Küche sind raumhoch abgeteilt und leicht zugänglich.

Die Wandflächen und Bodenflächen sind je nach Aktionsfläche weich oder glatt, erhöht, schräg oder rund. Zum Bemalen oder Benageln geeignet. Flexibel.

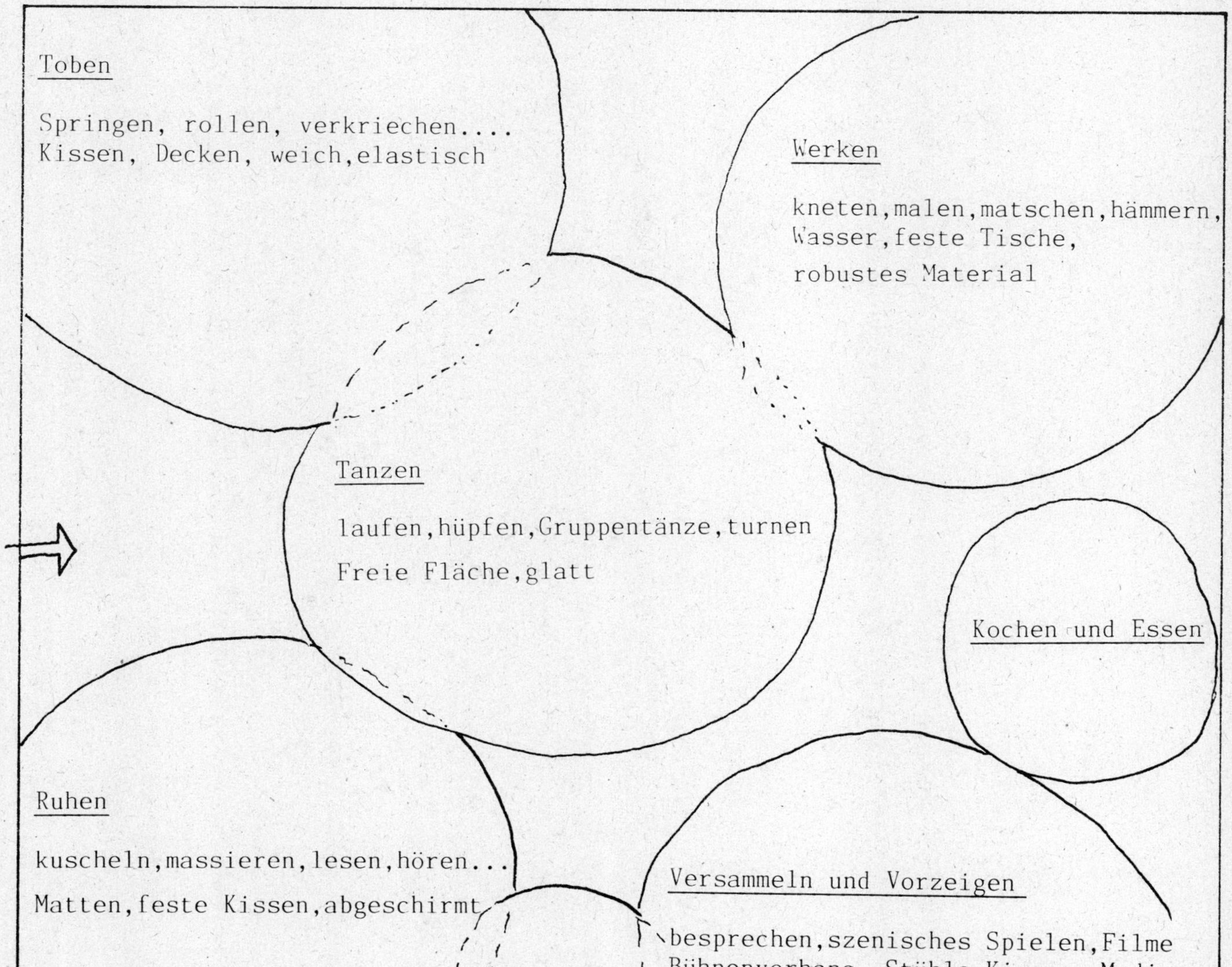

Freiräume

Je kinderfreundlicher die Wohnumwelt ist, desto überflüssiger ist ein Spielplatz.

Je fixer und steriler die Wohnsituation = desto mehr Aggression wird sie produzieren.

Es gibt vielleicht zehnmal soviel Quadratmeter Parkfläche wie Spielräume. Das wissenschaftliche und technische Potential, das diese Gesellschaft in Produktion, Design, Verkauf von Autos steckt, ist ein Vielfaches dessen, was diese Gesellschaft in ihre Kinder investiert.

Wie war es früher?

Besondere Spielplätze für Kinder gab es nicht. Spielbereich der Kinder war die nähere und weitere Umgebung der Wohnung. Spielplatz war, was man je nach Alter zu Fuß erreichen konnte. Die Städte oder Stadtteile waren noch überschaubar. Es gab viele Freiräume, die in ihrer Benutzung nicht eindeutig festgelegt waren.

- Der Hinterhof war nicht von Autos verstellt, da lag Gerümpel, da waren Handwerker, denen man zuschauen konnte, wo man auch Abfälle wie Holz, Eisen, Stoffe, Leder usw. bekommen konnte.
- Da gab es die Straße, auf der sich die Leute kannten, wo sich die Kinder kannten. Die Straßen waren ohne Verkehr und ungefährlich. Ein idealer Treffpunkt und Spielplatz.
- Es gab Attraktionen in der Nähe: ein leerstehendes Haus, eine Schmiede, Landwirtschaft, Pferdeställe.
- Ein See, ein Fluß, ein Bach waren meist in der Nähe, ohne Zäune, ohne Privatgrundstücke, mit natürlichen Ufern.
- Kiesgruben, Wiesen, Wälder, Flußauen, usw. boten einen weiten Auslauf. Hier war immer etwas zu finden, zum Bauen, zum Mitnachhausenehmen, zum Spielen. (141)

Reservate

Der durchschnittliche Spielplatz ist langweilig. Langeweile ist in der Erziehung eine der größten Sünden, weil Kinder dadurch ihre Umgebung und auch ihre eigene Person negativ erfahren. Die natürliche Neugierde und die Lernfähigkeit der Kinder wird unterdrückt.

Auf den trostlosen öffentlichen Spielplätzen sind gemeinsame Spielatkionen kaum möglich. Sie bieten eben keine Gelegenheiten, die zu intensiven Gemeinschaftsspielen (z.B. Rollenspielen, Wettspielen) anregen. Im Wald finden sich genug Äste, Stöcke und Farne für eine Hütte oder für den Floßbau. Auf den öffentlichen Spielplätzen dagegen fehlen die Materialien, aus denen sich ein Wigwam, eine Burg oder ein Schiff bauen ließe, um Indianer, Ritter oder Seeräuber zu spielen.

Was bleibt den Kindern anderes übrig, wenn sie gestalten, bauen oder einfach nur etwas kaputtmachen möchten? Sie müssen sich auf Plätze zurückziehen, wo ihnen diese Aktivitäten erlaubt sind - erlaubt, weil die Erwachsenen sie nicht sehen.

Unsere Städte sind eng und Wald oder Wiesen oft kilometerweit entfernt. Nicht alle Kinder können deshalb auf einen Naturspielplatz ausweichen. Um so alarmierender ist es, daß sie trotzdem die konventionellen Spielplätze verschmähen. Auf einer Baustelle wurden fünfmal so viele Kinder gezählt wie auf dem gegenüberliegenden öffentlichen Spielplatz. Obwohl der Bau nach einiger Zeit fertig war, wechselten die Kinder nicht zu dem für sie bestimmten Spielraum über. Verständlich, denn dort gab es kein herumliegendes "Spielgerät", mit dem sich die Jungen und Mädchen aktiv auseinandersetzen konnten. Der "Bauspielplatz" dagegen setzte ihrer Phantasie keine Schranken. Mit Balken, Büchsen, Planen, Erde und Werkzeugen bauten sie eine Welt, in der sie sich wohl fühlten. Sie waren nicht mehr eingeengt von der "funktionsgerechten" Benutzung starrer und langweiliger Spielgeräte.

Was kann man mit einem Karussell schon anfangen? Man setzt sich hinein und dreht so lange, bis einem schwindelig wird. Das ist alles. Sind Wippe und Schaukel nicht ähnlich passivitätfördernd, weil sie nur einfache Funktionsspiele ermöglichen? Es sei denn, die Kinder dürfen die Geräte "umfunktionieren", und zwar so, daß sie mit den Geräten und nicht die Geräte mit ihnen "spielen". Die "Fallstudien öffentlicher Spielplätze" des Psychologen Dieter Höltershinken und anderer zeigen:

fixe Spielgeräte; Schaukeln, Rutschen, Sandkiste, Klettergerüste ...

- Verhalten wird routiniert auf nur motorische Tätigkeiten
- Anpassung an vorhandene Strukturen wird verstärkt, kein Verändern der Umwelt und ihrer Bedingungen möglich
- Bewegung wird gefördert, jedoch auch aggressives Verhalten durch reine "Nachlauf-Wettbewerbsspiele" und die unveränderbaren Strukturen.
- Langeweile entsteht und bleibt. (142)

Spielgeräte begeistern Kinder am meisten, wenn sich möglichst viel mit ihnen anstellen läßt, wenn man nicht gezwungen ist, sie in "vorgeschriebener" Weise zu benutzen.

Wir wollen zum Spielen keine Reservate, keine Spielecken und Spielnischen, wir wollen die ganze Stadt. Die ganze Umwelt muß bespielbar werden. Denn nur eine kindgemäße Umwelt ist auch für uns alle eine menschenwürdige Umwelt. Stellen wir also wahrhaft menschliche Lebensbereiche wieder her, erübrigt sich der Ruf nach Spielplätzen, die ja immer isolierte, geschützte Schonräume bleiben. Auch der interessanteste, fantasievollste Spielplatz bleibt ein Ghetto und ist somit letztlich immer kinderfeindlich. Und auch die so abenteuerlichen Niemandsländer sind von der Lebenswelt isoliert, also Reservate. (143)

Aktionsflächen

Positive Ansätze

müssen gleichzeitig auf mehreren Ebenen gesucht und gefunden werden, wenn sich an der Spielraummisere etwas ändern soll.

Architektur

In der Planungs- und Bauphase von Wohngebieten sollte der Spielplatz eine abwechslungsreiche, flexible Grundstruktur ohne eindeutige Funktionsfestlegung bekommen: große, ebene Flächen, Rasen, Hartplatz, Hügel mit verschiedenem Gefälle, kleinere Erd- und Kieshaufen, große Sandfläche, Kiesgrube, freie Mauer- und Holzstrukturen, einfache, überdachte Ecken und Wände mit Löchern, verschidenen Höhen und Befestigungsmöglichkeiten für Bretter, Balken, Draht, Schnüre. Die Bepflanzung sollte möglichst verschiedenartig sein: Große Bäume als Schattenspender und zum Klettern, dichte Gebüsche und robuste Hecken, die kleine Flächen abteilen und Raum für Einzel- und Gruppenspiele bieten.

Bei größeren Spielanlagen sollte ein Spielhaus angegliedert sein (d.h. WC, Büro für Spielpädagogen, Lagerraum für Spielmaterialien und Geräte, mindestns zwei bis drei Räume verschiedener Größe für Spielnachmittage, Mal- und Werkkurse, Versammlungen und Diskussionen, Gruppen).

Auf alle Fälle sollte der Spielplatz Wasser- und Stromanschluß haben, um die Betreuung zu erleichtern. Notwendig ist zumindest ein verschließbarer Raum, es kann auch eine Fertiggarage, ein alter Bauwagen, eine Blechhütte usw. sein.

Die Frage des Aussehens, die ästhetische Wirkung eines Spielplatzes im Zusammenhang mit der Architektur der gesamten Wohnanlage darf in Zukunft nicht mehr gestellt werden. (144)

Aktionsspielplätze

a) betreute:
viele gute Spielplätze sind betreut, da viel Material und Werkzeug nötig ist. Der Animateur ist in diesen Fällen ein wichtiger Impulsgeber.

Der Animateur am Spielplatz regt an, begleitet und stützt.

b) nicht betreute:
je fixer die Spielgeräte und je weniger Material, desto eher spielen die Kinder "alleine", gewisse Erfahrungen werden jedoch nicht ermöglicht.

Unter den Aktivspielplätzen haben sich einige Typen klarer weiterentwickelt:

1. Robinson-Spielplatz

erweiterte Spielmöglichkeiten: z.B. Ballwiese, Hütten, Spiel-Werkecken, Grillecke, Bodenspiele.

Je nach dem wie veränderbar oder fixiert, anregend oder steril die Struktur des Robinsonspielplatzes ist, wird spielen im oben beschriebenen Sinn möglich sein.

2. Bau-Spielplatz

- betreut -
loses Material, Werkzeug, Holz ...

Der Schwerpunkt des Spielgeschehens liegt in handwerklichen Tätigkeiten, ermöglicht vielseitige Spielerfahrungen.

3. Abenteuer-Spielplatz

naturbelassene Flächen, Hügeln, Gräben, Bäume, Erde, Wasser, Feuer, manchmal auch Tiere, loses Material, Werkzeug ...

- Das Erleben "abenteuerlicher Spielsituationen", z.B. Neues entdecken, steht im Vordergrund des Spielgeschehens.
- Hier wird die Veränderbarkeit der Umwelt praktisch erprobt, hier gibt es kaum vorgefertigte Spielgeräte, alles wird von den Kindern selbst gestaltet. Spielplatz im Sinne eines abgegrenzten Raumes ist kaum sichtbar, die Natur ist der beste Spielplatz. (145)

Auf einem Aktionsspielplatz treten dieselben Probleme auf wie im Leben außerhalb der Umzäunung: Dazu gehören Konflikte zwischen eigenen und fremden Interessen, die es auf friedliche Weise zu regeln gilt, etwa wenn zwei Kinder zugleich den einzigen vorhandenen Hammer benutzen wollen und eines der beiden größer und stärker ist. Auch das Verhältnis von einzelnen Gruppen und umgekehrt ist eine konfliktträchtige Situation, die durch behutsame Hinweise und Erläuterungen der Erwachsenen geklärt werden kann. Dazu gehört die Einbeziehung behinderter Kinder, die oft weniger auf Ablehnung als auf die Unsicherheit treffen, wie und in welchem Umfang sie in das Spiel eingebunden werden können. Eine kurze Aufklärung führt meist zum problemlosen Mitspielen.
Trotz dieser positiven Ansätze wird ein Aktivspielplatz kein Ort sein, an dem ständig Harmonie herrscht, ebensowenig wie an irgendeinem anderen Ort auf der Erde. Aber je eher die Kinder in den manchmal hochgehenden Wogen der Aggression schwimmen lernen, desto weniger gehen sie darin unter.

Für die handwerklichen Betätigungen verwalten die Spielplatzbetreuer Werkzeuge wie Hämmer, Zangen, Schraubenschlüssel und Sägen, außerdem Material wie Nägel, Schrauben und Farben. Und wenn wirklich einmal ein Sägezahn die Haut geritzt hat, gibt es ein Pflaster und tröstende Worte. Wirklich ernste Unfälle sind noch nie passiert, ein Knochenbruch war in der Bundesrepublik bis jetzt die schlimmste Verletzung auf einem Aktivspielplatz.

Der Aktivspielplatz in unserem Buch ist mit einem Sperrmüllplatz gekoppelt, auf dem die verschiedensten Dinge abgeliefert werden. Fahrradteile können aus einem Polizeidepot stammen, in dem sichergestellte und nicht abgeholte Fahrräder gesammelt werden. Solche Teile sind ein Quell der Freude für Kinder, auch wenn sie ihre ursprüngliche Funktion überhaupt nicht mehr erfüllen. Sie regen zu interessanten Eigenkonstruktionen an, wobei technische Prinzipien im Spiel erfahren werden. (146)

Spielaktionen

Erlebnisbericht „Schöpfwerk“

"... in diesem Vorschlag eine gute Möglichkeit, für verhaltensgestörte Kinder eine spezielle Kleingruppe zu schaffen, in der sie soziale Integration erleben und positives Gruppenverhalten erlernen können. Diese Gemeinschaft von max. 15 Kindern (sechs "Schmuddelkinder" und der Rest "normale" Kinder) sollen über Anleitung zuerst im Jugendzentrum Holz- und Tonspielzeug zum eigenen Gebrauch herstellen ... der Kreativität waren dabei keine Grenzen gesetzt ... Es waren jeweils ca. fünf erwachsene, freiwillige Betreuer anwesend, die von den Kindern nach Belieben für ihre Arbeiten eingesetzt werden konnten - als Ratgeber ebenso wie als handwerkliche "Hilfskräfte".

"... die Kinder ließen sich in drei Gruppen einteilen":

a) Die "Flotten", die ununterbrochen Neues begannen, die Ideen des Nachbarn mitverarbeiteten und stets bestrebt waren, das Ausgefallenste und Ungewöhnlichste zu produzieren.
b) Die "Bedächtigen", die länger planten, dauernd ihr Werk in Ruhe verbesserten und ausgestalteten und genügend eigene Phantasie besaßen, um besonnen und zufrieden zu arbeiten.
c) Die "Langsamen", die zaghaft und leicht ratlos ans Werk gingen, dauernd Zuspruch brauchten, Mithilfe verlangten und ihr Werk kaum einigermaßen zu Ende bringen konnten.

Interessanterweise waren unsere "Schmuddelkinder" - ebenso wie die anderen - in allen drei Gruppen ziemlich gleichmäßig vertreten. Für die Betreuer war es nun möglich, diesen drei Typen entsprechend die Fähigkeiten der Kinder so einzusetzen, daß das größtmögliche Erfolgserlebnis gewährleistet war. (147)

Erlebnisbericht „Spiel am Samstag“

Wien, Großfeldsiedlung

Der Kirchenplatz wird samt Pfarrhofmauer mit den Kindern gestaltet.
Jeden Samstag kommen 4 - 7 Erwachsene und animieren die Kinder zum Bauen, Malen, Spielen, mit und ohne Material. Kartons, Schaumstoffe, Bretter, Nägel, Hämmer und Farben werden "erbettelt" und den Kindern zur Verfügung gestellt. Sogenannte schwierige Kinder bekommen dort Zuwendung und sind sehr kreativ.

Grete, fünf Jahre alt, greift nach roter Farbe und beginnt ein Haus zu malen. Während sie malt murmelt sie vor sich hin: "i kann ka' Sunn", nimmt blaue Farbe und schmiert das Blatt voll. Erna, der erwachsenen Betreuerin, die sich ihr interessiert zuwendet, erklärt sie: "Die Hex' hat die Sunn g'fress'n. Kann i no a Blattl hab'n". Der Vorgang wiederholt sich, Erna wird gefragt, ob sie nicht eine Sonne malen könne. Erna bietet ihre Hilfe an, aber trotzdem wir wird auch das folgende Blatt mit Farben verschmiert. Erst beim vierten Blatt, Erna hat sich inzwischen neben Grete gesetzt, bleibt das rote Haus unzerstört und ein gelber Fleck verdeutlicht die Sonne.
Abschließend meint Grete: "Die Hex' is furt, die Sunn is da! Mechst mei Büld?" und läuft davon.

Dieses Beispiel und viele andere Beobachtungen verdeutlichen einzelne positive Faktoren der kindlichen Aktionen in der spezifischen Situation, der wir uns gegenüber sahen:

a) Die Möglichkeit, so oft und so lange die gleiche Aktivität zu wiederholen, so lange es Spaß macht.
b) Die Nähe und Anteilnahme eines Erwachsenen.
c) Der fehlende Leistungsdruck und die Beurteilung durch den Erwachsenen.
d) Das andeutungsweise Reflektieren der fertigen Arbeit durch das Kind, die dem Erwachsenen als Geschenk angeboten wird.

Es fällt aber nicht nur der Zusammenhang von aggressiven Spannungen der Kinder und ihrer "funktionalen" Aktivität auf, sondern auch die Kontaktnahme zueinander ist durch aggressives Verhalten gekennzeichnet. Zerstören von fremden Gebilden, schimpfen in einem sehr "ordinären", in Wirklichkeit aber durchaus gängigem Jargon sind selbstverständlich.
Handgreifliche Neckereien und "Stänkereien" sind ebenfalls an der Tagesordnung, aber überraschenderweise kommt es, auch ohne intensives Eingreifen des Erwachsenen, kaum zu ernsthaften Raufhändeln. Es ist überhaupt ganz entscheidend, daß die Betreuer nicht zu sehr "schlichtend" in die Konfliktsituationen eingreifen, nicht tantenhaft oder autoritär disziplinieren, sondern fallweise nur das Ärgste verhüten, ansonsten aber die Konfliktbewältigung möglichst den Kindern überlassen. Dadurch gelingt es doch, einen halbwegs repressionsfreien Raum zu schaffen. Auffallend sind auch die kollektiven negativen Äußerungen über die Familien und Familiensituation anderer, insbesonders kinderreicher Familien.
"De Jungwirts san alle deppert". "Mit de Bergmanns fahr i net mit, de stinken alle." Die eigene Familiensituation hingegen ist fast tabuisiert, wird als "heil" dargestellt und verteidigt und die Kinder berichten nur andeutungsweise von familiären Problemen. "Mei Vota is erst aus Paris kumma!" (Aus dem "Häfen"). So finden wir ein sehr kompliziertes und schwer durchschaubares Konfliktfeld vor, das in den bescheidenen Ansätzen der Spielaktion freilich nicht gelöst werden kann. (148)

Dieses Bild machten wir nach 10 Jahren. Keine Spur mehr von lebendigen Spielplatz - dagegen (wogegen?) abgesperrt, fest umzäunt... der Angst zum Opfer gefallen. ...

⇒

„Traumhaus" -
Spielplatz Großfeldsiedlung -
weitergeträumt ....
für alle unsere Freunde ...
(und für „Bauwelt" Berlin 1982)

„Traumhaus" –
Spielplatz Großfeldsiedlung –
weitergeträumt ...
für alle unsere Freunde ...
(und für „Bauwelt" Berlin 1982)

Erlebnisbericht „Spielbus“

Ernst Auer, St. Pölten

Samstag, herrliches Herbstwetter. Gegen Mittag werden die letzten Vorbereitungen getroffen, das Programm wird durchgesprochen: das Kasperltheater hat bei der vorigen Aktion nicht recht funktioniert, versuchen wir es diesmal etwas anders - regen wir fixe Kleingruppen an, die Kinder sollen ihre Vorführungen dann selbst über Lautsprecher ansagen. Der Bus wird eingeladen, das Material vervollständigt. Kommen Astrid und Andrea heute direkt von der Sozialakademie auf den Platz? Ja, mit dem eigenen Auto! Gut, das beruhigt.

Kurz nach 13 Uhr fahren wir ab. Wir ziehen noch eine Schleife durch Stattersdorf: "Hallo Kinder, aufgepaßt ..." Um 13.45 Uhr sind wir am Platz. Einige Kinder empfangen uns herzlich und helfen freiwillig beim Ausräumen des Busses. Langsam werden wir mehr. Stelzen,Reifen und Seile dienen zum ersten Abreagieren des starken Bewegungsdrangs. Wir beginnen ein paar Gemeinschaftsspiele im Kreis und mit Seilen, die alle Beteiligten untereinander vertraut machen sollen. Jedes Spiel endet in einer Massenranglerei, in die sich auch die Betreuer "einbeziehen" lassen. Die Kinder hängen in Trauben an uns, bis alle erschöpft sind - wir mehr, die Kinder weniger.

Nach diesem wilden Anfang öffnen wir den Kostümkoffer, das große Wühlen beginnt. Bald danach packen wir Kasperlpuppen, Farben, Papier und auch Papiersäcke zum Maskenbauen aus. Während das Kasperltheater diesmal gut und ziemlich selbständig läuft, brauchen die Kinder beim Malen vor allem anfangs viel Hilfe: einen Platz suchen, Papier aufkleben, Farbe und Pinsel holen und festhalten, damit niemand etwas wegnehmen kann, das ist alles gar nicht so einfach - alleine.

Jetzt sind ungefähr 50 Kinder und Jugendliche am Platz. Sie wechseln öfter die Aktivitäten und toben dazwischen immer wieder mit Reifen, Seilen und Stelzen herum. Dieses Zeug liegt verstreut auf der Wiese, fast chaotisch. Aber gerade diese Unordnung regt die Kinder zum freien Spiel oder zum Bauen an.

Als Höhepunkt des Nachmittags schlagen wir einen Tanz zur Melodie von "Oh Susanna" vor: eine Gruppe kann mit Rhythmusinstrumenten begleiten, die andere Gruppe tanzt. Der Rhythmusgruppe scheint es egal zu sein, ob zu ihrem Krawall auch wer tanzen will. Nach einem längeren Durcheinander setzt sich ein Betreuer energisch für die Tanzgruppe ein, damit auch sie zu ihrem Recht kommt.

Mittlerweile ist es schon spät geworden und wir müssen zusammenpacken. Einige Kinder und auch Jugendliche helfen dabei; es sind ja für nachher noch ein paar Spiele angesagt. Halt - 2 Scheren fehlen. "Bitte Kinder, helft beim Scherensuchen. Wir haben 10 Stück ausgepackt." Diese werden rasch gefunden und bald ist wirklich alles im Bus.

Die abschließenden Kreisspiele arten wieder in Balgereien aus. Wir empfinden es als - manchmal sehr grobes - Festhalten. Die Kinder wollen uns wirklich kaum gehen lassen. Eine Großmutter kommt aus einem Haus: "Kumman's halt wieder amal, des g'fallt den Kindern so!" Fast verlegen antworten wir: "Heuer nicht mehr, es gibt eben viele Kinder in St. Pölten."
Die Abfahrt des Spielbusses und der Betreuer wird zum großen "Trara". Die Kinder laufen und weit nach.

Für uns vier Betreuer ist die Arbeit noch nicht zu Ende. Gemeinsam verfassen wir das Tagesprotokoll: Was war heute los? Was war gut, wo waren Fehler? Wie waren die Kinder? - So etwas haben wir noch nie erlebt! (149)

Erlebnisbericht „Wandergarten“

Tiergarten - Menschengarten - Wandergarten

Ein Projekt mit Kindern und Studenten im Rahmen der Wr. Festwochen 1984

1. Gartenzwerge, Zwergbäumchen, Minimundus, Alpinum, Tiergarten, Puppenhäuser: Wir schaffen uns eine Welt in dieser Welt - eine Gegenwelt? Modell einer besseren Welt?
2. Machen wir mit Kindern und Studenten eine solche "Spielwelt" - aber nicht zu klein!
3. Wir bauen Tiere, wir basteln Menschen, wir erfinden Blumen. Wir nageln phantastische Objekte, wir sägen Dinge des Alltags, wir entwerfen neue Gegenstände.
4. Wir können alles mit der Hand und mit einfachen Werkzeugen und mit Farben und Holz und Karton und Papier und Kleister.
5. Aber unsere Welt ist nicht statisch: wir nageln sie an Stangen an, wir stellen sie auf Räder, wir legen sie auf Traggestelle, wir geben ihr Flügel. Unsere Welt ist beweglich, dynamisch, lebendig!
6. Überall können wir die Dinge hinstellen: überraschend, schockierend, erfreulich.
7. Und dann sammeln wir die Dinge und gehen "unseren Weg": eine Prozession, eine Demonstration, eine Wanderung über den Platz, vielleicht auch durch die Straßen!
8. Und dazu haben wir Musik und Bewegung und Tänze.
9. Und am Schluß gibt es ein Fest!
10. Gemeinsam soll etwas entstehen: mit Kindern, Studenten, Erwachsenen, Passanten - kein isoliertes "Kunstwerk"!
11. Montag beginnen wir und arbeiten auf dem Platz - er wird unsere Werkstatt. Wir suchen uns eine geeignete Stelle. Material und Werkzeug wird in einem Baum deponiert.
12. Vorher werden mit Flugzetteln und Plakaten die Kinder eingeladen - die Studenten kommen mit unserer Gruppe. Wasser, Kanal und Strom sind erforderlich.
13. Bis Freitag basteln und bauen wir - dann werden die Figuren und Objekte aufgestellt - und bilden ein neues Spannungsfeld auf einem sterilen Platz: Ein Tiergarten, ein Menschengarten.
14. Am Samstag nehmen wir die Dinge und wandern und spazieren und spielen und musizieren: - ein Wandergarten.
15. Schade, daß alles wieder weggeräumt werden muß: wenigstens Kulissen von einigen Lebewesen sollten den Platz bevölkern! (150)

Erlebnisbericht „Ökohaus“

Ich habe im vergangenen Jahr den Versuch unternommen, in fünf verschiedenen Kindergärten fünf Naturhäuser zu bauen. Erst zum Schluß kam mir eigentlich der Einfall, das ganze Projekt müßte überschrieben werden "Naturhäuser - Ökologie - Erziehung. Ein Projekt zur dritten Haut des Menschen."

Äste wurden aus Bäumen geschnitten, um daraus Häuser zu bauen. Das war mein Einstieg - ein sehr banaler, wenn man so will. Und daraus haben wir dann unsere Häuser gemacht. Die kosten nichts, aber diese Äste beinhalten in sich eine unendliche Fülle an Verwendungsmöglichkeiten, die man beim Bauen durchaus braucht, weil sonst ein Naturhaus nie entstehen kann. Wie jeder weiß, ist ein Ast mit vielen Gabeln versehen und daraus konnten wir Wände bauen. Die Häuser hatten einen Durchmesser bis zu fünf Meter. Mit Eltern und Kindern haben wir einen Wigwam gebaut. Es sind auch Längshäuser möglich oder Hundehütten. Also die Fülle der architektonischen Realisierungsmöglichkeiten ist unbegrenzt ...

Hinzu kam natürlich, daß wir parallel geasgt haben, wir würden aus Samen Pflanzen ziehen oder fertige Pflanzen beim Gärtner kaufen. Jedes Kind konnte sich die Pflanzen heraussuchen, die es gern haben wollte. Dann wurden diese Pflanzen ringsherum eingepflanzt. Das bedeutet, daß dieses Haus permanent wächst. Dieses Wachstum allerdings muß gepflegt werden. D.h., die Pflanzen müssen gegossen werden. Nur dann wird die Natur diese dritte Haut, den Rohbau überwuchern, und es werden sich Blüten zeigen, es entstehen Blätter verschiedenster Strukturen, verschiedenster Farben, es werden verschiedene Insekten auftauchen.

Welchen Stellenwert haben Kreativität und Wahrnehmung bei Ihrem Projekt?

Die Wahrnehmung wird immer angesprochen. Dieses Haus ändert sich von Woche zu Woche, und auf der anderen Seite können wir den Begriff der Kreativität mit Recht einbringen, weil Kreativität nichts anderes beinhaltet, als: Wir bauen ein Haus aus Ästen. Es gibt keine weitere Vorgabe. Man könnte auch sagen, daß wir eine Idee realisieren. Kreativitätsforscher sagen, daß in einem hohen Maße nicht nur das Problem vorhanden sein muß, sondern wir müssen den Kindern vermitteln - und das wird häufig versäumt - , daß Kreativität für sich die Suchphase beansprucht. Das Probieren ist wichtig.

Sie arbeiten am Ökohaus auch mit Hammer, Sägen, Leitern. Ich habe immer das Gefühl, daß Projekte oft an vermeintlichen Unfallrisiken scheitern. Sind Ihnen Unfälle beim Ökohausbau bekannt?

Nein, Sie können jede der Erzieherinnen fragen: Es ist kein Unfall passiert. Wir haben eine kleine Axt verwendet, wir haben Fuchsschwänze verwendet; Haushaltsleitern mit einer Höhe von zwei Metern, wie die Maurer einen Fäustling von anderthalb Kilogramm. Es wurde kein Kind von den 280 Kindern verwundet, es gab auch keine Rangeleien. Man muß die Kinder natürlich einführen in die Handhabung des Werkzeugs.

Gefährlich ist es schon. Aber auch diese Gefahr beinhaltet m.E. auch höchstmögliche und notwendige Konzentration von seiten des Kindes. Man kann den Kindern wirklich vertrauen. Was wir, die Pädagogen, immer tun, ist nämlich, den Kindern nur immer ein "Als ob" vorgeben: "Wenn du später groß bist, dann darfst du auch einmal eine richtige Säge haben!" Und schauen Sie sich nur die Spielzeugindustrie an: Wir stempeln die jungen Leute bald bis zum 30. Lebensjahr mit "Als-ob-Situationen" ab. Den Gymnasiasten verlängern wir mit seiner Numerus-Clausus-Position zum 34-jährigen Diplomanden.

Und was noch dazukommt: Viele Eltern setzen sich nicht mit ihren Kindern zusammen. Sie schicken sie z.B. in einen Schwimmkursus und verzichten darauf, ihr Kind beim Schwimmenlernen zu erfahren. Das möchte ich den Eltern und Erzihern ans Herz legen: Sich selbst der Zeit des Gestaltens auszusetzen und das fertige Produkt als pädagogische Leistung anzuerkennen. (151)

Erlebnisbericht „Spielnachmittag"

Im Rahmen von Veranstaltungen zum "Jahr des Kindes" von verschiedenen Erwachsenenorganisationen der Kath. Kirche mit der Jungschar von St. Pölten.

Ort: Bildungshaus St. Hippolyt, großer Saal.

Teilnehmer: ca. 80 Kinder im Alter von 4-13 Jahren, meist aus Jungschargruppen oder aktiven Familien der Pfarren.

Betreuer: ca. 10 Erwachsene und Jugendliche.

Modellstadt:

Motto: "Eine kinderfreundliche Stadt"
Auf mehreren Tischen feste Unterlagen legen und extra Werkzeug und Material: Papier, Wolle, Holzreste, Scheren, Farben, Schachteln ...

Impuls: "Baut gemeinsam eine Stadt oder ein Dorf, in der Kinder und alte Leute, Jugendliche und Erwachsene, fröhlich miteinander leben können.
Gebt eurem Ort einen Namen und macht Werbung dafür!

Comicswerkstatt:

Motto: "Meine Geschichten"
Auf mehreren Tischen liegen alte Comics, Illustrierte und Zeitungen, und zwar zerteilt (sonst beginnen alle zuerst das Comic zu lesen). Klebstoffe, Scheren, Klammermaschine und Filzstifte in genügender Menge.

Impuls: "Mach aus alten Comics neue, eigene. Schneide die Figuren aus, die Sprechblasen weg und stelle sie zu neuen Geschichten zusammen, mache neue Sprechblasen mit Bemerkungen dazu. Hefte die Blätter zusammen und gib dem Heft einen Titel."

Eine andere Form: einzelne Fotos aus Illustrierten ausschneiden und auf Packpapier kleben. Impulssätze wie:
"Was sagen die Leute zueinander?"
"Was würden diese Leute zu der heutigen Spielaktion sagen" ...
Die Kinder können dann die Sprechblasen ausfüllen und neue Impulsplakate machen.

Malaktion

Motto: "Was ich gerne mag"
Ein langer Packpapierstreifen wird am Boden festgeklebt und in größeren Abständen werden Pinsel, Farbe und Becher aufgestellt.
Die Kinder werden angeregt, nur in einer Richtung, auf einer Seite zu malen, damit das Plakat aufgehängt werden kann.

Impulse:
"Was ich gerne esse"
"Was ich gerne anziehe"
"Was ich gerne mache" ... etc. werden auf verschiedenen Stellen des Plakats geschrieben und dazu gemalt.

Familienspiel

Motto: "Alle gewinnen"
Das Spielfeld wird mit großen Papierscheiben und Schnüren auf den Boden geklebt. Die Aufgabenzettel bekommt der Spielleiter und die Kinder selbst sind die Spielkegel. Die Spielregeln sind auf einem großen Plakat für alle sichtbar. Großer Würfel.

Spielregeln:
1) Jeder Spieler zieht eine Nummer, die er sich umhängt. Der mit der niedrigsten Nummer beginnt zu würfeln und hüpft oder geht vom Start aus in eine Richtung, die er wieder ändern kann. Jeden Punkt benützen. Dann würfelt der Nächste usw.

2) Kommt jemand auf einen Aufgaben- oder Fragepunkt (andere Farbe, zieht er einen Zettel und führt die Aufgabe aus, bzw. beantwortet die Frage. Die anderen warten inzwischen oder machen mit, je nach Aufgabe.

3) Kommen zwei Spieler zu einem Punkt, so können sie
a) ein Kleidungsstück austauschen oder
b) einander mit Schminkfarben anmalen.

4) Jeder soll mindestens einmal eine andere Person getroffen haben und soll sich daher seinen Weg so einteilen. Gelingt es nicht, so können ihm die anderen helfen, indem sie ihre Punkte verschenken.

5) Ist jemand schon früher am Ziel, so kann es dort beginnen, für die anderen und für sich eine Jause herzurichten. Es sollen möglichst alle gleichzeitig ins Ziel kommen und dabei kann man sich wiederum gegenseitig mit Punkte schenken helfen.

6) Ist die Runde durch, soll die ganze Spielgruppe aussteigen und wer will, kann neue Aufgaben oder Fragen zu den entsprechenden Punkten dazuschreiben. Es sollen Fragen und Aufgaben sein, die das Miteinander und Verständnis fördern.

einige Fragen z.B.:
Was ist das Beste an der Schule?
Was würdest du an der Schule ändern, wenn du Direktor wärest?
Was spielst du am liebsten?
Was war dein schönstes Erlebnis heuer?
Welche 5 Gegenstände sind dir zu Hause am wichtigsten?

einige Aufgaben z.B.:
Sammle mit den anderen, was in einer kinderfreundlichen Stadt alles sein soll.
Singe mit den anderen ein Lied.
Mache mit den anderen einen kurzen Kreistanz.
Sag jedem Mitspieler, was dir an ihm gefällt.
Erzähle deinen Mitspielern etwas von deinen Eltern.

Jause

Spots in Movement:
Alle bewegen sich zu Musik durch den Raum. Wenn die Musik aussetzt, sagt der Leiter einen Impuls, den alle ausführen:

soviele Hände als möglich schütteln
einander mit den Füßen begrüßen
einander auf die Schultern klopfen
an der Nase herumführen
gehen wie ein Tiger
hüpfen wie ein Känguruh

... Gruppen bilden:
alle Leute mit blauen Augen zusammen
alle unter 8 Jahren ...

Atomtanz:
Kreise zu 10 - 15 Personen bilden und es dürfen immer 1 - 4 Personen in der Mitte tanzen, die anderen feuern an und bewegen sich mit. Der Leiter kann auch die Anregung geben: nur Buben, nur Mädchen ...

Swing in der Gasse:
Musik - "Oh, Susanna"

Es bilden sich zwei Reihen die einander gegenüberstehen. Jeder soll einen Partner gegenüber haben. Die Schrittfolgen:

4 aufeinander zu, klatschen und 4 retour
8 aufeinander zu und Seitenwechsel und wieder 8 retour
4 aufeinander zu, klatschen und 4 retour
das Paar am Anfang der Reihe bewegt sich nun auf irgendeine Art durch die Reihe zum anderen Ende, die anderen klatschen im Rhythmus dazu.
Das ganze von vorne ...

Falls sehr viele Kinder (Teilnehmer) sind, zu viert durch die Reihe tanzen.

Günstig ist auch, wie in unserem Fall, wenn in der Reihe auch erwachsene und jugendliche Animateure "vermischt" sind, damit sich die Kinder ev. daran orientieren können. (152)

Kapitel 8

Animation

"Erkläre mir, und ich
werde vergessen;
zeige mir, und ich
werde mich erinnern;
beteilige mich, und ich
werde verstehen."

(überliefert)

"Gegen den Willen eines Menschen kann
ich nicht mit ihm spielen"
(R. Reichel)

Animationselemente

Gruppe

Im Spiel sollten Kommunikation und soziale Interaktion möglich sein, sowie der Aufbau von sozialen Beziehungen. Reale Situationen sollen verarbeitet werden können, es soll Möglichkeiten der Anpassung und Distanzierung geben. Spiel soll mithelfen eine eigene Identität zu entfalten! Dazu bedarf es Spielkameraden verschiedenen Alters, die frei gewählt werden können, denn jeder Spielpartner ermöglicht neue Erfahrungen, läßt andere spielerische Auseinandersetzungen zu. Nachbarschaftskinder, Kindergarten- oder Schulkinder, Gleichaltrige, Jüngere wie Ältere sind ebenso wichtige Spielgefährten wie Eltern und Großeltern.

Prozeß

In gewissen Altersstufen stellt Spiel den Hauptinhalt des Lebens dar, aber auch nach dieser Phase sollte Zeit zum Spielen bedenkenlos "verschwendet" werden. Dabei geht es um Zeit, die frei ist von Pflichten und Aufgaben, in der sich der Spielende ganz seinen eigenen Bedürfnissen hingeben darf.

Atmosphäre

Häufige Störungen des Spiels und angstauslösende Ereignisse verhindern ein "Fallenlassen" und Erholen, lassen Prozesse nicht zum Abschluß kommen. Vertrautheit mit der Spielumgebung (Reizredundanz) ist eine wichtige Spielvoraussetzung. Spielerfahrungen dürfen nicht durch Sanktionen, Tabuisierung oder Verbote verhindert oder eingeschränkt werden.

Begleitung

Der Spielende muß die Freiheit haben, sich selbst zu entscheiden, was oder wie er spielt, ob er allein oder mit anderen, mit oder ohne Anleitung spielen möchte. Spiel ist niemals "sinnlos" oder "unsinnig". "Sinnvolle" Spiele sind in der Regel ungeeignet, Phantasie und Kreativität zu entwickeln oder Entspannung zu bieten, sondern sorgen für Disziplinierung und Reglementierung. (154)

Struktur und Spontanität

Damit, daß Kinder spielen und es dennoch oft nicht "richtig" können, ist der Bezugsrahmen für die spielfördernden Aktivitäten des Erziehers abgesteckt. Sie sollten so gestaltet sein, daß der Erzieher dem Kind sein gelingendes Spiel "läßt" und es ihm dort, wo es scheitert und mißlingt, immer wieder ermöglicht. So ergibt sich auch - bildlich gesprochen - der Spiel-Raum für den Erzieher: Kinder können spielen, heißt für ihn: er kann sie spielen lassen. Haben die Kinder nicht genügend Impulse, muß er aktiv und spielfördernd eingreifen.

So hat die zurückhaltende Betrachtung oder Begleitung des Spielens durch den Erzieher wie sein aktives Eingreifen immer die Achtung vor der kindlichen Aktivität, vor dem subjektiven Gestaltungsprozeß des Kindes, zur Voraussetzung.
Die Aufgabe des Erziehers bei der Spielförderung besteht also darin, ansprechende Handlungsmöglichkeiten für die Kinder bereitzuhalten und gleichsam stellvertretend für sie dort etwas anzubieten, wo ihnen selbst nichts zur Weiterführung ihrer Ideen und Bedürfnisse einfällt. (155)

Struktur ermöglicht Spontanität

So wie das Flußbett für den Fluß ist die Struktur für das Spiel - eine Form, die das "Wasser der Ideen" zusammenhält. Die Spontanität wirkt auf die Struktur ein und umgekehrt. Es handelt sich hier um flexible Ufer und keine "Wildbachverbauungen" - d.h. unverrückbare Normen und Regeln.

D.h.:
- die Struktur paßt sich an die Situation der Kinder an
- die Struktur unterstützt Spontanität und ermutigt durch Sicherheit zu Risiko.

Wenn Strukturen das nicht mehr tun, also Veränderung verhindern, dann haben sie ihren Sinn verloren.
So sind unsere Regeln und Strukturen zu verstehen.

beziehungsfördernde Strukturen

Das Spiel in der Kleingruppe ist wesentlich, um den individuellen Bedürfnissen und der Entfaltung der Gesamtpersönlichkeit der Kinder gerecht zu werden.
Bei einer viel zu großen Kinderzahl (derzeit durchschnittlich 30 Kinder) in der Gruppe ist der persönliche Kontakt zum einzelnen Kind sehr gering, ja kaum gegeben. Vieles wird zur oberflächlichen Routine - kollektive Betätigungen sind üblich und sprechen natürlich nur einen Teil der Kinder an.

In Gruppen von 10 - 15 Kindern kann jedes Kind jedes kennen und Kontakt (selbstbestimmt) herstellen.
In Gruppen ab 20 müssen ständig Regelungen und Strukturen für Kontakt vorgegeben werden, damit ein Chaos verhindert wird.

In kleinen Gruppen kann das Kind Intimität (körpernahen Kontakt) erleben, muß nicht zusehr um Zuwendung und Zeit kämpfen, da die Erzieherin nicht für so viele "da sein" muß.

In großen Gruppen erlebt sich das Kind eher anonym, es wird seltener mit dem Namen angesprochen und kann sich leichter verstecken und zur "Nichtperson" werden. Es wird nur im Bereich Anpassung und Disziplin gefordert und kann sich wenig spontan einbringen. Das ist in der großen Gruppe unmöglich, da sonst zuviel Durcheinander entsteht.

In der großen Gruppe sind Regeln schwer veränderbar, die Regeln und Leistungsnormen orientieren sich am Stärkeren, da man auch nicht soviel Zeit zur Verfügung hat, sich mit "Schwächeren" (Gastarbeiterkindern, Verhaltensauffälligen und Behinderten) zu beschäftigen. Dafür werden wieder Sonderpädagogen eingesetzt und der Kreislauf der Isolation und Ghettos beginnt: Behinderte können keine integrierte Erziehung erfahren und Gastarbeiterkinder sind von vornherein auf das "Sonderschulgleis" geschoben ...

Kommunikationsstrukturen

Die große Gruppe kann unter bestimmten Voraussetzungen ebenso die Beziehungsfähigkeit fördern, wenn

a) es möglich ist, die Großgruppe in immer wieder kleine Gruppen zu unterteilen
b) auch abgeschlossene Aktivitäten mit Rückzug ermöglicht werden
c) mehrere Erziehungspersonen / Bezugspersonen zur Verfügung stehen.

Die beschriebenen Kommunikationsstrukturen fördern Kontakt, Kooperation, Kreativität usw., theoretisch von vielen Bildungs- und Lehrplänen gewünscht.
Ich warne:
Kommunikation ist verbunden mit Bewegung, es wird lauter und weniger kontrollierbar!

Die Angst vor Chaos, Lautstärke und Vertrauen (statt Kontrolle) läßt viele zögern, Neues auszuprobieren.
Auch sind pädagogische Räume nicht flexibel genug um rasch aktivierende Methoden einzusetzen - dennoch: die meisten Tische und Sessel und Popos sind beweglich.

Testen Sie am Ende dieses Beitrags Ihre Risikofreude und gehen Sie kleine Schritte!

Kommunikationsstrukturen

dienen dazu, Großgruppen (über 25 Personen) in kleinere, aktionsfähige Gruppen zu teilen - damit das einzelne Kind die Chance hat, sich selbstbestimmt einzubringen. So geschieht kurzfristig Bewegung, ev. Chaos - denn jede Veränderung bringt vorübergehende Unklarheiten - dann ermöglicht es jedoch Aktivität und Spontanität.

schrittweise

Ich glaube, daß es keine spielpädagogische Methode oder Struktur gibt, die man nicht auch mit Kleinkindern verwenden und einsetzen kann. Es ist aber ganz sicher notwendig und wichtig für die Erzieherin, daß sie alles, was sich anbietet, auf die Kinder abstimmen und umwandeln kann. Jede Struktur und Methode erfordert die Vorüberlegung, wie die Kinder langsam darauf vorbereitet werden können. Es kann aber auch ein Chaos riskiert und dann mit den Kindern gemeinsam überlegt werden, warum etwas nicht geklappt hat.

Spiele, bei denen die Gruppen wechseln, können erst gemacht werden, wenn die Kinder den Schritt über Partnerwechsel, Eckenwechsel, (d.h. das Lösen von einem errungenen Punkt) geschafft haben und sich das Gefühl für Raum- und Gruppeneinteilung entwickelt hat. Vorerst helfen bei dieser Entwicklung Spiele, die das Einteilen leiten und unterstützen, später dann Vorstellungshilfen, bildhafte Beschreibungen und Erzählungen. Strukturen müssen vereinfacht und aufgebaut, Methoden und Möglichkeiten gesucht werden, damit nicht schon die Vorbereitung (Einteilung) so viel Zeit einnimmt, daß die Konzentration für das Spiel nicht mehr reicht oder die Kinder die Freude am Spiel bereits verloren haben, bevor es noch begonnen hat. Die Erarbeitung einer Struktur, beispielsweise des "Karussells", vor einem Fest ist ebenso wichtig wie der Ablauf des Festes selbst.

Beim Erlernen von Gruppen- und Raumeinteilung helfen oft Musik und Tanz. Es können Tanzformen improvisiert werden, welche den Wechsel von gemeinsamer Bewegung und Bewegung in Kleingruppen oder Bewegung für sich allein zum Inhalt haben.

Die Aufgaben und Impulse sollen keine Wettbewerbe oder meßbare Leistungen sein, sonst würde die konstruktive Beziehungsstimmung verloren gehen.

Die Animation - d.h. das Leiterverhalten - muß dies ebenso verdeutlichen, die Strukturen können auch durch Befehlshaltungen mißbraucht werden. Überfordern Sie sich und die Kinder nicht! (156)

Spieltips

Strukturen-Überblick

A) Spontaner Partner- und Gruppenwechsel

Bienenkörbe

Aktivierende Ecken

Wechselnde Paare

Markt

Lawine

B) Vorgegebener Partner- und Gruppenwechsel

Karussell in Paaren

Karussell in Gruppen

C) alle gleichzeitig aktiv - Gruppenbezogen

Ausgangspunkt

Regentropfen ("Spots")

Signalzeichen

Kreis

D) einige vor und für andere/n

Pool

Austauschgruppe

Für Ihre Risikoeinschätzung als Leiter/in, Erzieher, schreibe ich zu jeder Struktur eine Zahl zwischen 1 und 10, die jeweils den Grad
- der Selbstbestimmung (mehr Chaos, mehr Vertrauen)
- der Regelbestimmung (weniger Risiko, mehr Kontrolle)

anzeigen. Sie werden, je nach Situation, Ihrem persönlichen Befinden und der Fähigkeit der Kinder entscheiden können.

Bienenkörbe

Die Großgruppe wird für kurze Zeit in Kleingruppen geteilt. Die Gruppe hat eine eingeschränkte Gesprächs- oder Arbeitsaufgabe.

Z.B. kurzfristige Aufgaben wie
- gemeinsam ein Bild malen
- ein Rätsel lösen
- einen Turm bauen

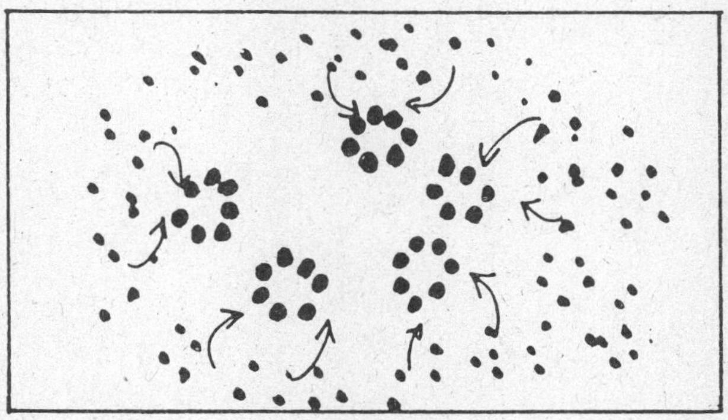

Lernziele
Der Wechsel der Bienenkörbe und die gleichzeitige Aufgabenstellung verhindert "Parteienbildung" und Wettkampf gegeneinander.

selbstbestimmt 5 regelbestimmt 5

siehe auch: Atome Moleküle

Aktivierende Ecken

Ein Motto, Thema, wird in 4 - 6 Ecken (Sesseln im Raum) auf Plakate geschrieben - groß, deutlich - und bei Vorschulkindern in Symbolen dargestellt.
Die Kinder sind in der Mitte des Raumes, die Plakate werden kurz erklärt und jedes Kind wählt eine Station. Dort trifft es auf andere und tauscht aus, warum es dieses Plakat gewählt hat. Bei kleineren Kindern - sofort Aufgabenstellung dazu.

z.B.: Welches Tier würde ich gerne heute sein?
Dieses Tier mit Laut und Bewegung machen (alle gleichzeitig) und dann zeigen die Gruppen kurz vor.

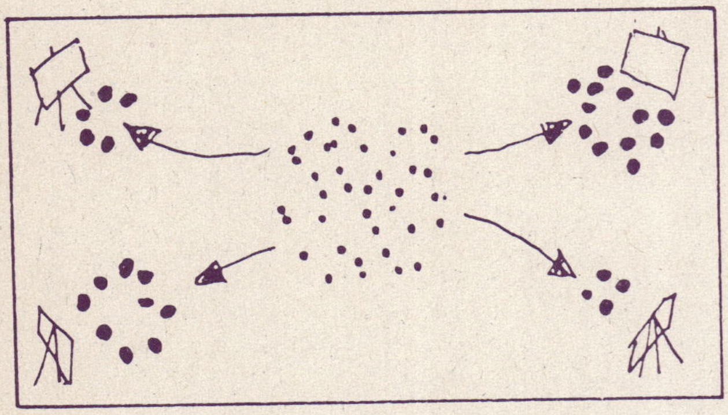

Lernziel:
Rasch die eigene Vorliebe, Stimmung oder den Wunsch erkennen und sich zuordnen. Mit den anderen etwas gestalten und zeigen.

selbstbestimmt 7 regelbestimmt 3

wechselnde Paare

Die Kinder bilden für kurze Zeit Paare und machen eine kurze Aktion miteinander - auf einen Impuls hin sofort wechseln, neuer Impuls, usw. Sollte eine ungerade Zahl sein, so kann das "übriggebliebene" Kind jeweils den Wechsel angeben, bei längeren Erfahrungen und guter Atmosphäre auch die Aufgaben.

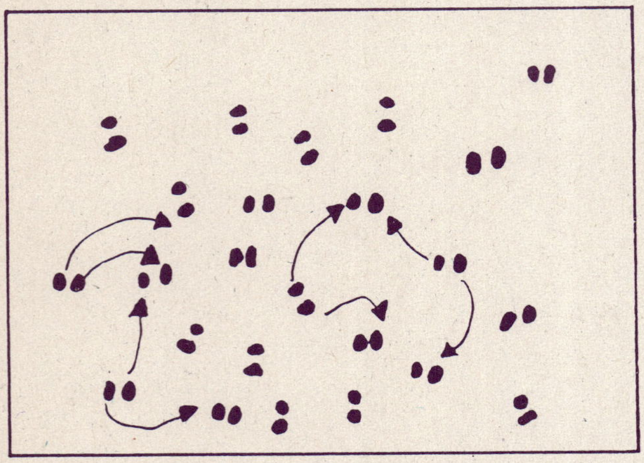

Lernziel:
Rasch einen Partner finden und direkter Kontakt.

selbstbestimmt 6 regelbestimmt 4

siehe auch Leute zu Leute
Spots in Movement
Le bastringlo

Markt

Wie am Jahrmarkt sind die Angebote im freien Wechsel zugänglich. Auch Kleingruppen können so von Angebot zu Angebot wechseln. Musik im Hintergrund beruhigt und animiert zugleich.

z.B.: Zu einem Thema (Spielzeug, Bücher) Information über zu Hause, neue Ideen ...
Die Kinder sollen möglichst ihre Tische selbst gestalten.

Um Aussteller und Zuschauer nicht gleichzeitig wechseln zu lassen, ist es günstig, nach der Hälfte der Zeit die anderen Aussteller (Besucher) zum Zug kommen zu lassen und zu wechseln.
Überreizung soll durch beschränkte Anzahl der Angebote verhindert werden.

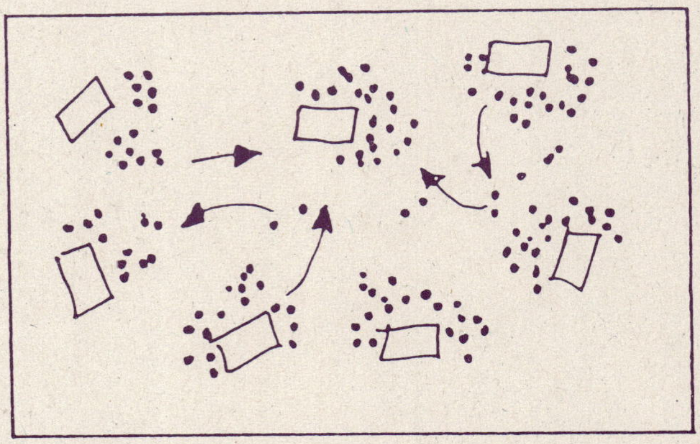

Lernziel:
Selbstdarstellung der eigenen "Produkte", Interesse und Entscheidung anspornen. Kann auch als Vorbereitungsphase für ein Fest verwendet werden - auch für Werkstatt-Veranstaltungen gut.

selbstbestimmt 9 regelbestimmt 1

Lawine

ist aufbauend: Zuerst Paare, dann 4er-, dann 8er-, 16er-Gruppen, bis alle: mit jeweils einem neuen Impuls.
Den Wechsel wieder mit Tambourin oder Musik anzeigen.
z.B. Aufgaben: ein Lied finden,
eine Geschichte weiterspielen,
sich rasch vorstellen.

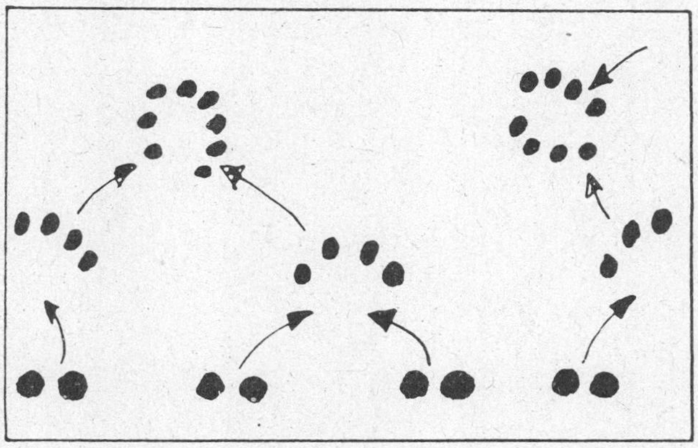

Lernziel:
Gruppenballungen bewirken bei Kindern oft Angst. In dieser geleiteten Form können Kinder lustvoll und schrittweise die immer größer werdende Gruppe erfahren.

selbstbestimmt 6 regelbestimmt 4

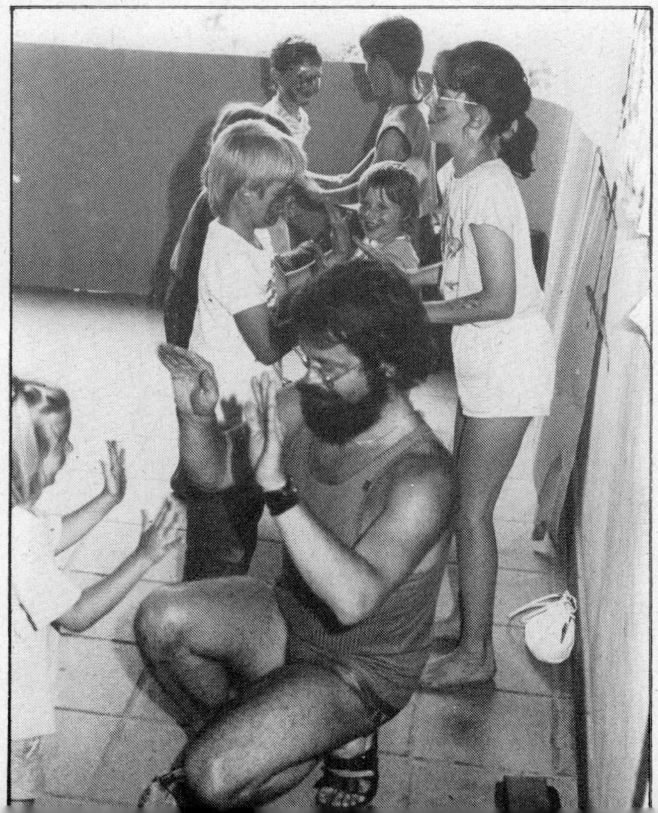

Zwiebel

Die Kinder nehmen einen Partner und bilden einen Doppelkreis. Die Aufgaben werden jeweils nur mit einem Partner ausgeführt. Der Wechsel erfolgt nur von dem Kind im Außenkreis gegen den Uhrzeigersinn um einen Platz weiter.
Das Ritual ist dabei wichtig:
1) Doppelkreis
2) Partner begrüßen
3) Aufgabenstellung
4) Partner verabschieden
5) Partnerwechsel
Dies machen alle gleichzeitig.
Diese Form kann auch auf Gruppen übertragen werden - statt Partner stehen si sich jeweils 3er-, 5er- etc. Gruppen gegenüber.

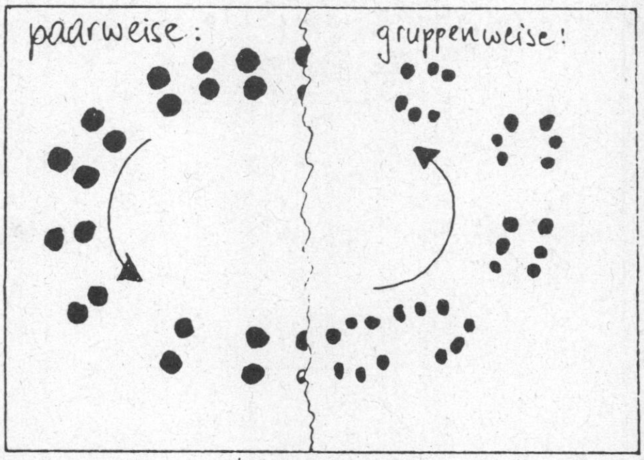

z.B.
* einander/nacheinander mit geschlossenen Augen beschreiben
* die Bewegungen des anderen nachmachen/spiegeln und wechseln
* den anderen formen, eine Statue aus ihn/ihr machen
* miteinander ein Lied singen
* gemeinsam einen Blumenstrauß malen
* Schatten gehen/die Schritte des anderen nachahmen
* Maschine abstellen ("Knopf" am Körper des anderen finden)

Lernziel:
Hohe Konzentration auf Partner und Kreisform. Diese muß daher mit kleineren Kindern schrittweise aufgebaut werden (lieber weniger, dafür lustvoll!) Nähe und Körperkontakt werden angeregt.

selbstbestimmt 2 regelbestimmt 8

Karussell

Die Kinder bilden gleichgroße Gruppen und wandern von Station zu Station, alle bekommen die gleiche Aufgabe (nacheinander) und haben dieselbe Zeit zur Verfügung.
Die Materialien und Aufgabenstellungen sind abwechslungsreich und einfach machbar.

Hilfestellungen:
a) Pro Station ein/e Animateur/in, die dort bleibt (größeres Kind, Eltern..)
b) Ein/e Animateur/in wandert mit der Gruppe mit.

z.B. Themen: Frühling,
Friede,
Erntedank.

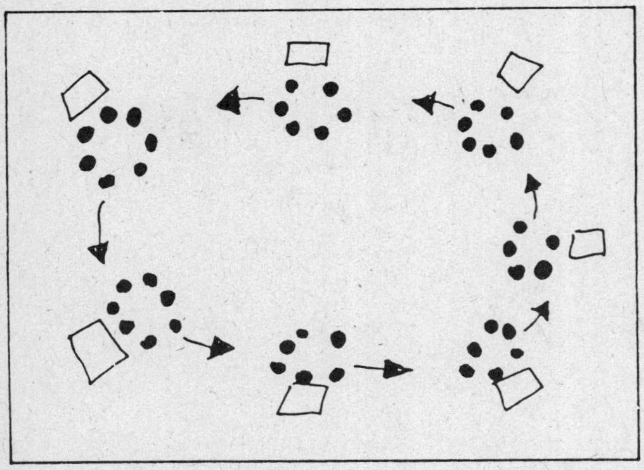

Lernziel:
Viel Zusammenarbeit, in einer gleichbleibenden Gruppe, kurzfristige Produkte und Wechsel der Ausdrucksmittel.

selbstbestimmt 3 regelbestimmt 7

Spielkarussell zum Thema Erntedank

Aufwärmen mit Gruppentanz "Swing in der Gasse", mit Vorstellen der Namen (Abschalten der Musik und Namen rufen, dann durch die Reihe tanzen und klatschen).

Stationen:

SÄEN: ein großes Bild wird mit Samen und Körnern gestaltet, jede Gruppe gestaltet weiter

WACHSEN: Statuen mit Verändern der Höhen von klein auf groß bauen, Bildhauerspiele, Rakete von klein auf groß, leise zu laut ...

ERNTEN: aus Früchten und Obst bereitet jede Gruppe eine Schüssel Obstsalat (später gemeinsam essen)

DANKEN: neue Strofen zu einem Lied dichten, die zum Thema passen, und die Kinder malen daneben ein gemeinsames "Dankebild"

RUHEN: mit Schwungtuch abkühlen, die Kinder schaukeln, sich verstecken, die Erwachsenen abstreifen, abklopfen ...

PRÄSENTATION der Stationen Säen (Bild anschauen und aufhängen)
Ernten (Salat essen)
Danken (Lieder singen und Bilder anschauen)

- Animation und Betreuung ist bei den Stationen "Wachsen" und "Ruhen" unbedingt notwendig, bei der Station "Danken" günstig (ermutigen).

MATERIAL:
- ein großer fester Karton, Klebstoff (tropffrei)
- Samen und Körner (ca. 1 kg)
- Obst und Früchte der Jahreszeit und Schüsseln, Messer ...
- Schwungtuch
- Musik, Kassetten
- Wachskreiden, Packpapier, Zettel und Stifte.

Pool

In der Mitte der Großgruppe sitzen 4-6 Kinder und spielen (szenisch) oder sprechen miteinander.
Ein Sessel bleibt frei, dieser kann spontan von einem Kind des Außenkreises eingenommen werden (kurzfristig) und es macht mit.
Wechsel der "Pooler".

Variante:
Das Kind am freien Sessel kann Fragen (Rätsel) einbringen oder kann vom Pool befragt werden.

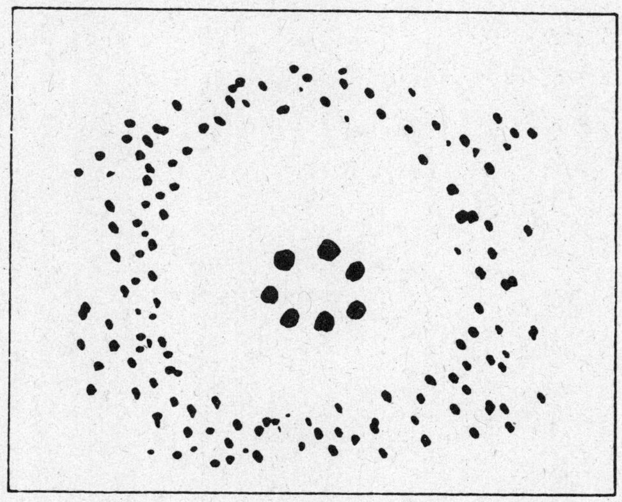

Lernziel:
Die demokratische Form wird gezeigt, einige reden und ich kann mittun (wenn ich aktiv werde).

selbstbestimmt 5 regelbestimmt 5

Verschnittgruppe

Aus den bisherigen Kleingruppen/Arbeitskreisen werden neue Kleingruppen gebildet - nun ist jeder Vertreter einer Gruppe.

Aufbau:
Eine Arbeitsgruppe (die kleinste) stellt sich in die Mitte und aus den anderen stellt sich zu jeder Person aus jeder Gruppe eine/r dazu.
Aufgabenstellung für die Verschnittgruppe klar geben.

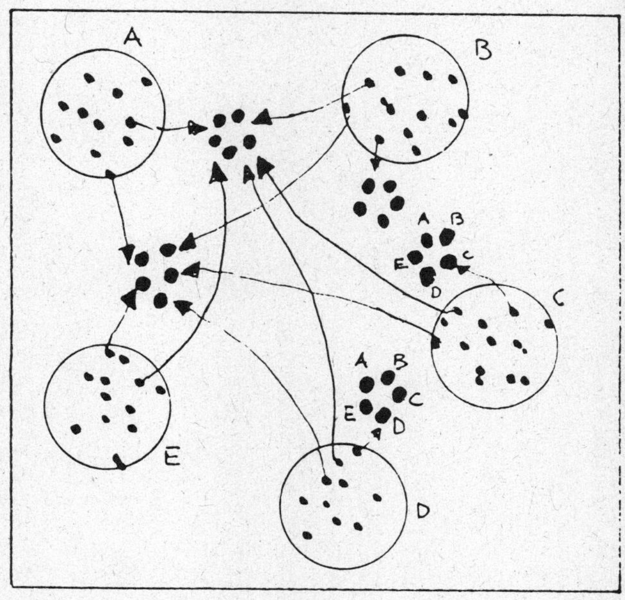

Lernziel:
Für Austausch nach längeren Arbeitsphasen, um Cliquenbildung zu vermeiden.

selbstbestimmt 2 regelbestimmt 8

Ausgangspunkt

Vorne ist die Tafel, der Tisch, die Bühne - die Kinder sitzen im Halbkreis herum. Mit (visuellen u.a.) Mitteln können alle gleichzeitig informiert werden (Schule, Bühne, Vortrag, Lesung ...).
Die runde Sitzform ist anregender als die in Reih und Glied. Ergänzung mit Bienenkörbe aktiviert.

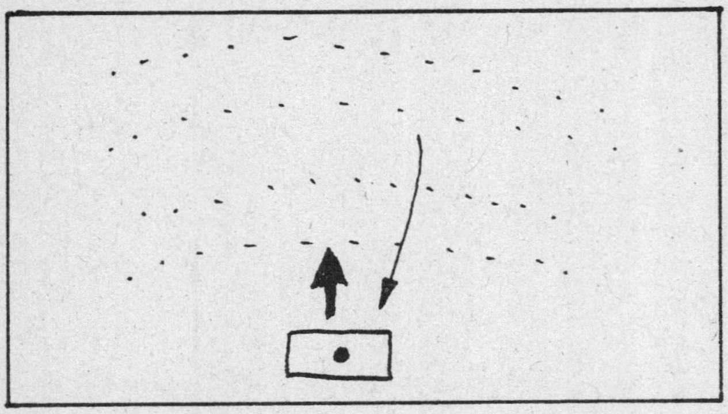

Lernziel:
Hohe Konzentration auf vorne (Leiter, Bühne, Medium). Geringere Beteiligung möglich. Leider als Haupt- Bildungsform beliebt (weil "ruhig").
Für Darbietungen und Information geeignet.

selbstbestimmt 1 regelbestimmt 9

Signalzeichen

Aus dem großen Kreis, Gruppe, nehmen die Kinder mittels Farbkärtchen aktiv teil. - Auch Laute der Zustimmung oder Aufstehen als Reaktion auf gestellte Fragen etc. möglich.
Für den Erzieher ebenso einsetzbar, wenn ein Wechsel von Phasen nicht durch lautes Schreien, Befehlen erwünscht ist.
Signalzeichen des Leiters können sein: Tambourin, Melodie auf Flöte, Lichtwechsel, Musik.

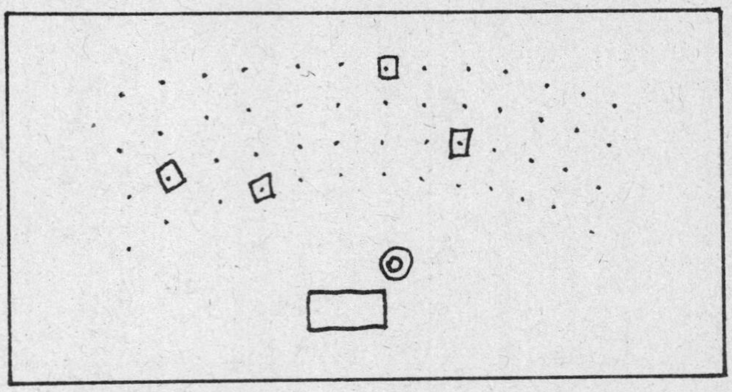

Lernziel:
Die Zeichensprache einsetzen, einige Symbole entwickeln und sich so sanft und deutlich einbringen können.

selbstbestimmt 7 regelbestimmt 3

Kreis

ist die bekannteste (und vielleicht älteste) Kommunikationsform. Bei den Händen fassen ist die spontane Reaktion beim Kreisbilden und symbolisiert so die hohe Verbindlichkeit und Einordnung in die Gruppe. Ein Zentrum kann angeordnet werden - es zentriert noch mehr.

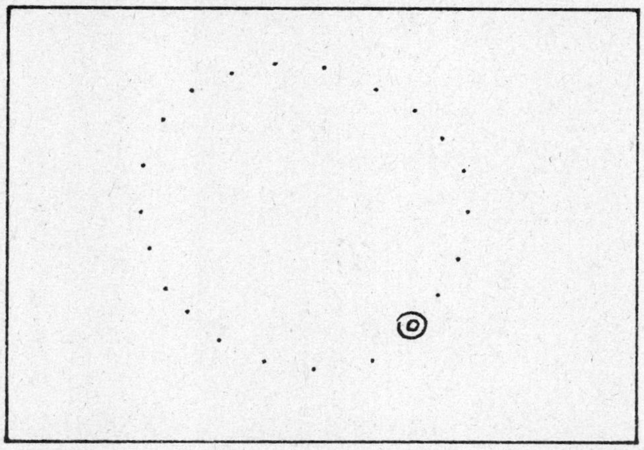

Lernziel:
Alle sehen alle - Konzentration auf Kinder und Leiter gleichzeitig möglich. Der Kreis gleicht an und harmonisiert. Er kann Spannungen ab- und auch aufbauen, wo Konflikte harmonisiert werden.

Variation, wo ein Kind in die Mitte geht, viel Beachtung und Zuwendung, aber auch Kontrolle bekommt.
Der Kreis wird oft als Haupterziehungsmittel verwendet.

selbstbestimmt 1 regelbestimmt 9

Siehe auch: Namensrhythmus,
follow me,
Tänze. (157)

Regentropfen

einzeln und gleichzeitig

Alle sind im Raum verteilt und verwenden das gleiche Medium oder haben die gleiche Aufgabe.
Kurze Intensität möglich.
Isolationsgefahr - Wechseln zu Lawine bringt Dynamik.

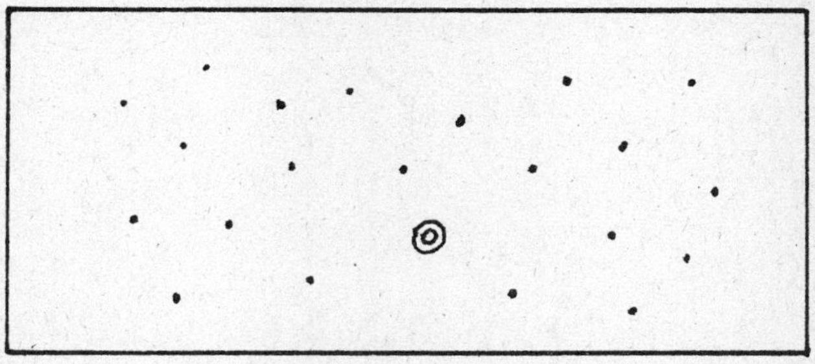

Lernziel:
Konzentration auf sich selbst und Aufgabenstellung.
Günstig als Einstieg in Kontakt- oder Kooperationsphasen.

selbstbestimmt 6 regelbestimmt 4

Impuls „Struktur“

Vielleicht haben Sie bei den Beschreibungen erwähnte Metafer verstanden .... Struktur - Spontanität verhält sich wie das Flußbett zum Fluß.

Suchen Sie aus den beschriebenen Strukturen 3 aus, die Ihnen am ehesten durchführbar scheinen und probieren Sie aus!

Welche Struktur gefiel Ihnen spontan am besten?

....

Welche verwenden Sie selbst schon?

....

Welche Neuen wollen Sie probieren?

....

Was müssen Sie dazu verändern?

....

Welche ist derzeit unmöglich?

....

Warum?

....

frei spielen

Wenn wir jetzt immer weniger eingreifen in das Spiel, immer weniger anleiten und strukturieren, entsteht das "Freispiel" - so wird es in der Kindergartenpädagogik beschrieben:

"Freies Spielen heißt, daß das Kind sich selber sein Spielthema wählen kann, also seinem eigenen Vergnügen und seinen seelischen Bedürfnissen darin zu folgen vermag."

Die Kinder können beim Freispiel
* ihren Spielort selbst wählen;
* entscheiden, was sie tun möchten (zum Beispiel: spielen, zuschauen, ausruhen, bauen, werken u.a.m.);
* alleine, mit Kameraden oder mit der Erzieherin (Helferin) zusammen etwas tun;
* mit oder ohne Material spielen, das sie aus einem relativ breiten Angebot sich selbst aussuchen dürfen;
* den Spielverlauf selbst bestimmen;
* bei einer aus verschiedenen Handlungsmöglichkeiten ausgewählten Tätigkeit verweilen - können sie aber auch nach eigenem Ermessen beenden oder abbrechen - oder können zu einer anderen Tätigkeit übergehen;
* Intensität und Tempo ihres Tätigseins nach eigenem Bedürfnis und Kräfteverhältnis selbst bestimmen;
* sich dem Tun hingeben oder sich selbst eine Aufgabe stellen;

Die Kinder sind
* alle in eine Gruppe einbezogen, unabhängig davon, ob sie im engeren Sinne spielen oder etwas anderes tun, das sie tun möchten - und unabhängig davon, ob sie für sich oder mit anderen zusammen einer Tätigkeit nachgehen.

(158)

Auch dieser Fluß hat ein Bett und braucht eines. Es ist jedoch von anderer Quantität. Es ist mehr Raum, Zeit und Offenheit und Selbstbestimmung durch die Kinder.

Unterstützen

Direkte Beobachtung verhindert das Spiel; es muß aber soviel Spielfreiheit gelassen werden, als nur möglich. Abfangen und Umlenken des ausartenden Spieles muß nicht unbedingt durch ein direktes Verbot geschehen, wenn es auch mitunter nötig sein kann. Man soll aber auch nicht mitspielen, weder um anzuregen, noch um umzulenken. Man kann aber etwas Ähnliches tun: Man kann schon mit ein paar Worten einem Spiel eine Wendung geben, wenn diese Worte, nämlich die Idee, die sie ausdrücken, in das Spiel hineinpassen und es doch in gewünschter Weise wenden. So artete einmal ein Spiel grob aus, als der betrunkene Vater dargestellt wurde; das Kind gröhlte und hob einen Schemel hoch. Schnell trat die Kindergärtnerin hinzu und rief in das Spiel hinein: "Und jetzt kriegt er einen Schlaf, so einen starken Schlaf, jetzt muß er sich auf die Bank legen und lang schlafen; Und wenn er ausgeschlafen hat, ist er wieder gut!"
Nach kurzem Schweigen wurde diese Idee aufgenommen und es kam im weiteren Verlauf des Spieles zu keinem Exzeß mehr.

(159)

begleiten

"... erste Kinder kommen. Die Erzieherin macht Bemerkungen zu ihren kalten Händen und Gesichtern. Es wird verglichen, wie unterschiedlich angenehm sich warme und kalte Haut anfühlt. Dann gehen sie zusammen ans Fenster, wo draußen sichtbar ein Vogelhaus hängt. Sie beobachten eine Weile die Vögel und reden über das vorhandene Futter und wie die verschiedenen Vögel den Winter überstehen können ...
... ein weiteres Kind kommt. Es hat Bilder aus Zeitschriften von Tieren im Winter mitgebracht. Es setzt sich an den Tisch, um diese Bilder für das gemeinsame Bilderbuch, das sie in einem Ringbuch angelegt haben, auszuschneiden. Ein Kind gesellt sich zu ihm, um zu helfen. Die anderen spielen jetzt verteilt im Raum. Die Erzieherin sitzt in der Puppenecke ...
... Kinder, die jetzt kommen, ziehen sich teilweise nicht aus, weil sie der Gruppe ihre schneebedeckten Mützen zeigen wollen. Mit der Lupe wird das Tauen beobachtet ...
... ein Kind beginnt mit Fingerfarben Schneekristalle zu malen. Andere Kinder kommen auch dazu, machen mit. Die Erzieherin zeigt, daß man sie auch aus gefaltetem Papier ausschneiden kann ...
... eine Kindergruppe ist inzwischen in den Flur zum Spielen gegangen. Sie bauen eine Höhle, in der die Bären leben. Eine hellere Decke wird obenauf gelegt ...
... später spielen die Kinder im Freien. Die Erzieherin schlägt vor, auszuprobieren, mit den bloßen Händen durch den Schnee zu "gehen", als wären die Hände Vogelfüße. Warum frieren die Vögel nicht an ihren Füßen? ...
... Im Stuhlkreis drinnen sprechen sie über ihre Erlebnisse des Vormittags, über die Freude am Schnee, über seine Schönheit und über die Bedeutung von Tieren und Pflanzen.
... Wenn die Kinder abgeholt werden, haben sie nichts vorzuweisen, kein neues Lied, keine Werkarbeit. Aber sie gehen behutsam durch den Schnee, der für manche Lebewesen Freude, für die anderen Härte bedeutet, und über dessen Wirkung sie keineswegs alles wissen. Vielleicht auch nicht die Erwachsenen." (160)

Zeit-Gefühl

Zeitempfinden:
Kinder haben eine andere Zeitauffassung: sie leben im Hier und Jetzt und leben in einer Selbstvergessenheit, die wir als Erwachsene suchen (Konzentriertheit bei gleichzeitiger Entspannung).
Leider werden sie aus diesem Zeitempfinden weg-erzogen - unsere "Kultuhr" .. erzwingt es (z.B. Digitaluhren lassen nicht mehr zu, den Lauf einer Stunde zu sehen - abgehackt und kurzatmig ist auch der Rhythmus unserer Zeit ...)

Durch die prozeßorientierte Zeiteinteilung kann wesentlich mehr auf das Rhythmusempfinden der Kinder eingegangen werden.

sammeln und orientieren

Kreis formen
wie geht es mir
was will ich
was ist möglich

planen und Gruppen bilden

- zum Thema der Gruppe (z.B. über Angst, weil es ein Kind äußerte)
- zum Thema des Tages - weil gerade Sonne scheint, nichts wie raus!

Aktion mit verschiedenen Ausdrucksmitteln

Sammeln und Vorzeigen der bisherigen Ergebnisse (Szenen, Werkarbeit ...)

abschließen

Musik, Gong u.a. zeigen die Schlußphase an, stimmen ein auf die eigenständige Beendigung des Spiels oder Aktivität. Nicht immer soll es die mahnende Stimme der Erzieherin sein müssen, da sich sonst die Bedeutung ihrer Worte und Interaktionen verringert.

Essens-Ruhe

Essen ist ein kommunikativer und existentieller Akt und bedeutet mehr als "Abfüttern".
In Heimen, Ganztagskindergärten etc. spielt dieser Teil des Tages eine große Rolle, daher auch mit Konflikten geladen.
Ruhe soll sein und zugleich ist es ein Treffpunkt: die Kinder wollen reden, möglichst alle zugleich.
Die Atmosphäre ist hierbei wesentlich: eine angespannte Stille, verschluckte Tränen sind ungesund. Liebevolle Stimmung kann gestaltet werden durch
a) ein "Aperitif" (Saft) am Anfang abseits der Essenstische mit Gesprächsrunde, wo die wichtigsten Ereignisse, Gefühle etc. ausgesprochen werden. Danach ein Ritual (Spruch, Gebet, Hände geben)
b) schallschluckende Tischtücher oder Sets
c) beruhigende Farben, Blumen, Kerzen in der Nähe
d) Musik während dem Essen
e) nachteilen macht die Erzieherin im Herumgehen
f) ein Speiseraum mit kleinen Nischen verringert den Lärm ebenso wie Holz, Blumen, Textilien.

Viele pädagogische Räume sind eher "Anstalten" (spartanisch, kalt und Massenbetrieb), daher leibfeindlich.
Offene Clos, zuviele harte Möbel und glatte Flächen: das Leben ist hart und Erziehung scheint weiterhin mehr Dressur als "miteinander leben lernen" zu sein ... Lebendige Räume ermöglichen Bewegung und Entspannung ohne Extraaufwand (umziehen, häufiger Raumwechsel ...)
Z.B.: "Ist das Kind noch müde, so soll es die Möglichkeit haben, nachzuträumen." Eine gemütlich gestaltete Kuschelecke zum Zurückziehen. Und die Tür zum Bewegungsraum ist immer offen: die Kinder dürfen dreiradfahren, Lastwagenfahren oder auf einer Matte herumkugeln.

Leiten

übliche Erziehung

Gruppenleiter(in)

handelt offensichtlich im Interesse "seiner" Institution.
Dies kann das Wahrnehmen der eigentlichen Bedürfnisse der Kinder erschweren.

"Wir machen jetzt ..."
Diese verschleierte Anweisung erleben die Kinder oft als

Aufgaben.

Darauf reagieren sie "schulisch":
Sie versuchen die Aufgabe entsprechend auszuführen - nach den Bewertungsmaßstäben des Führers.

Dies verbunden mit dem Mitmach-Reiz Wettbewerb, richtet sich die Aufmerksamkeit der Gruppe stark aufs

Ergebnis.

Gruppen, bei denen wichtig ist, "was richtig oder falsch war, was besser gemacht werden müßte" schauen also nur aufs Ergebnis.

Sie sind in Gefahr, nicht meßbare Erlebnisse zu vernachlässigen oder gar nicht zu bemerken.

Nur beachtete Ergebnisse, macht die Beteiligten fürs Ergebnis wertvoll und sonst austauschbar.

Übliche Leistungen

erhalten ihren Wert aus dem Vergleich mit üblichen Maßstäben:
- schön
- schnell
- tüchtig
- besser

Wer kann also schneller laufen, geschickter über Hindernisse springen, besser Knoten knüpfen, flott und richtig Fragen beantworten.

Was richtig ist, entscheiden die herrschenden Normen.

Die Kinder werden neugierig auf ihre "Bestmarken" und neidisch auf andere.

Animation

Gruppenleiter(in)

lädt ein, statt einzuteilen, regt an statt zu regeln, beobachtet statt zu bewerten, stellt zur Wahl statt auszuwählen, übernimmt beschränkte Verantwortung (die übrige bleibt bei den Gruppenmitgliedern), läßt der Gruppe Raum

"Ich lad euch ein ..."
so sind die Initiativen deutlich als i h r e

Angebote

mitgeteilt:
Die Kinder erleben durch die Art der Einladung bereits, daß sie nun wählen und entscheiden können.

Diese geförderten Entscheidungen heben die Bedeutung der Interessen und Wünsche der Kinder im Gruppengeschehen.

Die Kinder erleben sich und einander zunehmend bedeutsam.

Erlebnis:

Wie die Kinder miteinander handeln ist wichtiger als "was war gut und was war falsch".
Gemeinsam werden die unterschiedlichen Erlebnisse beachtet - dies macht zunehmend Gefühle und Empfindungen wichtig.

Die Kinder werden angeregt, ihre Erlebnisse wahrzunehmen, ihre Gefühle zu achten und Bedürfnisse zu entdecken.

Beachtete Erlebnisse machen alle Beteiligten für sich und andere wertvoll.

Gefördert wird dies durch die Herausforderung zu

neuen Leistungen.

Kinder werden zum Entdecken ihres Körpers, ihrer Gefühle und Bedürfnisse angeregt und ermutigt, ihre Beziehungen in der Gruppe und die Ereignisse der Umwelt wahrzunehmen.
Dies sind enorme Leistungen. (161)

Impuls „mein Stil"

Animation Trifft eher zu ...	2	1	0	1	2	Übliche Erziehung ... trifft zu
Die Inhalte und Methoden meiner Kinderarbeit orientieren sich an den konkreten Lebensfragen der Kinder.						Die Inhalte und Methoden dienen zur Erfüllung vorgegebener Ziele.
Ich bin von den Spielen, Methoden und Inhalten mitbetroffen, mache mit und lerne dazu.						Ich weiß, was herauskommt, stehe ich "über den Dingen".
Ich mache den Sinn meiner Impulse den Kindern einsichtig, sie erkennen, daß es um ihr Interesse geht.						Die Kinder werden dazu angehalten, (für sie) abstrakte und "sinnlose" Leistungen zu vollbringen.
Die Regeln und Verhaltensweisen im Gruppenleben werden von den Kindern mitbestimmt.						Die Regeln und Verhaltensweisen sind vorbestimmt, auch ich bin ihnen von vorneherein unterworfen.
Meine Kinderarbeit zielt bewußt auf den ganzen Lebenszusammenhang, auf Familie, Schule, etc.						Meine Kinderarbeit ist reine Freizeitbeschäftigung.
Meine Kinderarbeit fördert, Zusammenarbeit, Solidarität.						Meine Kinderarbeit fördert Rivalität, Konkurrenz.
Meine Kinderarbeit betont positive Leistungen, ermutigt, bestärkt.						Meine Kinderarbeit betont Fehler und Schwächen, kritisiert die Kinder.
Ich kann mich vom Erwartungsdruck der Eltern, Schule, Organisation freimachen.						Ich gebe den Erwartungsdruck von außen an die Kinder weiter.
Die persönlichen Gefühle der Kinder haben einen hohen Stellenwert.						Über persönliche Gefühle wird bei uns nicht gesprochen.
Dieses Profil hat mir zu mehr Klarheit über meine Arbeit verholfen.						Das habe ich alles schon gewußt, und: was soll das überhaupt?

(162)

Rollenvielfalt

1) Bezugsperson:

Vor allem bei Kindern, deren Sozialentwicklung nachhinkt, steht die Befriedigung des Kontaktbedürfnisses im Vordergrund ...
Die Erzieherin wird bemüht sein, Nachholbedürfnisse dieser Art zu befriedigen und jene Zeiten des Tagesablaufs, in denen die persönlichen Bedürfnisse der Kinder im Vordergrund stehen, dafür ausnützen. Sie wird auch das Entstehen von Freundschaften und Beziehungen zwischen den Kindern fördern, jedoch gleichzeitig Anzeichen, die selbständiges Sachinteresse ankündigen, beachten und honorieren.

Diese Einstellung ist sehr im Sinne der prozeßorientierten Erziehung, jedoch nur unter bestimmten Situationen aushaltbar: hat die Erzieherin 30 Kinder, davon 5 - 6 "Mangelkontaktkinder", muß sie sich wohl sehr bemühen oder zerteilen ...

2) Animateurin:

Spielen alle Kinder allein oder in Kleingruppen, so hat die Kindergärtnerin die Möglichkeit, durch eine "rotierende" Aufmerksamkeit dort neue Impulse zu geben, wo es nötig scheint. Z.B.: das Spiel in der Puppenecke scheint zu stagnieren. Die Erzieherin stellt fest: "Die Puppe Susi schaut sehr müde aus, ob sie nicht essen und schlafen will?" Bauideen, Materialbeschaffung und Atmosphäre bestimmt sie durch ihr Verhalten mit. Ihre eigene Spielhaltung (Freude am eigenen "Freien Kind Ich") wird hier die Spieleinstellung der Kinder fördern oder hemmen.

"Der/die Animateur/in
lädt ein, statt einzuteilen
regt an, statt zu regeln
beobachtet, statt zu bewerten
stellt zur Wahl, statt auszuwählen
übernimmt beschränkte Verantwortung
und läßt der Gruppe Raum." (163)

Methode und Spiel passen zur Persönlichkeit des Erziehers und der Situation der Gruppe. Der Animateur zeigt selbst Freude oder Interesse am Vorgang. Er/sie bringt sich als Person situationsgerecht ein, als "Autorität", die mit seinen Kenntnissen der Gruppe dient und durch "dienende Macht" die Gruppe konstruktiv unterstützt. Widerstand, Ablehnung und Lustlosigkeit darf sein und sind Ausgangspunkt für die authentische Auseinandersetzung mit den momentanen Stimmungen und Wünschen.
Regeln und Ziele der Spiele sind durchschaubar und erklärbar, ebenso wie veränderbar.

3) Berater:

"Soziales Lernen schließt das bewußte Wahrnehmen und Mitteilen von Konflikten notwendig mit ein. Dazu gehört zunächst das Anerkennen widersprüchlicher Erfahrungen, Eindrücke, Meinungen; mit anderen Worten das Anerkennen und Wertschätzen von Subjektivität, die ja für das Soziale Lernen konstruktiv ist." (164)

Gerade Streit, Aggression und Wut sind gefürchtete Situationen in der Erziehung. Die Kinder sollen möglichst nicht laut oder wild sein, sich nicht "angreifen" und böse sein: verständlich bei diesen Raumbedingungen und trotzdem: viele verdrängte Erlebnisse aus der eigenen Kindheit lassen auch "offene" Pädagogen ängstlich werden.

Die Beraterrolle braucht nun eine neue Einstellung: nicht verhindern oder einfach eingreifen, Ratschläge verteilen, sondern:
"Wer (friedenspädagogisch) mit Kindern arbeiten möchte, sollte bereit sein, genau hinzuschauen und sich helfen zu lassen, wenn seine Kinder nicht so handeln wie er es gerne hätte. Er sollte dann aber auch den Mut haben, sich auf Verletzungen und Kränkungen einzulassen. Und wer für Kinder arbeiten möchte, sollte zunächst einmal die richtigen Fragen zu unfriedlichen pädagogischen Situationen stellen. Wollen sie bisherige Erfahrungen von Erziehung um neue Erfahrungen bereichern und sich verbindlich auf Prozesse einlassen, in denen sie selbst auch als Person gefordert sind?" (165)

Sich von Kindern leiten zu lassen kann zugleich die Chance sein, daß ein Pädagoge sich auf seine eigenen Bedürfnisse zurückbesinnt, die ihm Reaktionen der Kinder auf ihn verständlicher machen als irgendeine Theorie über soziales Verhalten ... Dies hat Folgen und damit sollte jeder Pädagoge rechnen, der Kinder in ihren Konflikten und affektiven Problemen helfen möchte. (166)

Die Rolle der Erzieher in Konfliktsituationen ist wie ein Spiegel. Alle Betroffenen an der Situation, einschließlich Erzieher schauen hin (nehmen wahr) und fragen zuerst: was betrifft mich dabei, was stört mich, was will ich anders und wie kann ich selbst dazu eine Lösung finden. Auf diesem Feld sind wir alle noch sehr ungeübt und die Erwachsenen sind hier die Anfänger. Hier ist Zeit und Raum und Liebe notwendig, um gemeinsam neue Lösungen zu finden. Einige praktische Hilfestellungen sind hier angeführt, letztlich ist die Persönlichkeit der Erzieher und deren eigene Selbstkenntnis ausschlaggebend. Leider ist die Ausbildung von Erziehern noch sehr konfliktverdrängend.

Team-Erziehung, lebendige Erziehung - Animation - orientiert sich eher am Großfamilienmodell und ist daher Teamarbeit.

Impuls „Rollenspiegel"

Meine Rolle:

- In welcher (welchen) Rollen erlebe ich mich selbst gegenüber Kindern?

- In welcher (welchen) Rolle(n) erleben mich die Kinder?

- In welcher (welchen) Rolle(n) wollen mich andere Erwachsene (Eltern, Schule, Organisation ...)

Die Bedeutung meiner Arbeit für mich und die Gesellschaft:

- Wie werde ich für meine Arbeit belohnt? (Einfluß, Geld, Liebe der Kinder, eigene Lust beim Mitmachen..)

- Welchen gesellschaftlichen Stellenwert hat meine Arbeit? (Bewahrung, Verhütung, Veränderung, Alibi, Rekrutierung ...) (167)

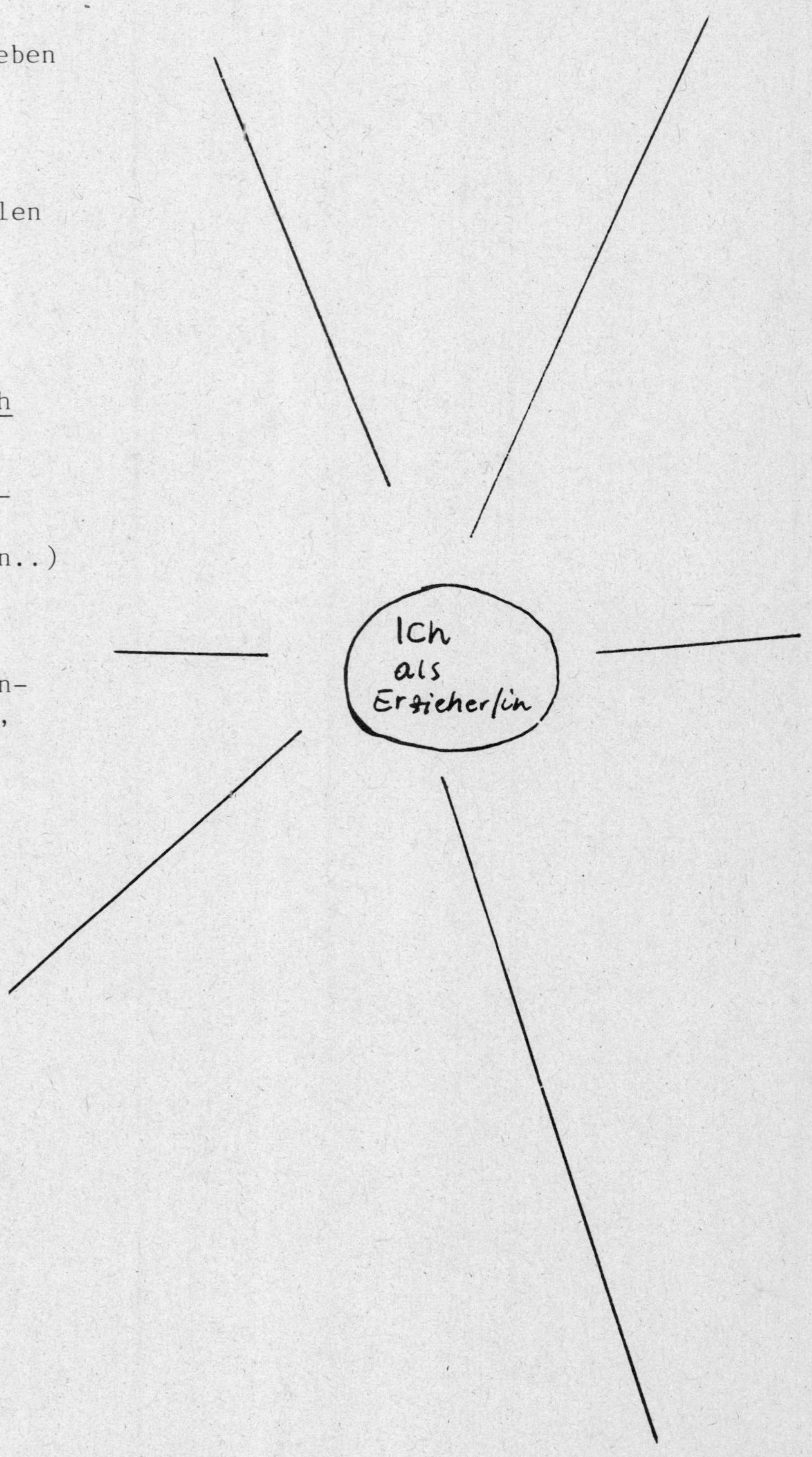

Tragen Sie hier Ihre Rollen ein:

Bezeichnen Sie diese mit "Spitznamen" um die damit verbundenen Gefühle und Erwartungen auszudrücken: z.B. "Feuerwehr" oder "Wau-wau" oder ähnliche Wörter, die Ihnen spontan einfallen. Ergänzen Sie die damit verbundenen Eigenschaften und Erwartungen. Bezeichnen Sie anschließend die verschiedenen Rollen mit + und - je nachdem, wie Sie sich in dieser Rolle fühlen. Vergleichen Sie die verschiedenen Erwartungen und sehen Sie, ob Sie diesen unbedingt entsprechen müssen. Tauschen Sie mit Kollegen/innen aus.

Kapitel 9

Bildung

"Ich darf sein der ich bin
und werden der ich sein kann"
(Motto des 2. NÖ Kindergartensymp.1988)

Respekt

Von den Kindern

Und ein Weib, das ein Kind an der Brust hielt, sagte:
"Rede uns von den Kindern".
Und er sprach also:
Eure Kinder sind nicht eure Kinder. Es sind die Söhne und Töchter von des Lebens Verlangen nach sich selber.
Sie kommen durch euch, doch nicht von euch;
Und sind sie auch bei euch, so gehören sie euch doch nicht.
Ihr dürft ihnen eure Liebe geben, doch nicht eure Gedanken,
Denn sie haben ihre eigenen Gedanken.
Ihr dürft ihren Leib behausen, doch nicht ihre Seele, denn ihre Seele wohnt im Hause von Morgen, das ihr nicht zu betreten vermöget, selbst nicht in euren Träumen.
Ihr dürft euch bestreben, ihnen gleich zu werden, doch suchet nicht, sie euch gleich zu machen.
Denn das Leben läuft nicht rückwärts, doch verweilt es beim Gestern.
Ihr seid die Bogen, von denen eure Kinder als lebende Pfeile entsandt werden.
Der Schütze sieht das Zeichen auf dem Pfade der Unendlichkeit, und Er biegt euch mit Seiner Macht, auf daß Seine Pfeile schnell und weit fliegen.
Möge das Biegen in des Schützen Hand euch zur Freude gereichen;
Denn gleich wie Er den fliegenden Pfeil liebet, so liebt Er auch den Bogen, der standhaft bleibt.

(Kahlil Gibran "Der Prophet")

Freude mit Erziehung

Subjekt statt Dressur

1. Erziehung ist keine Dressur. Erziehung ist vor allem miteinander leben lernen. Die Eltern, Erzieher, geben den Kindern durch ihr Leben Orientierung.

2. Das Kind ist nicht Eigentum, Objekt, der Eltern, der Pädagogen oder Institutionen. Sie sind "nur" die Basis, die Schale, der Bogen, das Nest ..., aus dem sich das Kind herausentwickelt. - Es ist Subjekt, gehört sich selbst = Respekt.

Vorbild sein

3. Eltern und Erzieher sind Lernende. Sie sind genauso "auf dem Weg" wie die Kinder. Eltern, Erzieher sind unvollkommen und dürfen das zeigen. Sie können und dürfen Fehler eingestehen, sie dürfen ebenso ihre Gefühle zeigen.

4. Erziehung ist Wertvermittlung. Dies geschieht vor allem im Umgang, im alltäglichen Leben. Auch der nicht oder selten anwesende Elternteil (oft der Vater) erzieht durch sein Verhalten (z.B. Nicht - Kontakt) mit.

Selbstwert fördern

5. Der Selbstwert des Kindes entwickelt sich aus dem Wert, den die Eltern und Erzieher dem Kind geben - bzw. den sie durch die Umwelt mitbekommen. Letztlich hängt der Selbstwert des Kindes mit dem Selbstwert der Eltern, Erzieher, zusammen.

6. Ermutigung statt Entmutigung. Das Erfreuliche, Selbstverständliche bei sich selbst, bei den anderen sehen und benennen - ermutigt. Ebenso ein akzeptieren der Grenzen des Anderen - das Kind mit seinen Möglichkeiten und Grenzen annehmen und lieben. Jeder Mensch ist einmalig!!

7. Zärtlichkeit drückt Liebe und Geborgenheit aus, der Mensch braucht dies bis zum Tod. Körperliche Nähe und Berührung ist lebensnotwendig.

Identität stützen

8. Erziehung ist Identitätsbildung - die Identität beruht auf mehreren Säulen:
Arbeit und Leistung
materielle Sicherheit
Körper und Leib
soziales Netz
Wertorientierung
Wenn eine oder mehrere Säulen nicht beachtet werden, schwankt das Haus - die Identität wird brüchig, labil ...

offene Kommunikation

9. Jeder Kontakt geschieht auf drei Ebenen:

Sachebene was ...
Erlebnisebene wie gehts mir
Beziehungsebene wer ...

Konflikte können leichter gelöst werden, wenn alle drei Ebenen beachtet werden. Ebenso ist sach- und zielorientiertes Handeln effizienter, wenn Gefühle, Stimmungen und Beziehungen "gelöst", stimmig und passend sind.

10. Gefühle, Fantasien - "negativ oder positiv" - gehören zum Menschen. Die Unterdrückung und Verdrängung von Angst, Aggression, Wut, Trauer, führen zu Abstumpfung und Lebensunlust bzw. bis zu Krankheit (z.B. Krebs). Der Ausdruck von Gefühl wird ab der Geburt geübt, gelebt und wird durch Erziehung unterstützt oder verhindert.

Im Spiegel

11. Kinder spiegeln den Eltern und Erziehern zu einem großen Teil deren gelebte und ungelebte Teile, Gefühle und Wünsche wider. Man kann es als Erwachsener als Entwicklungsanstoß annehmen (oder ablehnen ...).

12. Erziehung ist Arbeit an sich selbst, an der Partnerbeziehung, am eigenen Lebensstil. Veränderung und Entwicklung ist in jeder Lebensphase möglich. Und der Umgang mit Tod und Lebensende ist Teil des Lebens.

Hilfen holen

13. In "Zeiten wie diesen" ist es notwendig, Hilfen und Unterstützung für Erziehungsfragen, Partnerprobleme und persönliche Konflikte zu holen. Oft wäre eine rechtzeitige Beratung oder Aussprache usw. besser als bis zum Bruch, bis zur Krankheit, ... zu warten. Sich Unterstützung bei Eheberatern, Familienberatern, bei guten Seelsorgern und Therapeuten zu holen ist keine Schande, im Gegenteil: es zeigt menschliche Reife, da man seine Grenzen erkennt.

14. Der Kontakt nach außen in Form von Familienrunden, Mütterrunden, Supervision, Seminare, Fortbildung - hoffentlich auch Väterrunden ... Frauengruppen (Männergruppen), wo in einer geborgenen Atmosphäre über die Spannungsfelder und Probleme in der Erziehung gesprochen und nach Lösungen und Unterstützungen gesucht wird, ist sehr wesentlich. Die Isolation ist Nährboden für krankmachende Konflikte.

Impuls „Erziehung“

Kreuzen Sie 3 von diesen 14 Thesen an, die Ihnen besonders hilfreich und stützend vorkommen.
Benützen Sie die Thesen für die Auseinandersetzung mit sich selbst, ihren pädagogischen Partnern, Ihren Vorgesetzten.

weiterbilden

1) Pädagogische Arbeit braucht kontinuierliches Lernen, da zu viele neue und verschiedene Impulse nicht verdaut und integriert werden. Sie führen entweder zu neuem Leistungsdruck ("Spielpädagogik auch noch ...") oder zur Abwehr von Neuem.

2) Die Erzieherfortbildung soll Selbsterfahrung ermöglichen:
Körperübungen, szenische Improvisationen oder kreatives Umgehen mit Material muß selbst erlebt werden. Die eigene Spiellust wird aktiviert und Kreativität geweckt - um besser für die Kinder zu sein bedeutet die eigene Persönlichkeit zu fördern.

3) Erzieher sind "Modelle" für die Kinder. Kinder lernen mimetisch - das Verhalten, die Stimme, die Körpersprache, die Wortwahl, der Ton - all das merken die Kinder viel eher, als den Erziehern lieb ist. Doppelbotschaften im Verhalten sind spürbar: "Ach, bist du ein liebes Kind", und verbeißt sich dabei ein wütendes Wort ... das Kind spürt es und lernt wieder ein Stück Entfremdung: "zeig nicht, was du fühlst."

Die authentische Erziehungsperson, welche sich ehrlich (für das Kind verkraftbar) und deutlich zeigt, das sind Orientierungshilfen für das ganze Leben.

Impuls „Pädagogenspiegel"

Dieser meditative Fragenkatalog wurde von P.M. Zulehner beim 1.NÖ.Kindergartensymposion 1987 vorgetragen.

1. Welche Rolle spielt das Thema der Gerechtigkeit in Ihrem Bewußtsein, in Ihrem Leben?

Haben Sie einen geschärften Blick für die Opfer des Unrechts?

Was geschieht Ihnen, wenn Sie das Wort Unterdrückung hören?

Sind Sie politisch? Und zwar in dem Sinn, daß Sie sich stark machen zu Gunsten einer gerechteren Verteilung der Lebenschancen?

Wie stehen Sie zu den großen Zukunftsherausforderungen: der Frage des Friedens, der Mitwelt, was halten Sie vom Anspruch der Frauen auf Respekt ihrer Würde und auf Verbesserung ihrer Lebenschancen?

Was tun Sie, um den Mädchen ein Bewußtsein ihrer Würde zu geben, ein Vertrauen in ihre Fähigkeiten?

Wie können Sie verhindern, daß Frauen für die Buben doch mehr sind als ein minderwertiges Objekt?
Daß Buben Eigenschaften lernen, die in der Gesellschaft bei Männern selten sind, die Fähigkeit zu spielen, zu leiden, Sympathie zu haben?

Wie sehen Sie die Lage der außermenschlichen Natur?

Beunruhigt es Sie hinlänglich, daß der Wald in Agonie liegt, daß täglich eine Art des Lebens unwiderruflich ausstirbt, also vor unseren Augen eine ökologische Katastrophe sich abspielt?

Denken Sie zukunftsdemokratisch, indem Sie versuchen, in Ihre Überlegungen und in Ihr Handeln die Ansprüche der nächsten Generation miteinzubeziehen?

2. Wie steht es um Ihre Beziehungsfähigkeit?

Geht es Ihnen in Ihrer pädagogischen Arbeit mehr darum, Leistungen zu fördern (das auch) oder zugleich auch eine Gemeinschaft zu formen?
Wird nur der Kopf entfaltet, oder auch das Gefühl?

Achten Sie die fundamentale Gleichheit aller an menschlicher Würde?

Fördern Sie die Begabungen auch bei jenen, die vermeintlich keine oder nur wenige haben?

Üben Sie mit den Kindern ein, das Fremde lieben und schätzen zu lernen, nicht zuletzt deshalb, weil es uns selbst in Berührung bringt mit dem, das uns selbst noch entfremdet ist?

Ist Ihre Autoritätsausübung verwandt mit der Herkunft des Wortes Autorität: daß Sie vermehren, nämlich die Lebenslust und die Lebenschancen der Ihnen Anvertrauten?

Lernen die Kinder in ihrem Umkreis ein positives Verhältnis zur Macht in dem Sinn, daß wir etwas machen können, ein Werk hervorbringen, schöpferisch sind, etwas im guten Sinn dieses zweideutigen Wortes "leisten" können?
Lernen sie diesen kreativen Begriff von Macht unterscheiden vom destruktiven Wort der Gewalt?

Wie stehen Sie persönlich zur Gewaltlosigkeit?

Lernen die Kinder, daß sie der Gemeinschaft fehlen und sie arm machen, wenn sie nicht ihren unersetzlichen Anteil beitragen?

3. Fragen nach dem Sinn:

Was läßt Sie arbeiten und leben? Woher nehmen Sie Ihre Motive? Ihren pädagogischen Eros, der verhindert, daß Sie lediglich einen Job leisten: Eine Grundhaltung, die schon in gesellschaftlich sicheren Zeiten problematisch ist, die aber in Zeiten, in denen die Zukunft auf dem Spiel ist, katastrophale Folgen hat?

Wer ist der Mensch für Sie?

Welche Definition vom Menschen leben Sie praktisch?

Wehren Sie sich gegen die insgeheime Verkürzung des Menschen in vielen Bereichen unseres Alltagslebens?

Worauf wissen Sie sich bezogen: auf den Arbeitgeber? Auf einen Lebenspartner, auf die Kinder? Auf den Erfolg, auf die Macht?

Wie gehen Sie mit der Angst der Kinder um, und mit Ihrer eigenen?

Sehen Sie deutlich genug, daß nichts sosehr pädagogisch schädlich ist, wie verdrängte Angst?

Wie stehen Sie zur Daseinsangst, die aus der Erfahrung aufsteigt, daß wir vergänglicher sind als ein Nagel in der Wand? Leiden Sie unter dieser Endlichkeit?

Welche Auswirkung hat das auf Ihre alltägliche Lebenspraxis, auf die Art, wie Sie Ihren Beruf ausüben?

Haben Sie eine Ahnung davon, daß die Träume unseres Lebens stets größer sind als das, was stattfindet? Was machen Sie dann mit den überschüssigen Träumen?

Werden Sie zu Lebenshastern, die meinen, wenn man viele mäßige Erfahrungen aneinanderreiht, könne man die maßlose Sehnsucht des Herzens stillen?

Je mehr Sie diese Fragen stellen lernen, umso eher werden Sie Pädagogen sein, um die herum Lebensorte entstehen, aus denen wiederum jene Bürger geboren werden, die uns auf Zukunft hoffen lassen. (168)

Beantworten Sie diese Fragen einmal für sich und spüren Sie, wie es Ihnen dabei geht - tauschen Sie mit anderen Ihre Erfahrungen aus!

Persönlichkeitsbildung

ein ganzer Mensch werden

Ein Vater der Humanistischen Psychologie (Maslow) sieht den entfalteten, ganzen Menschen so:

1. Deutlichere, wirksamere Wahrnehmung der Wirklichkeit.
2. Größere Offenheit für Erfahrungen.
3. Stärkere Integration, Ganzheit und Einheit der Person.
4. Stärkere Spontanität und Espressivität; volles Funktionieren; Lebendigkeit.
5. Ein reales Selbst; eine feste Identität; Autonomie, Einzigartigkeit.
6. Größere Objektivität, Distanz, Transzendenz des Selbst.
7. Wiedererlangung der Kreativität.
8. Fähigkeit, Konkretes und Abstraktes zu vereinen.
9. Demokratische Charakterstruktur.
10. Liebesfähigkeit etc. (169)

Die Gestaltpädagogik und Gestalttherapie gründen teilweise auf diesem Menschenbild.
Das Modell der Identitätssäulen aus der Integrativen Therapie (Petzold) beschreibt noch deutlicher die einzelnen Lebensbereiche und deren Zusammenhänge.

Identitätssäulen

Die Identität (Persönlichkeit) des Menschen werden von 5 Säulen gestützt.

Stütze der Leiblichkeit

"Der Leib ist Anfang und Ende meiner Existenz, als Grundlage meines Wahrnehmens und Handelns, als Ursprung aller Gefühle und Gedanken, als Ort der Zeit (Alter) für die Identität der tragende Pfeiler."
Seine Gesundheit und Integrität, Leistungsfähigkeit sind Voraussetzung und Garant eines klaren Identitätslebens. Sein Abbau, seine Verletzung, sein Absterben bedeuten Bedrohung der Identität.
Disziplinierung, Bestrafung und Einschränkung sowie Verleugnung des Leibes bewirken eine nachhaltige Zerstörung desselben.

Für die Erziehung

leib- und körperfreundliches Umgehen
- Körperkontakt ermöglichen (Kissen, Boden)
- offenes Umgehen mit allen Fragen der Sexualität, der Verdauung, etc.
- lustvolle Gesundheits- und Körperpflege
- Bewegung und Tanz sind wesentliche, zentrale Elemente - Bewegungsfreude statt diszipliniertes Turnen fördern
- Sensibilisierung in Richtung Sinneserfahrung forcieren ("Sinnlichkeit" ist positive Zuwendung zur Welt)
- Räume, Materialien, etc. sind die 3. Haut des Menschen - daher natürlich zu halten
- Pflanzen, Tiere, Erde, Natur sind uns freundlich gesonnen, wenn wir sie wertschätzen
- Essen, Trinken, Streicheln, Raufen, Schreien sind normale Bedürfnisse und müssen gepflegt werden.

Stütze des Sozialen Netzes

Der Leib, der Rollen verkörpert, steht im sozialen Kontext, der ihm verkörperbare Rollen zuschreibt. Das soziale Netzwerk, das soziale Atom ist für Identitätsleben kontitutiv. Die Erfahrung des Ich bin - ist ohne das Du und Wir nicht möglich. Identität wird im Kontakt, der immer Grenze und Berührung zugleich ist, konstituiert. Sie ist immer Identität mit und durch andere. Daher beinhaltet sie zugleich: Individualität und Koexistenz, Einheit in der Vielfalt, Abgrenzung in der Koexistenz und Eingebundensein im Kontext: durch die Erkennbarkeit des Einzelnen in der Vielheit und zugleich die Konstituierung der Vielheit gewährleistet wird.

Für die Erziehung

- wer bin ich - mein Name, mein Leib - Körper, wie groß, schwer ...
- mit wem lebe ich - Interesse an soz. Umfeld, Familienmitgliedern (Ort etc.)
- wen brauche ich, damit ich leben kann: von wo, wem, bekomme ich Essen, Trinken, wer machte unser Haus, wie leben diese Menschen ...
- wie mögen mich die anderen - feedback spiele, Rückmeldungen üben
- miteinander - gegeneinander erfahren und besprechen: was passiert, wenn man verliert, wie geht's dem Gewinner?
- Ich-Du-Wir Spiele erfahren, eigene Gemeinschaftsregeln erstellen (statt "das soll man")
- meinen Platz in der Gemeinschaft suchen (einordnen statt unterordnen)
- Umgangsformen erproben ... welche sind mir lieber? ...

Stütze durch Arbeit und Leistung

In der Arbeit, im leibhaftigen Handeln, gestaltet der Mensch sein Leben und seine Umwelt. Er verwirklicht sich in seinem Tun.
Das Geschaffene bietet ihm Identifikationsmöglichkeiten (das ist von mir) und dem Umfeld zugleich Möglichkeiten der Identifizierung (das hat - Susi - gemacht). Gesellschaftlicher Kontext und Leiblichkeit artikulieren sich in Arbeit und Leistung. Der Verlust, Entzug von Arbeitsmöglichkeit oder eine lebenslange entfremdete (d.h. eine Arbeit wo der Mensch sich kaum damit identifizieren kann) bedeutet Einschränkung von Selbstverwirklichung, von sozialer Anerkennung, von materieller Sicherheit.

Für die Erziehung

- kindgerechte Leistungen z.B. bei Werken und Basteln (keine nur Herzeigobjekte) ermöglichen
- Versuch und Irrtum ermöglichen, Experimente, spielerisches Erfahren steht vor Technik (z.B. bei Musikinstrumenten)
- der Prozeß der Arbeit ist gleich wichtig wie das Produkt
- Arbeit, die wichtig ist, ermöglichen: wirklich kochen dürfen, echte Gartenarbeit und Umwelterfahrungen nicht nur am Spielbrett machen. Begreifen ist leiblicher Vorgang.
- Arbeitsformen dürfen sich nicht alleine an den schulischen Arbeitsvorgängen orientieren: Feinmotorik, bei Tisch, leise, diszipliniert
- durch Interesse entsteht Konzentration - durch kindgemäßen Zeit-Rhythmus ermöglichen
- Arbeitshaltung als schöpferische Haltung - sie braucht Vorbilder und gesellschaftliche Veränderung - wo gibt es Menschen, die gerne arbeiten?
- Arbeitsplätze der Eltern und Verwandten erforschen - damit auch eine Verstärkung des sozialen Kontexts bewirken.

Stütze durch materielle Sicherheit

Ökonomische Sicherheit und ökologisches Eingebundensein, Nahrung, Güter, Wohnung, bieten nicht nur Stütze für die Säule der Leiblichkeit, sondern werden auch für die Identifizierungsmöglichkeiten des gesellschaftlichen Kontexts von großer Bedeutung.
Materielle Unsicherheit wirkt sich für das Identitätsleben mindernd aus, Entzug materieller Stützung vermag Identität nachhaltig anzugreifen, wie die mit der Armut verbundenen Phänomene zeigen.

Für die Erziehung

- Themen wie arm und reich, 3. Welt - 1. Welt sind keine reinen Fastenzeitthemen, sondern alltäglich
- Wieviel können sich meine Eltern leisten, was weiß ich über Geld, Werte, - was kann ich für 5,- S kaufen...? wie war es früher?
- bewußt einkaufen üben - Geld als Tauschmittel verstehen - sparen und investieren - statt naiver Sparschweinideologie
- wer hat das Gebäude bezahlt, wo wir sind, wem gehören die Möbel
- fremdes Eigentum - Umgang damit
- meine Sachen - Deine Sachen
- Tauschen, borgen lernen (kindereigene Flohmärkte, Tauschboutique für abgelegte Spielsachen).

Stützung durch die Werte

Werthaltungen sind gesellschaftlich vermittelt, jedoch persönlich angenommen und verkörpert. Werte wirken als gelebte Werte. Die Säule der Werte kann, sofern sie kräftig gebaut und entwickelt wurde, für das Identitätsleben immense Tragkraft gewinnen.
Die Säule der Werte kann die Identität noch tragen, wenn andere Säulen gestürzt oder geborsten sind: (z.B. bei Krankheit, Armut, Alter und Sterben).

Für die Erziehung

- glaubwürdig religiöse und christliche Wertvermittlung - was steckt in den "Geboten" und Formen an menschlichen Werten - wie dann es das Kind "begreifen" (statt reines Nachbeten).
- welche Sitten, Normen und Werte haben andere Völker - z.B. in Afrika, in China
- Offenheit gegenüber anderen Religionen und Wertsystemen (z.B. bei Gastarbeiterkindern - wie heißt dort der Gott? -)
- dadurch Berührungsängste vor "Fremden" abbauen - hilft Feindbilder zu vermeiden.
- was ist mir das Wichtigste - Vordenken für Notsituationen (Hunger, Verlust von materiellen Gütern, was brauche ich unbedingt)
- Bedürfnisse erkennen und formulieren lernen, Prioritäten selbst sehen lernen.

Integration

Der Begründer der Integrativen Pädagogik hat für dieses Buch in knappen Thesen ihre wichtigsten Konzepte dargestellt.

Grundkonzepte der Integrativen Pädagogik
Hilarion Petzold

- Die Integrative Pädagogik wurde Mitte der 60er Jahre unter Rückgriff auf therapeutische Ansätze aus dem Bereich der Psychoanalyse und der humanistischen Psychologie sowie auf reformpädagogisches Gedankengut von Hilarion Petzold und Johanna Sieper begründet. Sie wird am "Fritz Perls Institut für Integrative Therapie, Gestalttherapie und Kreativitätsförderung" gelehrt und weiterentwickelt.

- Die Integrative Pädagogik nimmt die ältesten Traditionen abendländischer Erziehungspraxis auf. Die Postulate: "Werde, der Du bist"..., "Mensch, erkenne Dich selbst" werden in der Art sokratischer Maieutik (Hebammendienst) angegangen: Erkenntnis muß geweckt, muß geboren werden, und wir müssen in diesem Prozeß Hilfen geben, ohne daß wir einengen. Nur dann kann Erziehungsarbeit im besten Sinne des Wortes Bildungsarbeit werden und kann die Aufgabe des menschlichen Lebens gelingen, "sich selbst im Lebensganzen verstehen zu lernen".

- Integrative Pädagogik sieht den Menschen ganzheitlich als "Körper-Seele-Geist-Subjekt in einem sozialen und ökologischen Umfeld".

- Aufgrund dieses Menschenbildes erhalten Erziehungs- und Bildungsarbeit ihre Richt- bzw. Leitziele, die sich in kognitive, emotionale, somatomotorische, soziale und ökologische Grob- und Feinziele ausdifferenzieren und in offenen und halboffenen Curricula angegangen werden.

- Es muß deshalb die leibliche Dimension des Menschen erreicht werden, um Sensibilität, Expressivität, Elastizität und Spannkraft des Körpers aufzubauen und zu entwickeln durch Formen der Bewegungs-, Atem- und Leibtherapie.

- Es muß weiterhin die seelische Dimension, der Bereich der Gefühle, der Spontanität, der Phantasie gefördert werden durch Wege des emotionalen Lernens, der kreativen Gestaltung und Imagination.

- Auch die geistige Dimension sollte angesprochen werden, der Bereich der Werte und des Sinnes, aber auch der Feinfühligkeit für Ästhetisches, für Kunst und Religion. Hier können wir auf meditative Methoden der Besinnung und Betrachtung zurückgreifen, erlebnisaktivierende Ansätze der Hinführung zu den "Schätzen der Kunst". Auch das "sokratische Gespräch", der Dialog über existentielle Fragen, über Werte und Wertkonflikte gehört zum Umgang mit den geistigen Strebungen des Menschen.

- Die soziale Dimension des Menschen charakterisiert jeden Erziehungs- und Bildungsprozeß, der selbst in einem sozialen Raum, einem sozialen Klima als "Korrespondenz" zwischen Menschen stattfindet. Formen kooperativen Lernens, Rollenspiel, Soziodrama, Konfliktlösungsspielen kommt deshalb besondere Bedeutung zu, denn mit diesen Methoden und Techniken ist es möglich, das Engagement am anderen Menschen erlebnisnah zu fördern und statt negativem Konkurrenzverhalten Wege des sozialen Miteinanders aufzuweisen. Es wird der Blick für den gesellschaftlichen Zusammenhang geöffnet, den man in solidarischen Aktionen mitgestalten kann und muß.

- Die ökologische Dimension kann heute, wo sich die Menschheit am Rande einer ökologischen Katastrophe befindet, in der Erziehungsarbeit nicht mehr ausgeklammert werden. Kinder, Erwachsene und alte Menschen müssen dafür sensibilisiert werden, daß sie mit ihrer Leiblichkeit, der Natur, der Lebenswelt, dem Lebendigen zugehören. Ökologische Erziehung durch Erfahrungen der "Lebensgemeinschaft mit der Natur", als eine "Praxis der Sorge um die Dinge", als einem Entdecken der "Schönheit des Lebendigen", als ein Fördern der "Ehrfurcht vor dem Leben" ist ein Schwerpunkt Integrativer Pädagogik.

- Leben ist Entwicklung ... über die gesamte Lebensspanne hin. Die Richtziele, die sich aus unserem Menschenbild ableiten, müssen nicht nur in Kindheit und Jugend durch Pädagogik angestrebt, sondern in einem Prozeß lebenslanger Bildung (Lifelong Learning, Education Permanente), in lebenslanger Sozialisation verwirklicht werden durch Integrative Kindererziehung, Erwachsenen-, ja, Altenbildung (Pädagogik, Andragogik, Geragogik). Die Integrative Pädagogik richtet sich deshalb an einer "Entwicklungspsychologie der Lebensspanne" aus und beachtet, welches relevante Entwicklungsgeschehen für die jeweilige Lebensperiode bedeutsam ist. Mit einer solchen Perspektive im Hintergrund müssen Kinder nicht auf "Abschlüsse" hinerzogen werden, sondern mit einer Neugier auf das Leben ausgestattet werden, aber auch mit der Bereitschaft, sich mit der Endlichkeit des Lebens auseinanderzusetzen, ein Thema, das auch in der Kindererziehung nicht fehlen sollte.

- Leben vollzieht sich in Raum und Zeit, in Kontext und Kontinuum, ist an Lebensraum und Lebenszeit gebunden. Erziehungsarbeit muß deshalb für die Qualität des Lebensraumes und für den Umgang mit der Zeit sensibilisieren, - der biologischen Zeit des Organismus (Rhythmen), der psychologischen Zeit (die dahinflieht oder sich dehnt), der ökonomischen Zeit, die "Geld" ist. Der Umgang mit der Zeit, das hat das Märchen "Momo" sehr schön gezeigt, ist ein vernachlässigtes, ein verdrängtes Thema im Lebensalltag, deshalb muß ihm in der Erziehungsarbeit besondere Aufmerksamkeit gewidmet werden.

- Menschliches Leben vollzieht sich als unbewußtes Geschehen und als wache Sinnesbewußtheit (awareness), die sich zu einem komplexen Bewußtsein (consciousness) ausdehnt und vertieft. Integrative Pädagogik versteht sich als Bewußtseinsarbeit, die auf Mehrperspektivität und auf Aufhellung unbewußter Strebungen gerichtet ist: Alle Dinge haben einen Hintergrund, einen Untergrund, mehr als eine Seite. Alle Situationen können aus verschiedenen Perspektiven angegangen werden, und zwar über einen vierstufigen Weg: der des Wahrnehmens, Erfassens, Verstehens und Erklärens. Bewußtseinsarbeit fördert diesen vierstufigen Prozeß, der der Interpretation, der Auslegung und Deutung von Wirklichkeit und dem Umgang mit Wirklichkeit zugrunde liegt.

- Komplexe Bewußtheit richtet sich auf die Wahrnehmung des Kontextes und die Wahrnehmung des eigenen Leibes, der Wahrnehmender und Wahrgenommener zugleich ist. Sie greift dabei auf alle seine Sinne zurück, auf den "perzeptiven Leib". Das Wahrgenommene wird im Leibgedächtnis (im "memorativen" Leib) gespeichert, und der Leib reagiert als "expressiver Leib" auf das Perzipierte mit Ausdruckverhalten.

- Der Leib ist ein "totales Sinnesorgan". Er arbeitet polyästhetisch und synästhetisch zugleich ("vielsinniges Zusammenspüren"). Er ist Grundlage der Bewußtheit der Person, aller Lebensprozesse, aller Expressivität. In seinem Sinnesvermögen wurzeln alle künstlerischen Ausdrucksformen (Ohr/Musik - Auge/Malerei - Tastsinne/Plastik - Muskel- und Gleichgewichtssinne/Tanz/Pantomime etc.). Die Sinne wach und die Ausdrucksfähigkeit lebendig zu halten, vor den Deformationen kultureller Disziplinierung (insbesondere durch pädagogische Maßnahmen) zu bewahren, ist ein Hauptanliegen Integrativer Pädagogik. Sie ist leibzentriert und nimmt ernst, daß ich mein Leib b i n und ihn nicht h a b e , wie ein Ding, eine Maschine. Damit wird Integrative Pädagogik immer auch Gesundheitserziehung und Neuroseprophylaxe. Sie lehrt, auf die "Weisheit des Lebens" zu achten und sich Entfremdung und Verdinglichung des Leibes entgegenzustellen.

- Sensibilisierung für Entfremdung steht für die Integrative Pädagogik als Leitziel, das auch anders als "Humanisierung des Lebenszusammenhanges" beschrieben werden kann. Sie muß deshalb soziales Bewußtsein fördern, politisches Interesse wecken - schon früh. Sie thematisiert die Zerstörung der Natur, die Ausbeutung des Leibes, unmenschlicher Arbeitsbedingungen, das Elend der 3. Welt, kurz, die destruktiven Seiten des Menschen. Damit wird Friedenserziehung Teil der Bewußtseinsarbeit und unverzichtbare Aufgabe integrativ-pädagogischen Handelns.

- Integrative Pädagogik sieht es als ihre zentrale Aufgabe an, zur Entwicklung bewußter, sozialer und kreativer Persönlichkeiten beizutragen, die im gesellschaftlichen Miteinander eine klare Identität gewinnen, zu einer unentfremdeten Identität anderer beitragen und die sich selbst mit den anderen im Lebenszusammenhang verwirklichen können. Deshalb wird dieses Ziel der Persönlichkeitsbildung und Identitätsentwicklung allen anderen kognitiven, emotionalen, somatomotorischen, sozialen und ökologischen Lernzielen vorgeordnet.

- Der Integrative Ansatz verfügt über zahlreiche Methoden, Techniken und Medien, die z.T. den Kreativitätstherapien entlehnt sind, um die von seinem theoretischen Ansatz einerseits und aus der Analyse der Lebenswelt andererseits bzw. der Situation der jeweiligen Zielgruppe gewonnenen Ziele anzugehen und auf dem erlebnisaktivierenden Weg "holographischen" Lernens zu erreichen. Rollenspiel und Psychodrama gehören ebenso zu ihrem Arsenal wie die Arbeit mit Puppen und Spielmitteln, mit Ton, mit Musik, mit Bewegung und Tanz, mit bildnerischen Mitteln, mit Poesie, mit Spielen ..., ein intermedialer Ansatz. Die Ausbildung des Integrativen Pädagogen umfaßt deshalb den theoriegeleiteten, gezielten Gebrauch vielfältiger Methoden, Techniken und Medien.

- Um derart umfassende pädagogische Arbeit leisten zu können, ist es notwendig, daß der Pädagoge selbst sensibel für seine Leiblichkeit und für die Realität des Unbewußten ist, bewußt für soziale und ökologische Zusammenhänge, daß er sich in kreativen Medien flexibel auszudrücken versteht und auf dem eigenen Weg der Selbstverwirklichung und Selbsterkenntnis voranschreitet. Der Persönlichkeitsbildung und Schulung des Pädagogen durch Methoden kreativer Selbsterfahrung kommt in der Integrativen Pädagogik eine Bedeutung zu, die kaum hoch genug veranschlagt werden kann.

Gestaltpädagogik

Kurzdarstellung für dieses Buch von René Reichel:

"Blicken Sie nach diesem Absatz einmal von dem Buch auf und spüren Sie, wie Sie sich gerade befinden: Wie sitzen, stehen oder liegen Sie gerade? Fühlen Sie sich körperlich wohl?
Wieviel Zeit haben Sie jetzt für das Buch?
In welchem Raum befinden Sie sich gerade? Welche Atmosphäre hat er für Sie?
Mit welcher Absicht sind Sie hier?
Und mit welcher Absicht haben Sie dieses Buch aufgeschlagen?

Erst die Verbindung des Textes mit der Antwort auf solche u.ä. Fragen macht die Wirkung und den Sinn Ihres Lesens aus und bewußt."

Das war ein gestaltpädagogischer Impuls. Er könnte noch fortgesetzt werden und sogar zu einem Überdenken und einer Neuorientierung Ihrer Lesegewohnheiten führen. Oder zu einer bewußten Bestätigung Ihrer bisherigen Lesengewohnheiten.

Gestaltpädagogik (auch: Integrative Pädagogik) ist ein umfassendes Konzept ganzheitlicher Pädagogik, in dem mit erlebnisaktivierenden Impulsen und Übungen ein gemeinsamer Lernprozeß ermöglicht wird. Wahr-nehmen, Erfahren, Ausprobieren und direkte Kommunikation werden durch Einbeziehung aller möglicher Ausdrucksmittel kreativ gefördert. Die Persönlichkeiten aller Beteiligten haben dabei ebensolches Gewicht wie das Thema. Auch die Rahmenbedingungen des Prozesses (Kontext) bleiben im Blick.

Die wichtigsten Quellen der Gestaltpädagogik heute sind

- die humanistische Psychologie (Bühler, Maslow, Rogers, u.a.)
- die Gestalttherapie, wie sie von Fritz und Lore Perls sowie Paul Goodman entwickelt wurde
- die themenzentrierte Interaktion (Ruth Cohn)
- die "confluent education" (George Brown)
- die Weiterentwicklung zu einer Integrativen Pädagogik (Petzold), die vor allen den Aspekt der Leiblichkeit und der szenischen Arbeit (Einflüsse des Psychodramas von Moreno) deutlicher einbringt und diese Arbeit auch philosophisch genau fundiert.

Kapitel 10

System Kindergarten

"Wir brauchen zukunftsträchtige Lernorte, wo 'signifikante Bezugspersonen' neue Lebensmuster leben.
(Zulehner 1987)

Sozialisation

anpassen

Die Kernfamilie ist die Gruppe, in der die primäre Sozialisation stattfindet. Hier lernt das Kind die Geschlechterrollen (Geschlechtsidentifikation). Hier erwirbt es die bestimmenden Züge seines moralischen Bewußtseins, seiner Leistungsmotivation. Hier wird schließlich auch seine sprachliche und kognitive Entwicklung weitgehend determiniert.

Die wichtigste Institution der Gesellschaft für den Vollzug sekundärer Sozialisation ist die Schule, in der Kinder u.a. außerfamiliäre Rollen und deren Austausch lernen können. In der gegenwärtigen Schule wird sekundäre Sozialisierung durch Domestizierung, Disziplinierung und Abrichtung zu fremdbestimmten Leistungen erreicht. Freundliche Lehrer können diesen Prozeß mildern, verändern können sie ihn nicht. Das wäre nur auf dem Weg durchgreifender politischer Aktionen möglich.

Im Prozeß der primären Sozialisation bereitet die Familie die Kinder in unserer Zeit ohnehin auf Anpassung und Unterwerfung vor. Indem der Übergang von Primär- zu Sekundärbeziehungen das Individuum zusätzlich verunsichert, wird die zähmende Wirkung der Familienerziehung verstärkt. Resultat solcher Sozialisationsprozesse sind Desorientierte, die sich ängstlich an Autoritäten und gesellschaftliche Zwänge klammern. Eine Gesellschaft, in der aus primärer und sekundärer Sozialisation autonome Menschen hervorgehen, die lieben und arbeiten können, ist heute noch Utopie - aber doch insofern eine konkrete Utopie, als die materiellen, technischen und wissenschaftlichen Mittel für ihre Verwirklichung bereits vorhanden sind. (174)

Spannungsfelder

Was tut die Umwelt?

Sie bildet den physisch, psychisch, sozialen Lebensraum. Sie setzt dem Wollen des Kindes Normen entgegen: es soll lernen, seinen Platz im Produktions- und Reproduktionsbereich ordentlich auszufüllen.
Sie hat dazu eine ganze Menge Sozialisationseinrichtungen geschaffen.

Was will das Kind?

Es will seine Umwelt lustvoll erfahren. Es will sich mit seiner Umwelt auseinandersetzen, um Erfahrungen zu sammeln: Wie man sich verhält, was lustig, was schmerzlich ist, welche Rollen man spielen soll, um existieren zu können. Es will seine Erfahrungen mit der Umwelt machen, indem es aktiv ist, selbst bestimmt, was es tut. Bedürfnisse und Interessen sind Grundlagen seines Handelns. (175)

Ein Märchen

Es war einmal ein Gärtner. Eines Tages nahm er seine Frau bei der Hand und sagte: "Komm, Frau, wir wollen einen Baum pflanzen." Die Frau antwortete: "Wenn du meinst, mein lieber Mann, dann wollen wir einen Baum pflanzen."

Sie gingen in den Garten und pflanzten einen Baum.
Es dauerte nicht lange, da konnte man das erste Grün zart aus der Erde sprießen sehen. Der Baum, der eigentlich noch kein richtiger Baum war, erblickte zum ersten Mal die Sonne. Er fühlte die Wärme ihrer Strahlen auf seinen Blättchen und streckte sich ihnen hoch entgegen. Er begrüßte sie auf seine Weise, ließ sich glücklich bescheinen und fand es wunderschön, auf der Welt zu sein und zu wachsen.

"Schau," sagte der Gärtner zu seiner Frau, "ist er nicht niedlich, unser Baum?" Und seine Frau antwortete: "Ja, lieber Mann, wie du schon sagtest: Ein schöner Baum!"

Der Baum begann größer und höher zu wachsen und reckte sich immer weiter der Sonne entgegen. Er fühlte den Wind und spürte den Regen, genoß die warme und feste Erde um seine Wurzeln und war glücklich. Und jedes Mal, wenn der Gärtner und seine Frau nach ihm sahen, ihn mit Wasser tränkten und ihn einen schönen Baum nannten, fühlte er sich wohl. Denn da war jemand, der ihn mochte, ihn hegte, pflegte und beschützte. Er wurde lieb gehabt und war nicht allein auf der Welt. So wuchs er zufrieden vor sich hin und wollte nichts weiter als leben und wachsen, Wind und Regen spüren, Erde und Sonne fühlen, lieb gehabt werden und andere liebhaben.

Eines Tages merkte der Baum, daß es besonders schön war, ein wenig nach links zu wachsen, denn von dort schien die Sonne mehr auf seine Blätter. Also wuchs er jetzt ein wenig nach links.

"Schau, sagte der Gärtner zu seiner Frau, "unser Baum wächst schief. Seit wann dürfen Bäume denn schief wachsen, und dazu noch in unserem Garten? Ausgerechnet unser Baum! Gott hat die Bäume nicht erschaffen, damit sie schief wachsen, nicht wahr, Frau?" Seine Frau gab ihm natürlich recht. "Du bist eine kluge und gottesfürchtige Frau", meinte daraufhin der Gärtner. "Hol also unsere Schere, denn wir wollen unseren Baum gerade schneiden."

Der Baum weinte. Die Menschen, die ihn bisher so lieb gepflegt hatten, denen er vertraute, schnitten ihm die Äste ab, die der Sonne am nächsten waren. Er konnte nicht sprechen und deshalb nicht fragen. Er konnte nicht begreifen. Aber sie sagten ja, daß sie ihn lieb hätten und es gut mit ihm meinten. Und sie sagten, daß ein richtiger Baum gerade wachsen müsse. Und Gott es nicht gern sähe, wenn er schief wachse. Also mußte es wohl stimmen. Er wuchs nicht mehr der Sonne entgegen.
"Ist er nicht brav, unser Baum?" fragte der Gärtner seine Frau. "Sicher, lieber Mann," antwortete sie, "du hast wie immer recht. Unser Baum ist ein braver Baum."

Der Baum begann zu verstehen. Wenn er machte, was ihm Spaß und Freude bereitete, dann war er anscheinend ein böser Baum. Er war nur lieb und brav, wenn er tat, was der Gärtner und seine Frau von ihm erwarteten. Also wuchs er jetzt strebsam in die Höhe und gab darauf acht, nicht mehr schief zu wachsen.

Doch die beiden wollten, daß der Baum in Ruhe wachse und beschnitten ihn in der Höhe. Wieder wunderte sich der Baum und wurde traurig und dann trotzig: "Nun gut, dann wachse ich eben in die Breite, sie werden schon sehen, wie weit sie kommen."
Und wieder wurde er geschnitten, damit er ordentlich und gerade sei.
Der Baum konnte nicht mehr weinen, er hatte keine Tränen mehr. Er hörte auf zu wachsen. Ihm machte das Leben keine rechte Freude mehr. Immerhin, er schien nun dem Gärtner und seiner Frau zu gefallen. Wenn auch alles keine rechte Freude mehr bereitete, so wurde er wenigstens lieb gehabt. So dachte der Baum.

Viele Jahre später kam ein kleines Mädchen mit seinem Vater am Baum vorbei. Er war inzwischen erwachsen geworden, der Gärtner und seine Frau waren stolz auf ihn. Er war ein rechter und an-

ständiger Baum geworden.
Das kleine Mädchen blieb vor ihm stehen. "Papa, findest du nicht auch, daß der Baum hier ein bißchen traurig aussieht?" fragte es.
"Ich weiß nicht", sagte der Vater. "Als ich so klein war wie du, konnte ich auch sehen, ob ein Baum fröhlich oder traurig ist. Aber heute sehe ich das nicht mehr."
"Der Baum sieht wirklich ganz traurig aus." Das kleine Mädchen sah mitfühlend den Baum an. "Den hat bestimmt niemand richtig lieb. Schau mal, wie ordentlich der gewachsen ist. Ich glaube, der wollte mal ganz anders wachsen, durfte aber nicht. Und deshalb ist er jetzt traurig."
"Vielleicht", antwortete der Vater versonnen. "Aber wer kann schon wachsen wie er will?"
"Warum denn nicht?" fragte das Mädchen. "Wenn jemand den Baum wirklich lieb hat, kann er ihn auch so wachsen lassen, wie er selber will, oder nicht? Er tut doch niemanden etwas zuleide."
Erstaunt und schließlich erschrocken blickte der Vater sein Kind an. Dann sagte er: "Weißt du, keiner darf so wachsen, wie er will, weil sonst die anderen merken würden, daß auch sie nicht so gewachsen sind, wie sie eigentlich mal wollten." (176)

Kinder und Bäume sind einander ähnlich: sie entwickeln ihre Größe und Früchte dort am Besten, wo sie genug Raum haben und ihre Umgebung ihrer Eigenart entspricht. Sind die Bedingungen zu eng, zu vorgegeben, zu künstlich, so gibt es Konflikte. Das Kind wird dann oft als verhaltensgestört eingestuft. Noch nie hörte ich die Bezeichnung "entwicklungsstörend" für ein System. Die folgenden Seiten sind eine wohlwollend kritische Betrachtung des Systems Kindergarten, da sich in diesem offiziellen Rahmen auch die gesellschaftlichen Erziehungswerte zeigen. Mein Augenmerk gilt der Frage, ob der Kindergarten ein Lernort ist, wo"signifikante Bezugspersonen neue Lebensmuster leben" und ob der Kindergarten Spielraum für soziale und emotionale Erlebnisse ist - Erlebnisse für Leib und Seele...

Spielraum Kinder-Garten

Grundlagen des österr. Bildungs- und Erziehungsplanes für die Kindergartenerziehung:

"Aufgabe des Kindergartens ist es, die Erziehung der Kinder durch die Familie zu unterstützen und zu ergänzen. Dabei sind die Anlagen der Kinder nach grundlegenden sittlichen, religiösen und sozialen Werten ihrer Entwicklung entsprechend zu entfalten. Der Kindergarten hat Möglichkeiten zur Entwicklung eines gesunden Gefühlslebens zu bieten, die Fähigkeiten des Erkennens und Denkens zu fördern und die Anlagen zu zielgerichteter, schöpferischer Aktivität zur Entfaltung zu bringen. Weiters ist auf die körperliche Entwicklung, die nötige körperliche Pflege und die Gesundheit der Kinder zu achten, an der Verhütung von Fehlentwicklungen mitzuwirken und unter Ausschluß jedes schulartigen Unterrichtes die Schulfähigkeit zu fördern. Unter Auswertung der jeweiligen Erkenntnisse der Erziehungswissenschaften und der Kinderpsychologie hat der Kindergarten seine Aufgabe insbesondere durch geeignetes und ausreichendes Spiel sowie durch die erzieherische Wirkung, welche die Gemeinschaft Gleichaltriger bietet, zu erfüllen."

"Leitende Idee der Bildung ist der mündige Mensch, der autonom und mit kritischem Bewußtsein zur persönlichen Verantwortung für die gesamtgesellschaftlichen Aufgaben befähigt und bereit ist. Selbständiges und verantwortungsbewußtes Denken, Handeln und Gestalten in einer dynamischen und mobilen Welt mit pluralistischen Wertsystemen erfordert vom Menschen einen begründeten und immer wieder zu begründenden Standort, besonders im Hinblick auf seine religiöse, sittliche und soziale Werthaltung." (177)

es wächst

Der Kindergarten als NEST:

Geborgenheit, Schutz, Klein sein, Wärme, wachsen, genährt werden, überschaubar, behütet sein, ...

Urbedürfnisse werden angesprochen - Regression ermöglicht, durch:

a) einen geschützten Raum
b) gleichbleibende Gruppe
c) kontinuierliche Bezugspersonen
d) überschaubares Beziehungsnetz
e) bedürfnisorientierte Zeitstruktur

Der Kindergarten als GARTEN:

Wachsen, gestalten, Wege und Räume, hoch und tief, Erfolg, Ernte eingreifen, düngen, werten, Früchte und Unkraut

Bedingungen und Erzieherrolle deuten auf das Spannungsfeld zwischen Eingreifen und Entwickeln lassen hin:

a) Nährboden schaffen: anregende Materialien, flexibler Raum, beziehungsfördernde Spielstrukturen,
b) Bezugspersonen, die Akzeptanz und Wohlwollen gegenüber "nichtangepaßtem" Verhalten ("Unkraut") zeigen können,
c) Rahmen: Grenzen und Freiräume, die den unterschiedlichen Situationen und kindlichen Bedürfnissen entsprechen.

Der Kindergarten als WANDERUNG:

unterwegs, auf ein Ziel hin, in Bewegung, Wegweiser, begleitet, Anstrengung und Belohnung, ...

Der Prozeß des Kindes steht im Blickpunkt, das gemeinsame Unterwegssein und begleitet werden. Orientierung und Ziel sind ebenso wichtig wie in Bewegung sein. Progressiv im Sinn von "vor-gehen" "weg-gehen".

a) voneinander lernen und Prozesse erkennen
b) Leitbild und Orientierung durch Erwachsene
c) Bewegung, bewegt werden und sich weiterentwickeln, wachsen

Der Kindergarten als URWALD:

Urwüchsig, gefährlich, spannend, bunt, intensiv, entdecken und vorsichtig sein, Naturverbindung, ...

Das Abenteuer, die Spannung, Chaos und Risiko im Miteinander, im Spiel, und Erleben steht im Vordergrund, Angst und Lust.

a) durch Entdecken der Vielfalt, ausprobieren und riskieren
b) sich als Ganzes hineinwagen, alle Sinne einsetzen
c) Erfahrungen sammeln, um weiter vorwärts zu kommen.

Welche Metafer gefällt Ihnen davon am besten?

So-sein-lassen

Ein Tag im Kindergarten

Im Pfarrkindergarten St. Markus, morgens um dreiviertel acht. Die ersten Kinder an Mutters oder Omas Hand trudeln ein, springen aus Papas Auto, werden vom großen Bruder gebracht. Ältere Kinder dürfen den Weg schon allein gehen.

Die Kindergartenleiterin Helene G. kennt ihre Kinder genau. Da ist Ayse, die kleine Türkin mit den verträumten Augen. Weil die Vierjährige daheim schon mithelfen und ihre Brüder bedienen muß, kommt sie oft müde im Kindergarten an. Sie will zuerst nur still dasitzen und ausruhen.
Da ist der nervöse Kurt, dessen berufstätige Eltern nie Zeit haben, nicht einmal zum Frühstücken. Deshalb darf Kurt im Kindergarten immer gleich damit anfangen, den Frühstückstisch zu decken.
Oder Georg, das schüchterne Einzelkind. Jeden Morgen verkriecht er sich unter dem großen Tisch. Oft dauert es eine Stunde, bis er Zentimeter um Zentimeter hervorgekrochen ist, Kontakt aufnimmt, mitspielt.
Und dann der wilde Peter, der wie ein Wirbelwind hereinstürmt und kontrol-

liert, ob jemand seinen Riesenturm kaputtgemacht hat und sofort wie besessen weiterbaut;
Carmen, die alle Bilderbücher in eine Ecke schleppt und als ihren Besitz verteidigt,
die aggressive Marion, die gleich die nächsterreichbaren Spielkameraden boxt und zwickt (sie erlebt daheim viel Streit zwischen den Eltern und will sich jetzt abreagieren),
Martin, der mit Hingabe die Fensterscheibe mit Fingerfarben bemalt (zu Hause hat er wenig Platz und darf "sowas" nicht),
Katrin, die Jüngste in der Gruppe, die meist noch im Halbschlaf ankommt, sich dann staunend überall umsieht, alles abtastet, sich sammelt, langsam wach wird,
und Manuela, die mit fünf Jahren noch kaum sprechen kann (sie "darf" daheim alles im Fernsehen anschauen, hat Videokassetten in Mengen, die sie abspielen kann, nur keinen, der ihr zuhören würde, wenn sie etwas erzählen wollte ...).

Das sind einige Kinder aus einer Gruppe von 25. Keines wie das andere, jedes mit anderen Vorlieben, Eigenschaften, Bedürfnissen. Jedes aus einer anderen Umgebung, einem anderen Elternhaus. Wie schafft es die Kindergärtnerin eigentlich, jedem gerecht zu werden, auf jedes einzugehen, jedes bestmöglich zu fördern?

In einem Gespräch mit Kindergärtnerinnen wird deutlich, was eine gute Erzieherin ausmacht: "Sie geht von den Bedürfnissen der einzelnen Kinder aus und lenkt sie behutsam." "Sie beobachtet alles, hält sich selbst zurück, gibt Denkanstöße und Hilfen, wo es nötig ist." "Sie hat Zeit, hört zu, gibt Antwort." "Sie weiß, mit welchem Kind sie sich länger befassen muß, wer besonders liebesbedürftig ist." "Sie lockt die Schüchternen aus der Reserve, stärkt das Selbstbewußtsein der Ängstlichen und läßt die schwierigen Kinder ihre besondere Zuneigung spüren." "Sie hält Kontakt zu den Eltern, damit sie die Umwelt des Kindes kennenlernt und sein Verhalten noch besser verstehen kann."

Wo Kinder sich wohl fühlen

Wenn man auf verschiedene Interessen eingehen will, muß z.B. der Gruppenraum so gestaltet sein, daß sich möglichst viele eigene, voneinander abgegrenzte Raumeinheiten ergeben.
Helene G.: "Wir haben z.B. eine Verkleidungsecke, die einmal zum Kaufladen oder zur Arztpraxis werden kann, je nachdem, was mehrere Kinder gerade beschäftigt." Im Augenblick ist die Ecke ein Frisiersalon, und Sabine wird im letzten Moment daran gehindert, ihrer Freundin Susanne die Locken abzuschneiden. "Es dauert zu lange, bis sie wieder wachsen", erklärt die Kindergärtnerin dem kleinen Mädchen ihr Eingreifen. In der Ecke nebenan spielen Ruth und Willi "Vater und Mutter". Ruth hat sich eine Puppe unter den Pullover gesteckt, weil sie ein Baby bekommt. Die Erzieherin weiß, daß Ruths Mutter ein Kind erwartet und dieses Thema Ruth verständlicherweise sehr beschäftigt. Es gibt eine Experimentierecke, wo man nach Anleitung sägen und Nägel einschlagen darf und wo Paul, Seppi und Monika gerade einen alten Wecker zerlegen. Je nach Bedarf entstehen so Puppenecken, Bau- und Bastelecken, wo sich Wasserpanscher und Maler treffen. Kleine Gruppen können gemeinsam in der Frühstücksecke essen und Geschirr waschen. Schließlich gibt's auch eine "gemütliche Ecke", wo man ausruhen und Bücher anschauen darf.

Max und Anna zerknüllen mit Feuereifer Puppenkleider: "Damit wir sie gleich wieder bügeln können!" Am Bügeltisch mit dem "echten" Bügeleisen herrscht immer Andrang!

Findige Kindergärtnerinnen schaffen durch Verstellen der Möbel immer wieder neue, attraktive Möglichkeiten. "Der ideale Raum muß zu den verschiedensten Spielen anregen und den Kindern gleichzeitig Gelegenheit geben, sich zurückzuziehen und allein etwas zu machen." (179)

Neue Wege im Garten

1. Das Schwergewicht des Kindergartenalltags weg zu verlegen vom Herstellen und Produzieren von sichtbaren und meßbaren Ergebnissen hin zu Prozessen und Abläufen. Nicht das Ergebnis erscheint ihnen wichtig, sondern das was das Kind dabei erlebt.
Damit verlagert sich auch die Betonung des kognitiven Denkens und der manuellen Fertigkeiten zu einer stärkeren Gewichtung des emotionalen und sozialen Erlebens.

2. Sie heben soweit als möglich die Begrenzung zwischen Freispiel und angeleiteter Tätigkeit auf: eine zeitliche Überlappung ist sichtbar: während ein Teil der Kinder frei im Raum spielt, sitzt die Erzieherin mit einer Kindergruppe am Werktisch. Dieser gleichzeitige Ablauf ist hier nicht gemeint, sondern die inhaltliche Überschneidung: die Erzieherin bestimmt den Schwerpunkt der täglichen Beschäftigung nicht mehr durch die von ihr gesetzten Angebote, sondern sie beobachtet die Kinder und greift auf, verstärkt, wo sie Möglichkeiten dafür sieht. Oder sie bringt Ideen ins Spiel, die neue Aspekte eröffnen und Auseinandersetzungen und gezieltes Lernen beinhalten können.

3. Damit nehmen die Erzieher zugleich ihre Vorstellungen zurück und werten das Kind als eigenständig Lernenden und Handelnden auf. Die Erzieher gehen nicht davon aus, daß sie wissen, welche Lernhandlungen für das Kind richtig sind: sie stellen vielmehr den Vorsprung, den sie aufgrund ihres Vorwissens und ihrer Fähigkeiten haben, so in den Dienst des Kindes, daß das Kind seine eigenen Erlebnisse, Erfahrungen und Lernhandlungen als Erfolgserlebnisse wahrnimmt und weiß, daß der Erzieher ihm dafür neue Erkenntnisse und Sichtweisen vermittelt. Es sieht im Erzieher jemanden, der ihm hilft, entsprechende Fähigkeiten zu entwickeln, und nicht jemanden, der alles weiß und kann.

4. Es wird versucht, situationsorientiert vorzugehen: d.h. Situationen des kindlichen Alltags so zu gestalten, daß eine stärkere eigenständige Handlungsfähigkeit entwickelt werden kann, das größere Selbstbestimmung und selbstverantwortliches Denken und Handeln ermöglicht: z.B. statt Gruppenregeln ungefragt zu gehorchen - eigene entwickeln und mitzuverantworten.

5. Die starke materielle Gewichtung wird verringert, indem mehr Gebrauchs- und Naturgegenstände im Spiel verwendet werden (wie alte Vorhänge für Zelte, abgelegtes Geschirr für den Sandkasten, größere Verpackungskartons für Häuser, Autos und Schiffe ...) Sparsamer und umweltbewußter wird umgegangen mit Materialien von Wasser bis zum Putzmittel und Essen. Es wird von Kindern bewußt erlebt und probiert." (182)

Welche Schritte gehen Sie bereits auf neuen Wegen?

Welche Hindernisse stehen Ihnen da entgegen?

Wie können Sie diese gemeinsam mit anderen verändern?

Eltern-Arbeit

Mütterlich und väterlich

von René Reichel

Um gleich Mißverständnisse zu vermeiden: "Väterliches" haben auch Frauen zu bieten - ähnlich wie "Mütterliches" auch von Männern ausgeht; sonst wären ja alle Kinder von Alleinerziehern schwer gestört, und so ist es ja nicht.

Es gibt väterliche und mütterliche Elemente in der Erziehung; wenn eine Seite deutlich fehlt, dann sind Probleme zu erwarten.

In verschiedenen Kulturen und Zeitaltern werden übereinstimmend dem Männlich-Väterlichen folgende Eigenschaften zugeschrieben:
bestimmend, gezielt, direkt, klärend, aggressiv -
dem Weiblich-Mütterlichen: unbestimmt, fließend, rund, einfach da, schützend.
Noch einmal: Jeder Mensch hat beide Tendenzen in sich, wenn auch in unterschiedlichem und sich im Lebensprozeß veränderndem Maß!

Für eine Erziehungseinrichtung wie Kindergarten ergeben sich zwei Fragen daraus:

1. Erlebt dieses oder jenes Kind eine gewisse Ausgewogenheit dieser beiden Pole? (individuelle Betrachtung)
2. Wie gewichtet sind diese Pole in den Erziehungseinrichtungen heutzutage, bzw. wie väterlich oder mütterlich ist das heutige Erziehungsklima insgesamt? (gesellschaftliche Betrachtung).

Die erste Frage ist natürlich in jedem Einzelfall zu behandeln, die Familientherapie hat hier sehr bewährte Erfahrungen und Methoden zur Erkennung und Behandlung von Störungen entwickelt.

Die zweite Frage soll uns hier näher beschäftigen - und beunruhigen:
Für unsere Gesellschaft ist die deutliche, ja krasse Überbewertung männlich-väterlicher Elemente typisch:
"Den Stier bei den Hörnern packen", Dinge rasch erledigen, Ergebnisse liefern, das sind, gemeinsam mit den oben beschriebenen väterlichen Eigenschaften die in unserer Umwelt geschätzten Verhaltensweisen. Frauen sind dann wirklich erfolgreich und anerkannt, wenn sie diese Verhaltensweisen und Werte besonders gut leben.

In der Erziehung werden diese männlich-väterlichen Werte am ehesten von der Schule verkörpert, und sicher mit Recht!
Die vorher beschriebene Überbewertung dieses Pols führt aber seit einigen Generationen dazu, daß sich die Schule die anderen Erziehungseinrichtungen immer mehr unterwirft.
Das wird schon dadurch unübersehbar, daß viele Schultypen (besonders technische Gymnasien) heute ganz offiziell und selbstverständlich von den Schülern eine Arbeitszeit verlangt, die weit über den für Erwachsene geltenden Arbeitsbestimmungen liegt. Schon in der Volksschule beginnt aber die ebenso übliche wie ungesetzliche Gewohnheit, daß die Familie für den Schulerfolg als zuständig erklärt wird. Und die Eltern lassen sich dementsprechend als billige und bequeme Nachhilfelehrer dazu verführen, das Familienleben von den schulischen (=meßbaren und gesellschaftlich geschätzten) Leistungsprinzipien unterdrücken zu lassen: bzw. viele Eltern verstärken den Druck sogar noch. Das geschieht natürlich auch deshalb, weil den Beteiligten nicht klar ist, was sie dabei anrichten.

"Geschätzt werden, ohne meßbare Leistungen vollbringen zu müssen", "Aktionen setzen und Erlebnisse haben, die nicht sofort bewertet werden", "getröstet werden, wenn man unglücklich ist", "schreien, wenn man wütend ist", "selbstvergessen vor sich hin träumen (ohne schlechtes Gewissen)". Das sind Erfahrungen, die immer seltener werden. Erfahrungen, für die früher besonders Großeltern da waren, weil sie weniger unter dem üblichen Leistungsstreß standen. Typisch ist auch, daß solche heilenden Erfahrungen im späteren Leben dann in der Psychotherapie "erkauft" werden; von solchen, die sich's leisten können.

Fähigkeiten wie Hilfsbereitschaft, Liebe, Gelassenheit, Optimismus, Mut, sind nur durch solche Erfahrungen umfassenden Akzeptiertwerdens entwicklungsfähig; durch ein einseitiges an meßbaren Leistungen orientiertes Heranwachsen werden solche Eigenschaften schon im Keim erstickt oder wachsen nur kümmerlich. Und so schaut unsere Gesellschaft ja auch aus.

Natürlich macht der gesellschaftliche Hunger nach objektiv meßbaren Leistungsträgern (Menschen) nicht vor dem Kindergarten halt.
Schöne, herzeigbare Bastelergebnisse, regelmäßiger Tagesablauf und immer mehr Vorschultraining sind solche väterlichen Elemente im Kindergarten. Sie sind wichtig; Und sie sind gefährlich, wenn sie so überhandnehmen, wie es häufig zu beobachten ist - und wie es auch gelehrt wird. Oft schaukeln auch Eltern und Kindergärtnerinnen sich gegenseitig hoch, was solche einseitigen Erwartungen betrifft.

Hingegen: Welche Mutter würde wohl extra zur Kindergärtnerin sagen: "Meinem Kind geht's zur Zeit nicht so gut. Es schläft auch schlecht. Nehmen Sie's doch bitte manchmal in den Arm." und welche Kindergärtnerin würde dann so reagieren: "Aha! Gerne!" (Bei Ihnen wär das möglich? Ich gratuliere!)

Mit anderen Worten: In den Kindergärten fehlen zwar die Männer, aber nicht das Männlich-Väterliche. Es gibt zwar überall Frauen, aber oft zuwenig Weiblich-Mütterliches. Paradox, aber wahr; und durch den besonderen gesellschaftlichen Rechtfertigungsdruck, unter dem Frauenberufe stehen, durchaus verständlich. Je mehr die Berufswelt die Männer auffrißt, desto mehr übernehmen die Frauen auch väterliche Funktionen in der Erziehung - gottseidank (kurzfristig gesehen) und leider (langfristig gesehen). (183)

Grenzen überschreiten

Kindergarten ist in herkömmlicher Weise eine sehr stark nach außen hin abgegrenzte Institution, die meist nur die "offiziellen Kanäle" (Elternrunden, Antwort auf konkrete Fragen) für Kommunikation mit der Außenwelt offenhält.

Somit entstehen für die Kinder sehr oft zwei voneinander getrennte Welten, in denen sie existieren müssen, Familie - Kindergarten.

Solange es um produktorientierte Ziele geht, wie z.B. möglichst gleichartige, leistungsfähige Kinder zu schaffen, ist dieser Zustand durchaus förderlich.

Wir meinen jedoch, daß das nicht den Kern unseres Menschseins trifft, daß individuelle Entwicklung in einem wohlwollenden Umfeld erst den tragfähigen Boden für Freude und Wollen zum Sein und Tun schaffen kann.

Der Kindergarten wird sich mehr und mehr als TEIL des SOZIALEN NETZES der Kinder verstehen müssen.
Er ist weder mehr Aufbewahrungsstätte, noch Hochburg alleinseligmachender pädagogischer Erkenntnisse und Handlungen.
Daher können auch fachkundig fundiertes Kritisieren der elterlichen Erziehung, Besserwissen und Bessermachenratschläge kaum eine Annäherung, jedoch sicher kein Akzeptieren (und auch konstruktives Auseinandersetzen) der beiden Lebenswelten des Kindes erreichen.

Wichtig hingegen scheint mir die Beantwortung der Frage:
Wo können sich diese beiden Lebensbereiche der Kinder BEGEGNEN.

Das Schaffen von Berührungs- und Verständigungspunkten, an denen Erzieher und Eltern einander begegnen, wo sie Möglichkeiten finden, einander kennenzulernen, auszutauschen, ebenso Gemeinsames zu erfahren, wie Verschiedenheiten zu leben.

Es ist nicht notwendig, aus Kindergarten und Elternhaus immer eine einmütige Suppe zu machen, Andersartigkeit ist kein Hindernis für Kommunikation.

Erst im Akzeptieren der vielen Andersartigkeiten können sie zum Dialog finden, zu einem Dialog, der die Möglichkeit von Veränderungen in sich trägt.

(184)

Zusammen-Spiel

Dem klassischen Problem Schule und Elternhaus wird auch in der Integrativen Erziehung besondere Beachtung geschenkt. Denn beide Sozialisationsfelder im Lebenskontinuum des Kindes können, wenn sie gegeneinander stehen, sich gegenseitig blockieren und im Kind Spannungen und Zerrissenheit fördern. Nach dem Synergieprinzip der Integrativen Pädagogik, das heißt dem Prinzip des optimalen Zusammenspiels aller in einem System (Feld oder Kontinuum) wirksamen Kräfte (Petzold 74), müssen Schule und Elternhaus im Hinblick auf die übergeordneten Erziehungsziele und auf die Erziehungsstile zusammenwirken, um Diskrepanzerlebnisse zu vermeiden. Der Elternarbeit kommt in der Integrativen Pädagogik besondere Bedeutung zu. (185)

Eltern und Kindergarten

Aber gerade in der heutigen Zeit ist eine Ghettoisierung zu beobachten: Ältere Menschen leben in Altersheimen, Eltern - Erwachsene - sind stark im Beruf beschäftigt, die Kinder kennen kaum die Arbeitswelt der Erwachsenen.

Dem Kindergarten kommt also mehr denn je eine unterstützende und ergänzende Funktion zu.

Um dieser Funktion gerecht zu werden, sehe ich die Zusammenarbeit mit den Eltern als Grundvoraussetzung.

Möglichkeiten der Zusammenarbeit:

- Mithilfe und Mitgestaltung der Mütter - Väter - im Kindergarten
- Begleitung bei Ausflügen ...
- gemeinsame Spielnachmittage mit den Kindern
- gemeinsam Feste feiern
- Elternabende

Aber auch der Kontakt mit Großeltern und älteren Menschen kann eine beidseitige Bereicherung sein.

So zeichneten die Kinder Briefe und schickten sie an ihre Großeltern. Dem Brief war auch eine Einladung beigelegt, mit dem Kindergarten Kontakt aufzunehmen:
eine Oma backte mit den Kindern Keks, Puppenbekleidungen wurden gestrickt, Geschichten erzählt,
ein Opa spielte auf der Orgel.

Ich glaube, daß es für ältere Menschen sehr wertvoll sein kann, zu spüren - "ich werde gebraucht, ich darf meine Erfahrungen weitergeben".

Um die Arbeitswelt der Eltern kennenzulernen und durchschaubarer zu machen, besuchte ich mit den Kindern Väter und Mütter am Arbeitsplatz.

Diese Kontakte bringen nicht nur den Einblick in die Arbeitswelt und in das Leben der Menschen, sondern bedeuten auch eine Erweiterung des sozialen Lernens - das Verständnis füreinander und das Gespür miteinander verbunden zu sein. (186)

Eltern-Abende

einander kennenlernen

1) Namenssymbol machen:

die Eltern erhalten ein Stück färbiges Papier (Naturpapier) und reißen ein Symbol aus (einfachen Gegenstand), dann schreiben sie ihren Vor- und Zunamen hinein und irgend etwas, was sie noch gerne mitteilen wollen (Beruf, Alter, Gewicht, Lieblingsessen).
Die Erwachsenen stecken nun dieses Symbol an und gehen damit herum, sodaß man einander sehen und kurz sprechen kann.

2) Aktivierende Ecken:

die Eltern begeben sich in die Mitte des Raumes und entscheiden jeweils bei jeder Phase, in welches "Eck" sie gehen wollen. Dort treffen sie vermutlich andere, schauen nochmals kurz ihre Namenssymbole an und sprechen dann ca. 5 Min. über das Thema der Ecke.

Die Ecken heißen:

1. Phase: "Meine liebste Urlaubsform"
   - Berge
   - zu Hause
   - Städte anschauen
   - Meer
2. Phase: "Mein Traumberuf"
   - Höhlenforscher/in
   - Bankdirektor/in
   - Lehrer/in
   - Arzt/in
3. Phase: "Ein Kindergarten ist wie..."
   - ein Garten
   - ein Nest
   - eine Wanderung
   - ein Urwald

3) Impulsplakate:

ca. 1/4 Bögen Packpapier pro Fragestellung. Die Eltern erhalten jeweils einen Filzstift und gehen herum und antworten schriftlich auf die Fragen, bzw. begonnenen Sätze.

Die Impulse werden jeweils am oberen Rand der Plakate geschrieben und lauten:

... was mich am Kindergarten Radlberg freut ...

... Ideen, die ich für den Kindergarten habe ... (Kinder, Eltern, Raum, Tante, Helferin ...)

... wenn ich Tante wäre, würde ich ...
... woran ich mich selbst als Kind am liebsten erinnere ...
... ich bin hier, weil ...

Die beschriebenen Plakate werden dann besichtigt und die Plakate mit Themen, welche weiterführen, mitgenommen und darauf eingegangen.

4) Gesprächsrunde:

vor allem zum Thema Ideen:
- hören, notieren, eigene gefühlsmäßige Stellung dazu aussprechen und Mitarbeit, wo es möglich ist, aktivieren

5) Informationen an die Eltern:

möglichst übersichtlich und mittels Plakat vorbereiten (oder kopierte Zettel)

6) Abschlußrunde:

jeder Anwesende sagt nochmals ein paar Worte in Richtung: was hat mir gefallen, was möchte ich wieder ... (188)

spielen und bewegen

Gruppentänze

- Oh Susanna
- Sascha

Spots in Movement

- Soviele Hände als möglich schütteln
- Soviele Ohren als möglich zupfen
- Den anderen an der Nase herumführen
- Dem anderen auf die Schulter klopfen
- Alle mit gleicher Augenfarbe zusammen
- Alle mit gleichem Sternzeichen zusammen
- Alle mit gleicher Lieblingsfarbe zusammen

Zwiebel

- Einander/nacheinander mit geschlossenen Augen beschreiben
- Spiegelbilder (Musik)
- Führen mit geschlossenen Augen - Handflächen aneinander
- Schatten (Musik)
- Maschine abstellen
- Statue bauen
- Sonnenschein für den anderen sein

Fangenspiel

- Wir fangen solange bis Schlange entsteht
- Gordischer Knoten
- Drachenschwanzjagen

Entspannung

- Wir entspannen den ganzen Körper von Zehe bis Kopfscheitel (Vorher Lage und Atmung erklären)
- Wir wecken uns nach der Reihe auf unsere eigene freundliche Weise auf

Zeitungen

- Wir machen uns gegenseitig Wind
- Wir überbringen uns das Neueste aus der Zeitung (traurig, lustig)
- Wir machen ein Fernrohr, sehen uns verschiedene Körperteile der anderen an (Ohr, Zehe ...)
- Wir fechten
- Wir betasten Zeitung mit geschlossenen Augen
- Jeder erfindet ein Geräusch
- Wir machen ein Konzert (ich bin Dirigent)

Meditation

- Wir stehen im Kreis und nehmen uns Schulter an Schulter, schwingen mit den Beinen, schließen die Augen und summen unseren Stimmton.

Die Eltern holten anschließend von sich aus Kerzen, schmückten den Tisch mit Keks, Gebäck und warmen Tee.
Es herrschte eine feierliche, entspannte Atmosphäre. Keiner redete über irgend etwas, sondern jeder von sich selbst, seinen eigenen Erfahrungen und Erlebnissen. Viele Fragen wurden aufgeworfen, einige sprachen von ihrem körperlichen Zustand jetzt und vorher. Es war eine friedliche und sehr aufmerksame Stimmung aller Eltern zu bemerken. Manches ist ihnen aufgefallen, das sie sonst nicht bemerkt haben.

Nach einer Weile des Sitzens und Sprechens gingen ein paar Eltern hinaus. Sie wollten eine Zigarette rauchen. Als ich auch später nachkam, taten zwei Männer gerade Brunnenschöpfen, eine Mutter lief eine Runde im Garten. Sie meinte sie hätte so viele Energien, sie könnte mich durch den Garten "Huckepack" tragen. Das tat sie dann auch.
Wir führten noch einige selbsterfundene Übungen durch und hatten alle viel Spaß dabei.
Zum Schluß hielten wir uns noch alle ein wenig im Garten auf und genossen den warmen Sommerabend. (189)

Grenzerfahrungen

Vorwort

Meine Grenzerfahrungen in meiner Tätigkeit als Kindergärtnerin können sicherlich auch anders erlebt werden. Wahrscheinlich hat es damit zu tun, wieviel ein Mensch gelernt hat, sich abzugrenzen und seine eigenen Bedürfnisse wahr- und wichtig zu nehmen. Doch an einigen Tatsachen, wie z.B. ständiger Lärm (oft bis 4 Uhr), Zwiespalt zwischen Bildungsvorschrift und emotionaler Zuwendung und Arbeitszeit, ist nicht zu rütteln.

Erlebnisbericht „Zuviel“

Das Kindergartenjahr beginnt. Ich habe 15 neue Kinder bekommen, die andere Hälfte (etwa nocheinmal soviel) hat schon ein oder zwei Jahre den Kindergarten besucht. Das heißt die Hälfte der Gruppe weiß noch nicht, wo z.B. das Spielzeug ist, wie man damit umgeht, daß man für einige Zeit auf einem Platz spielen sollte, was eine Reihe ist, daß nicht alle zugleich reden können ... Die dreijährigen Kinder können oft noch nicht alleine aufs WC gehen, mit anderen Kindern oder sich selbst für kurze Zeit alleine mit einem Material beschäftigen. Dabei sollten doch gerade diese Kriterien die wichtigsten Grundvoraussetzungen für eine Aufnahme in den Kindergarten sein. Wenn noch ein Platz frei ist und die Gemeinde zustimmt, wird nicht mehr nach dem Entwicklungsstand des Kindes gefragt.
Die Mutter ist meistens genauso überfordert wie das Kind und die Tante.
Die Auswirkungen sind oft das ganze Jahr hindurch spürbar.

Der Unterschied zwischen einem drei- und sechsjährigen ist sehr sehr groß, weil die Entwicklung in diesem Alter ja noch so rapide vor sich geht.
Ich habe eine Mischgruppe von Drei- bis Sechsjährigen. Also betreibe ich gezielte Kleingruppenarbeit, damit alle davon profitieren können. Die älteren Kinder für einige Zeit ruhig beschäftigen ist möglich, wenn das Material interessiert und ihren Fähigkeiten entspricht.
Mit einer kleinen Gruppe von 4 - 5-jährigen arbeite ich, die anderen 4 - 5-

jährigen kann ich teilweise auch schon alleine beschäftigen.
Doch was geschieht mit den 3-jährigen? Die Helferin kann ich in unserem sehr großen Kindergarten nicht zur Mithilfe heranziehen. Auch wenn ich noch so etwas Passendes und Interessantes für die Kleinen gefunden habe, das ändert nichts an der Tatsache, daß ihre Ausdauer sehr begrenzt ist und sie meistens sehr laut werden, gerade, weil es ihnen Spaß macht.
Eine weitere Grenzerfahrung waren die vielen Feste, die es im Kindergarten zu feiern gibt. Es sollten Erntedank-, Martins-, Nikolaus-, Faschings-, Oster-, Muttertags-, Abschieds- und persönliches Geburtstagsfest jedes Kindes gefeiert werden.
Um ein Fest, so wie vorgesehen, wirklich spürbar und sinnlich zu feiern, braucht man mindestens 3 - 4 Wochen Vorbereitungszeit. Gespräche, Bastelarbeiten, Lied, Spiel- und Spruchgut sollten darauf abgestimmt sein.
Man kann also sagen, durchschnittlich jeden Monat findet ein Fest statt.
Es ist notwendig, meine Bildungsarbeit der Festvorbereitung irgendwie anzupassen. Das ist gar nicht so einfach, vor allem bin ich ständig davon manipuliert und habe nur sehr schwer Zeit, mich ernsthaft anderen Themen zu widmen.
Viele Kindergärtnerinnen beschweren sich darüber, doch keine hat den Mut, ein Fest einfach zu streichen, "nur" weil etwas gerade viel Wichtigeres dran wäre.

Ich habe versucht, die Kinder, soweit es möglich ist, selbständig zu erziehen. Bei den Kleinen muß man da mit ganz grundlegenden Dingen beginnen, z.B. richtige Bleistifthaltung. Das braucht viel Zeit. Der Leistungsdruck ist hier oft sehr spürbar, denn die Eltern wollen von ihren Kleinen mindestens auch so eine schöne Bastelarbeit wie die Eltern von den Großen.
Ich will aber keine Kindergärtnerin sein, die Bastelarbeiten für die Kinder erledigt, damit die Eltern zufrieden sind.

Die Kinder und die Eltern sind heute sehr anspruchsvoll, sie wünschen viel Neues! Besonders deutlich wird das, wenn Schülerinnen zweimal in der Woche kommen und immer wieder etwas Neues ausprobieren sollten.

Die Elternarbeit ist einerseits notwendig und auf längere Sicht gesehen eine Hilfe, auf der anderen Seite ein zusätzlicher, großer Arbeitsaufwand.
Wenn ich mit Eltern zu einem Thema gearbeitet habe, verbrachte ich mehrere Stunden für die Vorbereitung.
Leider ist für eine vollberufstätige Frau mit einer eigenen Familie diese wichtige zusätzliche Elternarbeit fast eine Zumutung und das ist sehr schade.
Ich habe trotzdem aktive Elternarbeit geleistet. Die Abende waren immer sehr erfolgreich, die Kontakte immer besser, die Eltern trafen sich auchprivat.

In so einer umfassenden sozialen und emotionalen Betätigung ist es schwer, die Grenzen zu ziehen, wenn man es wirklich ernst meint. Auch an freien Tagen lebte ich in Gedanken im Kindergarten weiter, abgesehen von der enormen schriftlichen Arbeit.

Wenn ich mit meinen Kindern einen Ausflug machte, sammelte ich schon wieder Steinchen, Zapfen oder Gräser für den Kindergarten. In meinem Kopf gab es nur noch Kinder und ihre Bedürfnisse. Und ich bin davon überzeugt, jede engagierte Kindergärtnerin und Mutter wird ähnliche Erfahrungen gemacht haben.
Ein wirklich adäquates Maß an Einzelzuwendung, Bildungsarbeit - konsequent aufbauend und den spontanen Bedürfnissen der Kinder entsprechend, Festvorbereitung- und gestaltung und zusätzlicher Elternarbeit ist in einer so großen Gruppe einfach nicht zu verwirklichen. Weitergedacht: auch kaum mit seiner eigenen Familie (und es sind eben nur Frauen in diesem Beruf) zu vereinbaren, da man seine ganze Energie und Kraft für seinen Beruf braucht.
Außerdem habe ich auch immer das Gefühl gehabt, daß ich die Kinder in dem Moment abschneiden muß, wo es anfängt für sie lustvoll zu werden. Denn wenn man bedenkt, wie bewegt und laut ein Kind wird, wenn es eine echte Entdeckung macht, ist das für eine Kinderzahl mal 30 untragbar.

Zum Schluß noch ein Tip an alle Kindergärtnerinnen, die es wirklich ernst mit ihrer Arbeit nehmen:
Bekommt lieber keine eigenen Kinder!

(191)

Erlebnisbericht „beschnitten"

Woran denke ich bei "Spielpädagogik"?

Gruppe, Gemeinschaft,
lachen, laut sein, Lust haben zu leben,
Neugier,
experimentieren,
Ausdruck, Stimme, Körper, Bewegung,
Farbe, Töne, Materialien,
Auseinandersetzen,
Zusammenhalten

Woran denke ich bei "Kindergarten"?

an ebendas oben Aufgezählte,
dazu noch Mund und Herz, die zu erzählen wissen von der Sonne, dem Mond und den Sternen, von den Pflanzen, den Tieren und den Steinen, von Wind und Wasser, Feuer und Sand, -
die all dem, was Kinder tief innen wissen, Namen und Gestalt, Farbe und Größe, Strenge und Güte verleihen.

Und was kenne ich aus dem Kindergarten?

Regeln, Gebote, Verbote, die in ihrem Ausmaß und in der Summe die Luft zum tief durchatmen dünn werden lassen. Maße, kleinlich bemessen, innerhalb derer sich alles bewegen muß, wo Heranwachsen und Entwickeln, Aufnehmen, Lernen und Wiedergeben passieren.
Aber zu konsequent gestutzte Bäume entfalten ihre Krone nicht und bilden keine tiefverzweigten Wurzeln.

Die Erfahrungen, die in den verschiedenen Kindergärten auf mich warteten, haben mich ganz besonders am Anfang, als ich noch neu war, zutiefst betroffen gemacht.
Inzwischen haben mehr Einblick in die Zusammenhänge und persönliche Erfahrungen meine Betroffenheit zwar nicht vermindert, aber verändert.

In den allermeisten Kindergärten herrscht eine freundliche bis sachliche Atmosphäre der Konsequenz vor. Die Regeln des Alltags stehen so fest, daß man als Kind besser nicht daran stößt, weil es nur Wunden einbringt.

Sehr beliebt im Kindergartenalltag sind Förderungsspiele aller Art, die alleine oder zu mehreren bei Tisch zu spielen sind. Es sind natürlich stereotyp auch Bau- und Puppenecke vorhanden, die mit Erlaubnis benützt werden können. Spielen ist meist solange dort erlaubt, wie die Kinder "ordentlich" sind. Das bezieht sich aber im Durchschnitt nicht auf einen sinnvollen Spielprozeß, sondern auf ein unauffälliges Verhalten der Kinder, das dann von einfallsarm bis possierlich reicht.

Natürlich liegt die Frage auf der Hand, bzw. auf der Zunge: "warum ist das so?" Ich glaube, daß mehrere Umstände Verursacher bzw. Erhalter dieses Zustandes sind.
Zum einen deckt sich dieser Erziehungsstil in vielen Fällen mit den Wünschen und Erwartungen der Eltern, besonders aus konservativen Kreisen der bäuerlichen Bevölkerung, die Leitsätze wie "jetzt müssen's lernen, daß sie (die Kinder) das tun was gesagt wird, nicht was sie selbst wollen!", u.a. hochgehalten wissen wollen.
Zum anderen wacht das strenge Auge des Dienstgebers über allen Kindergärtnerinnen und erstickt in vielen Fällen die kleinsten Ansätze zur Veränderung im Keim.
Ebenso wie den Kindern im Kindergartenalltag, werden den Erzieherinnen von der nächsthöheren Stufe der Hierarchie die Flügel gestutzt. Für viele von ihnen, die selbst aus dieser Erziehung kommen, ein Vorgang, der zwar immer wieder schmerzt, aber "offensichtlich zum Leben gehört".

Ich weiß, daß sehr viel möglich, und alles veränderbar ist.
Wachstum kann geschehen, sobald es Platz dafür gibt. Platz zum Aufspüren des neuen Gefühls, der neuen Möglichkeiten, Platz zum Ausprobieren, Platz für Erfolge und Mißerfolge.

Ich wünsche allen Betroffenen, Kindern, Erziehern, Eltern, Vorgesetzten und mir auch, daß die Spielpädagogik mehr und mehr Platz bekommt, daß wir ihr mehr und mehr Platz einräumen in der wunderbaren / entsetzlichen Institution der Kindergärten, und daß mit ihr und durch sie nach und nach Entwicklung zur Individualität, Selbstverantwortung und kreativem Leben passieren kann. (192)

Erlebnisbericht „bedrängt“

Alles Erleben, Wahrnehmen, Lernen geht beim Kind über den Körper und damit verbunden über die Bewegung. Raum für Bewegung ist befreiend und animierend. Der Kindergarten soll ein Übungsfeld aller geistigen und körperlichen Kräfte sein, - das ist nur möglich, wenn sich das Kind frei bewegen kann. Freies Bewegen fordert vom Erzieher Vertrauen zum Kind. Spürt das Kind, daß ihm etwas zugemutet wird, daß eigenverantwortliches und selbständiges Tätigsein von ihm verlangt wird, lernt es seine Möglichkeiten und Grenzen abschätzen und kalkulieren.

Bedrängt von Raumgröße und Kinderanzahl ist es für die Kindergärtnerin oft gar nicht möglich, den Kindern ihre freie Entfaltung zu ermöglichen.

Ich möchte als Beispiel eine Spielsituation aufzeigen, die verdeutlicht, in welchem Spannungsfeld von gewährenlassen, ermöglichen, einschränken, beeinflussen und animieren die Kindergärtnerin steht.

Spielsituation: 30 Kinder, 60 m² Raum
In einer Ecke bauen 3 Kinder mit Schaumstoffpolstern. Zwei Freunde dieser Kinder kommen erst etwas später in den Kindergarten und möchten in das Spielgeschehen einsteigen. Der Platz, auf dem das Bauen möglich ist, beträgt ca. 2 x 2,5 m. Er wird mit Hilfe der Kindergärtnerin etwas erweitert, was aber bedeutet, daß den anderen 25 Kindern der Gruppe Platz genommen wird. Nur sitzend mit beweglichen Elementen zu spielen ist auf die Dauer unmöglich und es entwickelt sich ein Rollenspiel, das natürlicherweise an Lautstärke zunimmt und aus dem vorgegebenen Raum hinausdrängt. Es greift über auf die in der Puppenecke spielenden Kinder (siehe Fluktionsbereich) und es wird ein gemeinsames Spiel daraus.
Doch was geschieht mit den anderen im Raum befindlichen Kindern? Sie sind durch die entstehende Bewegung und Lautstärke in ihrem Spiel gestört, unterbrechen ihr Spiel, wollen mitspielen, was von den spielenden Kindern nicht gestattet wird. Es entsteht Streit und eine spannungsgeladene Stimmung, die alle Kreativität zerstört und den Kindern die Freude am gemeinsamen Spiel zerstört.

Wäre die Gruppe kleiner, käme es erst gar nicht zu solchen Problemsituationen, die sich oft nur lösen lassen, indem das so wichtige frei entstandene Spiel wieder eingeschränkt oder abgebrochen wird.
Sind die Gruppen zu groß und die Räume zu klein, ist kein Nebeneinander von konzentriertem, ruhigem Spiel und bewegtem Gestalten möglich, weil die Bewegung und die Lautstärke ablenkend und zerstörend wirken.
Das Vorhandensein von Nebenräumen, Nischen und Winkeln, die räumlich gegeben sind oder durch bewegliche Elemente vom Kind geschaffen werden könnten, ermöglichen ein Zurückziehen, Abschirmen und Abgrenzen der Kinder. Dennoch kann eine Gruppe von 30 Kindern von einer Kindergärtnerin nicht so betreut werden, daß dem einzelnen Kind und seinen Bedürfnissen Rechnung getragen wird.

Es stellt sich die Frage, ob sich das Recht des Kindes auf Beachtung seiner altersspezifischen Bedürfnisse bei der Gestaltung seines Lebensraumes im Kindergarten durch den Erwachsenen durchgesetzt hat, ob das Kind sein Recht bekommt auf
- genügend Raum im Wechsel von Ruhe und Bewegung
- größere Freiheit für seine individuellen Neigungen
- vielfältige Angebote, die es in seiner Gesamtheit mit Seele, Körper und Geist annehmen und nutzen kann
- die Möglichkeit für schöpferisches Spiel, = das Verwirklichen spontaner Ideen, das Improvisieren mit verschiedensten Mitteln
- die persönliche Zuwendung durch die Kindergärtnerin. (193)

anpassen müssen

Der Prozeß nach Anpassung gelingt demnach deshalb, weil einerseits das kindliche Bedürfnis nach Sicherheit und Stabilität "ausgenutzt" wird, andererseits aber Gefühle - sowohl positive als auch negative - in ihrer natürlichen Intensität abgeschnitten werden, "kein Gefühlsausbruch darf stark genug sein, die bestehende Ordnung zu gefährden".
Der Kindergarten befindet sich im Widerspruch zwischen Aufrechterhaltung seiner eigenen Ordnung und freier Äußerung von Wünschen, Bedürfnissen. Er entscheidet sich, bedingt durch die Gegebenheiten von Raumgröße und Kinderzahl für die Ordnung und vergibt sich die Chance, ein Ort der Hilfe für die emotionale Entwicklung der Kinder zu sein. Diese lernen:
Nicht ich bin wichtig, sondern ausschlaggebend ist ein Anpassen an die äußeren Rahmen und damit ein Verdrängen der eigenen Person und Entwicklung. (194)

zuviele Vorgaben

Räumliche Gegebenheiten unterscheiden sich im Grad ihrer Offenheit oder Determination gegenüber möglichen Handlungen. Ein Raum ist in hohem Maß determinierend, wenn ganze Handlungssequenzen darin fixiert sind.
... Ein hochspezialisierter Raum ermöglicht weniges besonders gut und verhindert vieles. (195)

<u>Sitzkindergarten statt Bewegungskindergarten</u>

Besonders bedenklich ist die Tatsache, daß die aktive Bewegungszeit, die den Kleinen in unseren Kindergärten zur Verfügung steht, nur einen Bruchteil der tagesüblichen Sitzzeit beträgt. Dabei wäre das ungekehrte Verhältnis naturgemäß, kindgemäß und entwicklungsgemäß (Hünnekens und Kiphard, 1971 und 1975 haben aus ärztlich-pädagogischer Sicht eindrücklich die Notwendigkeit einer baldigen Umwandlung des derzeitigen Sitzkindergartens in einen Bewegungskindergarten gefordert).

Ich sehe hier ein großes Interesse der Kindermöbelindustrie dahinter, die eben schon Mini-Erwachsenen aus den Kindern machen, wie vor Jahrhunderten, wo die Kinder Miniaturspielzeug etc. erhielten, um sie möglichst früh anzupassen.

Spielpädagogische Kindergärten brauchen keine teuren Möbel!

Hier ist ein weiter Raum umzudenken und tatsächlich sinnvoll zu sparen.

<u>Spezialisierung legt Rollen fest</u>

1) Die Raumstruktur ist für die große Gruppe als Vorgabe sehr wichtig, sonst könnten sich die Kinder nicht orientieren und sicher fühlen. Die Ecken sind auch vorgegebenen Rollen zugeordnet, die das Kind zwar gerne nachspielt (Verkauf, Bauen, Zeichnen ...), dennoch lassen sie wenig Raum für die <u>Entwicklung eigener Ideen</u>. Tücher, Polster, Bänder und andere phantasieanregende Materialien stehen nicht dauernd, wenn überhaupt, zur Verfügung, da der nötige Platz fehlt.

a) Sylvia Bayr-Klimpfinger sieht als pädagogische Aufgabe der Kindergärtnerin auch das Einbeziehen und Mitarbeiten der Kinder an der wechselnden Raumstruktur und -gestaltung.

b) Sie nimmt den "Aktionsradius" als Maß für den Raum, den das Kind für sein Tun braucht, an. Dieser steht in Zusammenhang mit dem verwendeten Spielmaterial und der Art der momentanen Aktivität. Zwischen den einzelnen Raumteilen verlangt sie "Fluktionsbereiche", die ein übergreifendes Spiel ermöglichen.

2) Wäre die Kinderanzahl kleiner, müßte die Einteilung der Ecken nicht so straff sein. Das Kind könnte seine Räume selbst gestalten, verändern, benennen.

3) Zuviel vorgegebene Materialien, Zwecke und Orte behindern das Kind am freien Entwickeln eigenständiger Spielabläufe und -phasen. Kinder haben ein hohes Bedürfnis nach Bewegung, Ausgelassenheit und Chaos.

Durch großräumige Gestaltung wird die Beziehungsfähigkeit gefördert, als das Kind Eigeninitiative ergreift, sich mit anderen organisiert und großzügiger spielen kann. Bewegliche Elemente und Materialien führen das Kind zu lustvollerem spielerischen Kontakt als vorstrukturierte Tischspiele.
Der Ideenwettstreit der Architekten ist der kindlichen Mentalität geradezu hinderlich. Tendenzen zu großer Aufwendigkeit, zu Kostspieligkeit in Material und Ausführung machen sich bei Neubauten bemerkbar. Es werden oft auf Kosten des unbedingt Notwendigen Ideen verwirklicht, die dem pädagogisch Ungeschulten kindgemäß erscheinen, es in Wirklichkeit aber nicht sind. Das beweist, wie leicht noch immer die echten Bedürfnisse des aktiv sein wollenden Kindes mißverstanden werden können. (196)

aus einem Katalog für
Kindergartenmöbel

hohe Erwartungen

Die Vorstellungen von Kindergartenpädagogik gehen immer in die Richtung, die die Spielpädagogik weist. Eine Kindergärtnerin, die nach intensiv-kreativ schöpferischer Arbeit mit den Kindern strebt, die in ihrer gesamten erzieherischen Tätigkeit nicht das Kind übersehen, sondern es sich nach seinen Fähigkeiten, seiner Einmaligkeit, entwickeln lassen will, hat es unter den Bedingungen, die heute z.B. noch in Landeskindergärten herrschen, sehr schwer.

Hindernisse

Die Grundbedingungen, die eine solche Arbeit ermöglichen, sind nicht vorhanden. Da sind zu große Kindergruppen (bis zu 35 Kinder) auf einer Raumfläche von 2 m^2 pro Kind (wobei auch verstellte und verbaute Flächen mitgerechnet sind), es ist selten die Möglichkeit zu einer Gruppenteilung, da keine Nebenräume und zu wenig Personal zur Verfügung stehen.
In vielen Kindergärten fehlen die notwendigen Bewegungsräume. Auf 1 m^2 Fläche lustvolle Bewegungen auszuführen ist sicher für jeden Erwachsenen unvorstellbar, - von den Kindern wird es erwartet.
Durch die große Kinderzahl sind nicht nur die Kinder, sondern auch die Kindergärtnerin in ihren Möglichkeiten zu Kreativität und Flexibilität sehr eingeschränkt und sie kann den Kindern den notwendigen Freiraum für ihre Ideen und ihre Entwicklung vielfach nicht ermöglichen.

Ausgleich zwischen Klein- und Gesamtgruppe

Aufgabe jeder Kindergärtnerin ist es, einen Ausgleich zwischen der Arbeit mit der Gesamtgruppe und der Kleingruppe zu schaffen, da die Unterteilung in kleinere Gruppen viel intensivere Aufnahmefähigkeit und intensiveres Auseinandersetzen mit sich selbst, den anderen Gruppenmitgliedern und dem Angebot ermöglicht. Eine Möglichkeit besteht darin, mit einer Kleingruppe neben dem Freispiel der anderen Kinder zu arbeiten. Dies erfordert jedoch viel Aufbauarbeit und ist mit manchen Gruppen im Laufe eines Jahres gar nicht möglich.

Erwartungen der Eltern

Ein zweites Problem sind die Einstellung und die Erwartungen der Eltern. Vielfach wird viel mehr Wert auf Äußeres gelegt: Eingelerntes Lied- oder Gedichtgut, fein säuberliches Werkarbeiten, auch wenn die Kindergärtnerin nachgefertigt hat. Es wird zu wenig oder gar kein Wert auf gefühlsmäßige, soziale und kreative Fortschritte gelegt, da diese nach außen meist nicht zeigbar und bewertbar sind. Darum ist es eine ganz wichtige Aufgabe, daß die Kindergärtnerin das Einfühlungs- und Einschätzungsvermögen sowie das Verständnis der Eltern für diese Werte mit aufbaut. (197)

Beispiel - Forderungen Steiermark

Die Berufsgruppe - Kindergärtnerinnen fordert die Novellierung des Steiermärkischen Kindergartengesetzes:

- Reduzierung der Kinderzahl pro Gruppe auf maximal 20 Kinder.
- Die tägliche Anwesenheitszeit der Kinder in einer Gruppe von 20 Kindern ist mit höchstens 4 Stunden pro Kind und Tag vertretbar.
  Darüber hinausgehende im Kindergarten zu verbringende Zeit ist Kindern nur in Kindergruppen bis maximal 10 Kindern zumutbar.
- Eine zweite geeignete Kraft für jede Gruppe unbedingt erforderlich.
- Schaffung gesetzlicher Grundlagen für die Integration behinderter Kinder.

(198)

Lebendige Lernorte

Lebendiger Lernort Kindergarten?

... wo authentische Erzieherpersönlichkeiten herzliche Begegnung und echte Beziehung ermöglichen ...
... mit kleinen, überschaubaren Gruppen, wo Beziehung und Begegnung selbständig geschehen kann ...
... Räume, die kreativen Umgang zulassen und Rollen und Aktivitäten dem Kind überlassen ...
... Material, welches Fantasie fördert, Veränderung ermöglicht ...
... Prozesse, die organisch wachsen ...
... wo Widerstand möglich ist:
gegen uneinsichtige und starre Eltern, die einseitige Leistung fordern, gegen uneinsichtige Beamte, die nur niedliche und sterile Räume und Kinder sehen wollen und gegen Kolleginnen, die sich nur vor der Kritik der Eltern und Beamten fürchten.

Ich glaube, daß viele dieser Kriterien in Ansätzen erfüllt sind, die Lebendigkeit jedoch noch zusehr beschnitten wird - eben durch die Rahmenbedingungen und uneinsichtige Menschen.

Der Kindergarten ist nun nicht der einzige Lernort für Kinder.
Sie als Leser des Buches sind vielleicht Leiter/in einer Kindergruppe oder Heimerzieher/in oder arbeiten in einem Hort oder sind Spielplatz-Animateur.

Die Betrachtungen über den Kindergarten können Sie ebenso gut auf Ihr System übertragen.

Das Zusammenwirken für eine lebens- und kinderfreundliche Umwelt ist überall wichtig.

Einige Utopien -
... Pfadfinder bauen einen Aktiv-Bauspielplatz, wo Senioren mit den Kindergartenkindern gemeinsam ein Märchen spielen ...
... Familien in einem Wohnviertel schließen sich zusammen um einen Kinderclub für die Betreuung der 3 - 5 -jährigen zu gründen, da die Kindergärten überfüllt oder zu teuer sind ...
... in einem Kindergarten gibt es für die insgesamt 30 Kinder 3 Erzieher, davon ist einer männlich.
Die Tiere und Pflanzen im Kindergarten werden gemeinsam gepflegt und die Kinder kommen täglich in "Arbeitskleidung" zum Kindergarten.
... Spielen Sie Ihre Utopien.

Nachwort

Am Ende des Buches stehe ich wieder am Anfang. Vieles ist unvollständig, manches würde ich jetzt anders schreiben. Und doch habe ich ausgedrückt, was mir wichtig war.
Ich wünsche, daß dieses Buch Sie ermutigt. Es täte mir leid,wenn Sie nur ein neues Soll für sich herauslesen und Sie dadurch in noch mehr Ansprüche geraten. Dieses Buch hätte seine Zweck erfüllt, wenn Sie sich oft wiedererkennen in Denken und Handeln und Sie sich in Ihrer Pädagogik bestätigt fühlen. Falls Sie viele Grenzen und Hindernisse erleben, vor allem im pädagogischen Alltag und Sie trotzdem diese Richtung gehen wollen, so wird Ihnen der Weg mit anderen Kollegen/innen nicht erspart bleiben: nur in der Solidarisierung mit ähnlich Denkenden können Sie diese Hindernisse überwinden. Und ähnlich Denkende gibt es in jeder Institution und in jeder Stufe der Hierarchie. Ich werde da immer überrascht und freue mich über aufgeschlossene Beamte, Eltern, Inspektorinnen, Bürgermeister, Leiter, Pfarrer, Schwestern und Erzieher/innen.

Die Arbeitsgemeinschaft für Gruppen - Beratung ist durch ihre überparteiliche und unabhängige Tätigkeit ein Treffpunkt für engagierte Pädagogen. Ideologische Grenzen spielen bei den Begegnungen in unseren Seminaren selten eine Rolle - viele leiden unter demselben: Mangel an Anerkennung ihres Einsatzes, an zu schlechten räumlichen und finanziellen Bedingungen, an zeitlicher Überforderung und zu großen Kindergruppen.
Die AGB möchte durch Ihre Inhalte und Methoden zu einer lebendigen Lern- und Spielumwelt beitragen. Wir bieten Ihnen durch unseren Verein auch ein Forum für Ihre Forderungen und werden diese in passenden Formen weitervermitteln. Schreiben Sie an meine Adresse, Sie erhalten dann nähere Informationen.

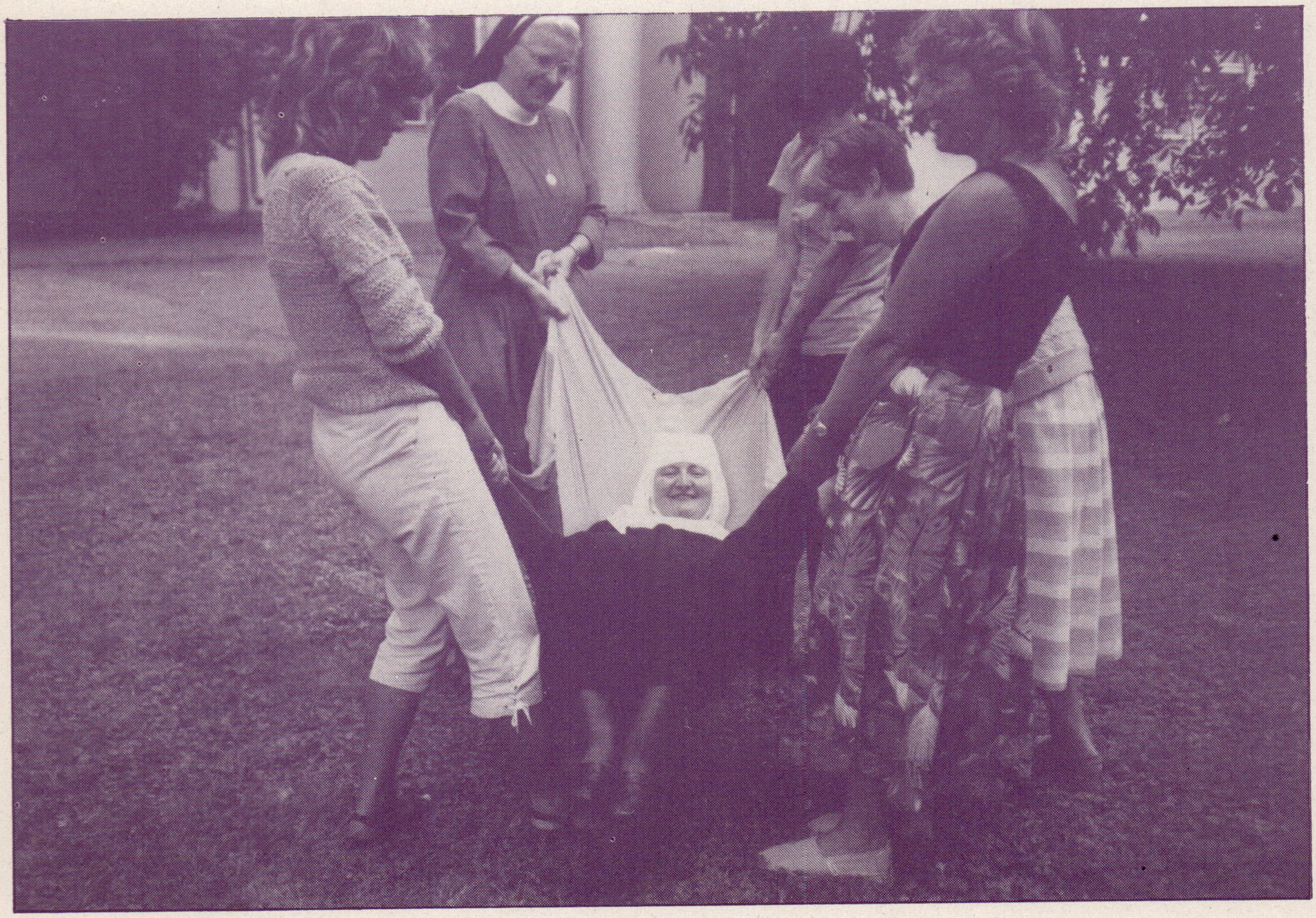

Anmerkungen

1) Kroetz: Fragmente aus "Der Mondscheinknecht", 1981
2) N. Postman: Das Verschwinden der Kindheit, Fischer 1987, S 28,25,81,13
3) Arbeitsgemeinschaft für Gruppenberatung: AH 10 "Kinderanimation", Linz 1980, S 4
4) A. Miller: Am Anfang war Erziehung, Suhrkamp 1980, S 76,77,78
5) W. Frommlet u.a.: Eltern Spielen Kinder Lernen, rororo 6896, S 18
6) A. Maslow: Psychologie des Seins, Fischer 1985, S 160
7) P. Zulechner: Referat "Erziehung für morgen", 1. NÖ Kindergartensymposion, St. Pölten 1987 (Aufzeichnungen erhältlich beim Kindergartenreferat, Klostergasse 15-17, A-3100 St. Pölten)
8) René Reichel: Spielpädagogik, Ökotopia 1987, S 13
9) R. Dirx: Das Buch vom Spiel, Burckhardthaus-Verlag 1981, S 288
10) Kath. Jungschar Linz, Spielarbeitskreis, "Miteinander spielen und miteinander leben", 1987/88, S 3
11) R. Dirx: a.a.O. S 269, 285
12) W. Frommlet: a.a.O. S 13
13) R. Dirx: a.a.O. S 280
14) H. Deißler: "Das kindliche Spiel" in Kindergarten heute, Heft 1/86
15) H. Petzold: "Psychotherapie und Arbeitswelt", Jungferman, S
16) Kath. Jungschar Linz, a.a.O. S 2
17) René Reichel: Skriptum Soziales Lernen, 1984, S 34
18) Kath. Jungschar, St. Pölten, Spielempfehlungen
19) René Reichel: Spielpädagogik, Ökotopia 1987, S 9
20) Arbeitsgemeinschaft für Gruppenberatung, Methodenrep.
21) M. Seidl, Kindergärtnerin, St. Andrä-Wördern,
22) M. Brauchart, Kindergartenleiterin, Salzburg,
23) R. Rabenstein in: Spielpädagogik, Ökotopia 1987, S 29
24) Klippstein, Büttner, Abresch: "Stellungnahmen zum kooperativen Spiel" in Kooperatives Verhalten im Spiel / Baer, Thole, Akademie Remscheid 1985, S 95
25) a.a.O. S 100, 101
26) Orlick: Neue Kooperative Spiele, Beltz 1985, S 171,172,173
27) Orlick: a.a.O. S 170,171,168
28) Neue Regeln für Mensch ärgere Dich nicht, Quelle unbekannt
29) Orlick: a.a.O. S 186
30) Orlick: a.a.O. S 54, 55
31) Orlick: a.a.O. S 62
32) Orlick: a.a.O. S 63
33) Orlick: a.a.O. S 345
34) AGB Heft: Gruppentänze und Bewegungsspiele, Linz 1983, S 41
35) Orlick: a.a.O. S 65
36) G. Wegener-Spöhring: "Wenn Kinder Krieg spielen" in Animation 4, 7. Jhg. Juli/Aug. 86, S 184
37) A. Miller: a.a.O. S 84
38) H.G. Lerner: Wohin mit meiner Wut, Kreuz Verlag, 1987, S 7
39) F. Hacker: "Erkenne dich selbst" in ORF Nachlese 4, April 88, S 38
40) A. Adler: Heilen und Bilden, Fischer 1983, S 53
41) AGB Heft, a.a.O. S 37
42) AGB Heft, a.a.O. S 25
43) AGB Heft, a.a.O. S 25
44) AGB Heft, a.a.O. S 26
45) P. Ehrlich, K. Heimann: Bewegungsspiele für Kinder, Modernes Lernen 1986, S 47
46) P. Ehrlich, a.a.O. S 50
47) P. Ehrlich, a.a.O. S 58
48) P. Ehrlich, a.a.O. S 59
49) Schneider, Steininger: Spielmodelle, Österr. Bundesverlag 1987, S 21 u.a.
50) AGB Hefte, a.a.O. S 28

51) H. Petzold: Leiblichkeit, Jun fermann, S 283
52) Michaela Seidl, Ki ndergärtnerin, Tulln
53) Katrin Besch, Kindergärtnerin, Spielstunde im Kindergarten Berchtesgaden, Februar 1986
54) V. Sherborne: Bewegung für Kinder mit psycho-mental-motorischem Bewegungsrückstand, Versand: Stmk. Landesjugendreferat, Karmeliterplatz 2, A-8011 Graz
55) M. Eichberger, Kindergärtnerin, Knittelfeld, Stmk., Praxisbericht Spielpädagogik
56) A. Drygala u.a.: Zärtlich sein, Praxishefte für Erzieher Nr. 3, Ravensburger 1979, S 55
57) G. Reichel: Bewegung für die Gruppe, Puppen und Masken 1982, S 29,28
58) R.Rabenstein, R.Reichel: Großgruppenanimation, Ökotopia 1986, S 70
59) H. Hilscher: Materialien zur sozialen Erziehung im Kindesalter, Quelle und Meyer
60) W. Rost: Die Gefühle, Birkhauser 1987, S 261
61) A. Bärwinkel u.a.: Füße im Wind, Burckhardthaus-Verlag 1984, S 63
62) AGB Heft a.a.O. S 47
63) AGB Hefte, a.a.O. S 33
64) AGB Hefte, a.a.O. S 27
65) A. Bärwinkel u.a., a.a.O. S
66) A. Drygala, a.a.O. S 18, 20
67) A. Drygala, a.a.O. S 21
68) A. Drygala, a.a.O. S 17
69) E. Fendel: Durchbruch zum Rhythmischen in der Erziehung, Klett 1974, S 19
70) A. Bärwinkel u.a., a.a.O. S 253
71) M. Zika, Sonderkindergärtnerin, Wien
72) J.B. Cornell: Mit Kindern die Natur erleben, Ahorn 1979, S 28
73) J.B. Cornell: a.a.O. S 30
74) J.B. Cornell: a.a.O. S 42
75) J.B. Cornell: a.a.O. S 49
76) D. Kreusch-Jacob, Instrumenten Spielbuch, Ravensburger 1981, S 9
77) Der Spiegel Nr. 15, 4. Jhg., 11.4.1988, S 35
78) R. Reichel, Thesen für die Tagung "Therapeutische Methoden in der Gruppenarbeit", 1982
79) W. Frucht u.a.: Thema Massenmedien, Edition Erziehung pro Schule Verlag 1974, S 122
80) KAJ Österreich, Johannes J. 16/1, 1010 Wien, Behelf "Neue Technologien", Wien 1987, S 36
81) N. Postman, a.a.O., S 92
82) R. Reichel, Kinderanimation, S 53
83) E. Meyer, "Spiel und Medien", Dieck 1983, S 147
84) U. Baer in "Gruppe und Spiel" 1/85, S 37
85) Hoffmann's Comic Teater, Kinderkultur in Kursbuch 34, Jhg. 73, S 31
86) R. Reichel, Spielpädagogik, Ökotopia 1987, S 15
87) K.F. Richter in: Gruppe und Spiel, 4/87, S 31
88) R. Reichel, Spielpädagogik, a.a.O. S
89) a.a.O.
90) K.W. Bauer "Kritische Stichwörter Kinderkultur", W. Fink 1978, S 233
91) M. Janson-Michel "Gestalten, begreifen, handeln", Verl.Pfeiffer, S.75
92) a.a.O. S 92
93) a.a.O. S 92
94) AGB Repertoire und M. Kuhn "Einfache Spiele Kreativer Selbsterfahrung" Georg Post, Bulthauptstraße 2, D-2800 Bremen 1
95) M. Kuhn, a.a.O. S
96) M. Groh in "Transparent" 7/8-1978, S 19
97) J. Canacakis,"Ich sehe deine Tränen", Kreuz Verlag 1987, S 135

98) Broschüre Kinderkulturwochen 1979, Akad. Remscheid, Küppelstein 34,
99) Kurztext aus "Lesebuch 1 VS
dazu "Gestalttherapeutische Arbeit und Integrative Arbeit mit Märchen, Beiheft 1. Integrative Therapie, R. Lückel, Jungfermann 1985
100) Masters Magazin Nr. 2/87, S 5
103) E. Pausewang, a.a.O. S 104
105) M. Brauchart, Praxiserfahrung, Kindergarten Salzburg, 1985
106) G. Reichel, Kinderanimation, und M. Seidl, Praxiserfahrung
107) Charlotte Hauenschild und Werner Auer, Wien Praxisbericht Spielpädagogik
108) K. Rücker in "Kindergarten heute" Heft 2/85, S 56
109) M. Seidl, für dieses Buch
110) M. Seidl,
111) M. Seidl,
112) Ideen gesammelt bei Fortbildungsveranstaltungen, Sommerwoche Baden 1986/87
113) H. Hirscher "Werken mit Abfall" Katzmann 1975, S 79,15,19,17,23, 24,19,27,35,36
117) Praxisbericht Spielpädagogik
118) Praxisbericht Lisa, Wien, Spielpädagogik
122) B. Tanaka "Verkleiden, Maskieren, Schminken", Ravensburger 1982, S 41
123) aus "Unsere Kinder"
124) Lisa, Kindergärtnerin, Wien, Praxiserfahrung
125) A. Mitgutsch "Wir spielen Abenteuer" Ravensburger 1983, Beiblatt
126) AGB Repertoire
128) H. Hielscher, Du und ich - ihr und wir, Agentur Dieck
129) H. Hielscher, a.a.O.
130) H. Hielscher, a.a.O.
131) Miedzinski "Die Bewegungsbaustelle", Verlag Neues Lernen, S 47,46
132) R. Rabenstein, "Großgruppenanimation" S 88
133) Hoffmann's Comic Teater, in Kursbuch 34, 1973, S 25
134) W. Fromlet, a.a.O. S 100, 102
135) R. Reichel, R. Rabenstein "Animation in der Schule", AGB Heft
136) R. Berger "Raumorientierungsstörungen" Hausarbeit zur Lehramtsprüfung für Sonderschulen, Sommertermin 1986
137) J. Beck u.a., "Das Recht auf Ungezogenheit" rororo 1983, S 138
138) M. Seidl, für dieses Buch
139) W.Fromlet, a.a.O.
140) A. Götz in "Kindergarten heute" BRD, Heft 4/84, S 162
141) W. Fromlet, a.a.O. S. 26, 28
142) Kinderanimation
143) Kinderanimation
144) W. Frommlet, a.a.O. S 35
145) Kinderanimation
146) A. Mitgutsch a.a.O.
147) S.P.A.S.S.- Gruppe für Spielaktionen und Sozialservice, Wiedner Hauptstraße 40, 1040 Wien, Info 43, 1985
148) Krumpel, Groh, Feuerstein in: Transparent 7/8, 1978
149) Ernst Auer, Spielbus St. Pölten, in Kinderanimation
150) S.P.A.S.S. Info Nr. 38, 1984
151) Animation Nr. 4/1985, C. R. Vincentz Verlag
152) Kinderanimation
153) Kinderanimation
154) U. Baer, "Wörterbuch der Spielpädagogik", Lenoz 1981, S 40
155) H. Merker, S. Blanke in "Unsere Kinder", 38 Jhg. 1-83, S 14
156) M. Seidl, für dieses Buch
157) Nach einem Modell der AGB-Referenten, in Großgruppenanimation

158) G. Lorentz "Freispiel im Kindergarten" Herder 1983, S 18
159) M. Schwaus in "Unsere Kinder" 13. Jhg., 7/8 1958, S 88
160) Freya Pausewang/H. Hansen in "Schwalbacher Blätter" 149/37 Jhg. Heft 1, März 1986, S 20
161) R. Rabenstein, "Kinderanimation"
162) R. Rabenstein, a.a.O.
163) R. Rabenstein, "Großgruppenanimation"
164) Chr. Büttner "Spiele gegen Streit, Angst und Not", Waldkirchner Verlag 1982, S 10, 11
165) Chr. Büttner, a.a.O.
166) Chr. Büttner, a.a.O.
167) R. Rabenstein, Kinderanimation,
168) P. Zulehner, Referat für Kindergartensymposion St. Pölten 1987, a.a.O.
169) A. Maslow, a.a.O. S 160
170) nach H. Petzold in "Psychotherapie und Arbeitswelt", Jungfermann 1987
174) W. Frommlet, a.a.O. S 23
175) W. Frommlet, a.a.O. S 16
176) H. Körner, "Ein Märchen", Lucy Körner Verlag, 1979
177) Bildungsplan d. NÖ Kindergärten, in Bildung und Erziehung im Kindergarten, Niederle Westermann, Wien
179) aus "Kirche bunt" Nr. 35, 42. Jhg. Aug. 1987, S 16 - 17
182) Freya Pausewang, a.a.O. S 17
184) Monika Zika, für dieses Buch
186) M. Brauchart, Praxiserfahrungen, Salzburg
188) Ingrid Wagner, Praxiserfahrung, Kindergarten Radlberg,
189) Ute Mischak, Praxiserfahrung, Kindergarten St. Pölten
191) Ute Mischak, für dieses Buch
192) Monika Zika, für dieses Buch
193) Michaela Seidl, für dieses Buch
194) Sonderdruck "Unsere Kinder" 1, 1985
195) Animation 4, 7. Jhg. 7/8/86 - 176
196) M. Seidl, für dieses Buch
197) M. Seidl, für dieses Buch
198) Enquete "Das steirische Kindergartengesetz", 14.11.1987, Berufsgruppe Kindergärtnerinnen, Christine Kiftmann-Duller, 8010 Graz, Am Ragnitzbach 31,

Nachbemerkung

1) Im Laufe der Zeit sind mir einige Quellen abhanden gekommen, einige sind nicht genau bekannt.
Die Unbenannten mögen mir verzeihen. Unbenannt sind auch meine Texte bzw. auch manche Beiträge und Methoden aus dem Repertoire der AGB.

2) "Kinderanimation" wird als Quelle oft verwendet - es ist das AGB-Heft Nr. 10, ein Vorläufer dieses Buches und in der ursprünglichen Form bis auf weiteres erhältlich.

3) Die genannten Quellen sind auch zugleich Buchempfehlungen - Sie sollen Sie anregen weiterzuforschen.

4) Auf Grund einer letzten Überarbeitung sind einige Fußnoten herausgefallen.

Spieltips

Adressen

Österreich

AGB – Arbeitsgemeinschaft für Gruppenberatung
A-4040 Linz, Pulvermühlstr. 6
– Referenten (Linz, St. Pölten, Wien, Innsbruck), Großgruppenanimation, Veröffentlichungen, Versand der AGB-Materialien, Beratung, Spielpädagogik-Lehrgang und andere Eigenveranstaltungen.

AGB – Wien
A-1140 Wien, Hüttelbergerstr. 61
– Referenten, thematische Spiele Verleih, Auskünfte über Bezugsquellen für Material, Vertrieb „Gruppe & Spiel“, Großguppenanimation, Beratung.

AGB – St. Pölten, Gusti und René Reichel,
A-3105 St. Pölten, Radlberger Hauptstr. 27
– Referenten, Psychosoziale Beratung, Materialien, Öffentlichkeitsarbeit, Supervision, Beratung bei Fortbildungen.

Bücherstube Pädak
A-1100 Wien, Ettenreichg. 45a
– Verkauf und Versand von Büchern und Spielen, Büchertische, Spieleausstellungen.

Pädagogischer Buchversand, Sigrid Ilgner,
A-1080 Wien, Strozzig. 14-16
– Verkauf und Versand von Büchern und Spielen, Büchertische, Spieleausstellungen.

Schweiz

BAPS – Basler Arbeitsgemeinschaft Pädagogik und Spiel
CH-4052 Basel, Adlerstr. 7
– Referenten, Großgruppenanimation, Seminare und Eigenveranstaltungen, Beratungen, Auskünfte über Adressen und Bezugsquellen.

Zämme Schpile Versand
CH-4052 Basel, Adlerstr. 7
– Verkauf und Versand von spielpädagogischen Behelfen und Büchern, Spielen, Vertrieb „Gruppe & Spiel“.

Deutschland

Akademie Remscheid
D-5630 Remscheid, Küppelstein 34
Akademie für Musische Bildung und Medienerziehung
– Kurse, Seminare, Internationaler Spielmarkt, Spielpädagogische Beratung, DATA-SPIEL.

KIPS – Kölner Institut für Pädagogik und Spiel
D-4300 Essen 11, Oberhauser Str. 33
– Referenten, Großgruppenanimation, Spielzeug - Ausstellungen, Veröffentlichungen, Beratungen.

PA – Pädagogische Aktion München
D-8000 München 40, Schellingstr. 109a
– Fortbildungsprogramme, Spiel- und Kulturpädagogische Animationen, Bildungshaus, Veröffentlichungen, Mobile Animationseinrichtungen, Spielmarkt Süd.

Ökotopia – Institut für Ökologische Bildung und Forschung
D-4400 Münster, Hafenweg 26b
– Spieleverlag zu Umweltthemen, Versand-, Referenten-, Materialentwicklung und Forschungsarbeiten zur Ökologie, Beratungen.

Robin Hood Versand
D-5000 Köln 1, Große Brinkg 7
– Veröffentlichungen, Versand für Bücher, Spiele und Materialien zur Spielpädagogik und sozialen Gruppenarbeit, Vertrieb der Zeitschrift „Gruppe & Spiel“.

AfNS – Arbeitsstelle für Neues Spielen
D-2800 Bremen 1, Am Dobben 100
– Referenten, Entwicklung und Produktion neuer Spiele, Versand

Pappnase & Co.
D-2000 Hamburg 13, Bornstr. 20
– Referenten für szenische Animation, Clowns, Versand für Spiel-, Theater-, Clown- und Jonglierbedarf.

Unser Team

AGB-Referenten-Team

Raimund Engel, Elisenstr. 25/2, A-1235 Wien, Tel. 0222/86 51 497

Elisabeth Kolb, Neubaug. 51/1/10, A-1070 Wien, Tel. 0222/93 89 942

Erich Heiligenbrunner, Maisweg, A-4210 Gallneukirchen, Tel. 07235/29 645

Manfred Perko, Mag. Kaiser Josefplatz 9, A-8010 Graz, Tel. 0316/82 23 16

Reinhold Rabenstein, Pulvermühlstr. 6, A-4040 Linz, Tel. 0732/25 26 95

Gusti Reichel, Radlberger Hauptstr. 27, A-3105 St. Pölten, Tel. 02742/63 574

Rene Reichel, Dr. Radlberger Hauptstr. 27, A-3105 St. Pölten, Tel. 02742/63 574

Michael Thanhoffer, Dr. Hüttelbergstr. 61, A-1140 Wien, Tel. 0222/94 15 843

Bernhard Weiser, Dr. Fallmerayerstr. 2, A-6020 Innsbruck, Tel. 05222/57 12 08

Toni Wimmer, A-2392 Sulz 154/3/2, Tel. 02238/84 29 u. 0222/94 15 843

Büro Wien: Hüttelbergstr. 61, A-1140 Wien, Tel. 0222/94 15 843

Büro Linz: Pulvermühlstr. 6, A-4040 Linz, Tel. 0 73 2/25 26 95

Praxisberatung/Supervision

Durch Ausbildung und langjährige Erfahrung bieten sich die Referenten der AGB als Berater und Supervisoren für Einzelpersonen und Gruppen an.

Aktion & Animation

Spielaktionen, Feste, thematische Animationen, Mitspielzirkus, Feste, etc.

Gestaltung von Veranstaltungen

Entwicklung und Realisation animativer Elemente für verschiedene Veranstaltungen: Von der Raumgestaltung bis zur Gesprächsleitung

Verleih von Spielen, Spielmaterial und Spielgeräten

Büro Wien: A-1140 Wien, Hüttelbergstr. 61, Tel.: 0222/94 15 843

AGB

Arbeitsgemeinschaft für

Gruppen-Beratung